U1069723

港珠澳大桥招标策划与实例分析

高星林　戴建标　阮明华　著

中国计划出版社

图书在版编目（CIP）数据

港珠澳大桥招标策划与实例分析 / 高星林，戴建标，阮明华著. -- 北京 : 中国计划出版社，2020.8（2022.5 重印）
ISBN 978-7-5182-1172-2

Ⅰ. ①港… Ⅱ. ①高… ②戴… ③阮… Ⅲ. ①跨海峡桥－桥梁工程－招标－中国 Ⅳ. ①U448.19

中国版本图书馆CIP数据核字(2020)第056630号

港珠澳大桥招标策划与实例分析
高星林　戴建标　阮明华　著

中国计划出版社出版发行
网址：www.jhpress.com
地址：北京市西城区木樨地北里甲 11 号国宏大厦 C 座 3 层
邮政编码：100038　电话：(010) 63906433（发行部）
北京虎彩文化传播有限公司印刷

787mm×1092mm　1/16　17.5 印张　312 千字
2020 年 8 月第 1 版　2022 年 5 月第 2 次印刷
印数 3001—3500 册

ISBN 978-7-5182-1172-2
定价：50.00 元

顾问委员会

参与人员

序　一

港珠澳大桥是我国从桥梁大国走向桥梁强国的重要标志。在大桥开通仪式上，中央给予港珠澳大桥极高的评价。习近平总书记指出，港珠澳大桥是国家工程、国之重器。大桥克服了许多世界级难题，集成了世界上最先进的管理技术和经验，保质保量完成了任务。习近平总书记强调，港珠澳大桥的建设创下多项世界之最，非常了不起，体现了我国综合国力、自主创新能力，体现了勇创世界一流的民族志气。这是一座圆梦桥、同心桥、自信桥、复兴桥。

因曾有在港珠澳大桥管理局挂职工作的经历，我对港珠澳大桥的建设有相对近距离的观察与思考。港珠澳大桥建设是贯彻新发展理念，落实高质量发展要求的生动实践。从工程的角度看，这是一座世界级的跨海通道；从创新的角度看，这是一座集创新思维和创新技术大成之作；从文化的角度看，这是粤港澳三地美好相聚的人文地标；从环境保护的角度看，这是一个保护海洋生态、尊重自然环境的绿色生态工程。

挂职期间，我曾深入考察了解岛隧工程采用设计施工总承包模式的招标实践的情况。港珠澳大桥岛隧工程区别于大桥的其他部分，在项目管理规划和招标策划阶段，提出并经反复论证后，单独针对性地采用了设计施工总承包模式。与中国实际、中国国情相结合，通过“设计＋施工”的组织集成，促进设计与施工紧密结合，有效融合设计及施工各自的优势，有利于充分发挥承包商的技术、资源优势，统筹解决技术、质量、进度等难题。在“施工驱动设计，设计施工联动”的指导思想下，合理设定业主和设计施工总承包方的管理界面和职责划分，合理设定设计和施工牵头方职责、界面划分和协同机制，设计单位全面跟进承包人施工过程，施工方全过程参与施工图设计，从施工角度与设计互动，确保设计方案的可执行性和综合最优。大桥建设的最终结果也证明，设计施工总承包模式符合岛隧工程项目特点及需求。从东、西两个海中人工岛快速成岛的实现到沉管预制厂的建立，从深埋厚回淤下的半刚性管节的设计到曲线管节的安装和最终接头的创新可逆设计、沉放，都见证了设计和施工紧密结合所创造出来的先进生产力。旧时在英国留学，就曾听说英国有类似的做法，而今港珠澳大桥能够针对同一项目采用不同的招标和合同模式，并能有效地做出适应性的安排，这体现了港珠澳大桥项目管理的国际视野和卓越远见。招标团队在具体策划和十分详尽的市场调查、技术交流的基础上对招标对象和资格条件的确定、对设计和施工联动机制的设置、对合同机制的设置，都为成功实施设计施工总承包模式提供了良好的策划支撑。项目业主在合同中构建了“真正平等、相互依存、坦诚开放、同舟共济”的伙伴关系，并在实践中排除困难、弥合分歧、坚定不移地予以推进执行，也为项目始终围绕建设目标进行提供了坚实的保障，而这也代表了国际上最新的理念。

挂职期间，我曾参与港珠澳大桥钢桥面铺装的招标策划、市场调查和技术交流。港珠澳大桥钢桥面铺装的招标策划历经两年多时间，通过招标策划实现技术和管理创新成效显著，在促进技术方案稳定、引入国际施工顾问资源、引进车载式抛丸除锈设备、开发自动喷涂防水层施工装备、建立自动化集料工厂、实施露天工厂化施工、破除国外产品价格垄断、提前谋划施工组织设计节省成本、做好技术和商务的衔接、实现施工方案和造价匹配等方面都成功地进行了项目管理的推演，这种管理策划型的招标和合同机制设置形成的创新方案，解决了许多制约项目管理的难题，极大地保障了项目的最终成功。通过对以港珠澳大桥钢桥面铺装招标策划为代表的调研学习，可以发现，港珠澳大桥的知识学习与知识管理之深、全寿命周期覆盖之广和国际开放程度之高，确实算得上世界土建工程之最了。

挂职期间，我也曾和很多境外公司的专家和代表接触交流。他们对港珠澳大桥岛隧工程采用设计施工总承包模式，对港珠澳大桥业主在招标和合同中体现的开放包容精神，对港珠澳大桥业主倡导和坚持的伙伴关系，对项目所取得的成功都赞誉有加。读者也可以从书中看出境外公司和专家对项目的高度评价。

在参与港珠澳大桥建设的过程中，我注意到，港珠澳大桥招标团队在招标策划中真正将造价作为质量保障的核心支撑，始终贯彻“质量优先、优质优价”的原则，在定额滞后于市场的情况下，富有远见地提前谋划，长期坚持开展外海定额的测定工作，并最终通过行业主管部门组织的评审，形成地方标准予以发布，填补了行业外海定额的空白。在业主控制价确定的过程中，采用细致的工程概算分析，并结合补充定额和成本分析法做对比分析，在合同中采用材料价格等调价机制，这些都是通过招标策划来保证项目顺利实施的重要保障。针对监理行业发展的现状，港珠澳大桥的监理模式实际上采用“业主＋监理＋顾问”的新的管理模式，更有利于工程的实施，这也是项目管理和招标策划新的尝试。

业主管理水平的高低决定了项目的建设管理水平的高低。无疑，港珠澳大桥的管理是先进的。港珠澳大桥管理局作为项目法人，由三地政府联合设立，负责大桥的建设、运营、维护和管理工作。港珠澳大桥成立了一支专业、敬业并勇于奉献担当的高素质团队，其中博士、硕士研究生比例高达50%，团队中绝大多数成员都是有理想、有情怀，有激情、有热情的人，其专业化管理团队的规模和素质在国内工程团队中首屈一指，为我国第一次在外海施工综合难度世界之最的海中桥隧工程提供了人才和智力保证。本书的主要作者之一高星林先生就是团队中的突出代表，他全程参与了港珠澳大桥建设，其自序饱含深情地回顾了本书创作历程。作为国家公派访问学者，目前正在荷兰代尔夫特理工大学访学，即使在当前突如其来的疫情之下，正常的校园学习受到很大影响，他仍然克服困难坚持自我管理、自我驱动，收集、整理、研究欧洲重大工程最佳实践和经验教训，以及欧洲重大工程复杂性管理情况，希望把欧洲重大工程管理中的先进做法介绍给国内同仁。该书经过多次修改完善，也充分反映了他认真敬业、精益求精、敢于担当的精神和报效祖国的家国情怀。

正如本书作者指出的，港珠澳大桥因为其特殊性，其经验不一定具有普适性。但本书总结的策划型招标推动项目管理的实践、先进的招标方法、招标文件的全过程法律咨询审查等诸多开创性做法为读者提供了很好的借鉴，具有重要参考价值。同时，港珠澳大桥作为粤港澳大湾区的先导工程和试验田，在粤港澳大湾区加速推进之际，进一步总结港珠澳大桥经验，传承港珠澳大桥精神，将为中国桥梁建设技术走向世界，为构建一带一路做出新的更大贡献。

港珠澳大桥管理局副局长（曾挂职）
周荣峰
2020 年 6 月

序　二

剥离超大投资、超长工期以及超高质量标准的具象特征，大型基础设施工程（以下简称为重大工程，有时也被称为超级工程）可以被抽象地定义为一类雄心勃勃的，旨在带来社会变革的世界级工程，它们在某种意义上是国家意志的具体和集中体现。这类工程超越了当下的科学技术水平、组织管理能力以及社会认知程度，也往往与高风险性相伴而生。它们被视为推进人类发展的重要引擎，亦成为各国政府提供公共服务以赋能经济发展的重要手段。与此同时，成本超支、进度拖延、质量安全问题频发、对环境影响的不确定性及利益相关者影响程度大等为重大工程的成功交付蒙上了“阴影”，学术界称以上现象为“重大工程绩效悖论”。“重大工程绩效悖论”的解耦离不开政府、业主与各参建单位之间的精诚合作与顺畅协作。良好的组织间关系则有赖于切实有效的招标采购策划和组织工作，为项目交付的全过程配置最完备、最适合与最优秀的资源。

在国内和国外诸多工程建设项目招标采购实践中，采用通过最低价中标法来选择和确定参建单位是主流方式之一。然而重大工程具有外部情境复杂、政府与市场的二元力量交互以及技术和管理水平需要有突破性等复杂特征，要求项目发起人或业主更为重视重大工程整体的工程价值和蕴含的社会价值的实现而非单纯的降低成本。因此，项目发起人或业主要以更高的视野推进重大工程的招标工作，以项目愿景的价值实现为最重要的导向和驱动力。

港珠澳大桥的成功交付为我们审视和拓展更为有效和高效的重大工程招标管理工作提供了可供借鉴的行业经验。港珠澳大桥不仅具有在开放海域建造“桥—岛—隧”一体化的长大桥梁的技术复杂性，同时还具有横跨政治、经济、文化差异显著的三个行政区的组织管理复杂性，未来还承载着粤港澳大湾区融合发展的新使命。港珠澳大桥的建设团队自项目实施初期就确定了引入全国乃至全球最优质资源来完成大桥建设工作的总体思路，秉承公开、公平、公正和择优的基本原则，以目标为导向，以策划为纲领，不断尝试和探索，通过深入科学的市场调研和强大的知识学习与转化，集三地所长，成功引入了与之相匹配的资源，顺利完成了近400亿元总投资的各类招标采购工作，并且未收到任何有效投诉，非常难得。

系统总结港珠澳大桥的招标策划与实践工作非常有意义，也非常有价值，尤其是亲历该重大工程的建设者们，通过在工作与实践中不断地思考、改进、凝练、总结和提升，将港珠澳大桥招标策划与实践的宝贵经验和先进做法撰写成书，将为今后重大工程的建设管理带来积极的借鉴意义。得知高星林先生牵头完成《港珠澳大桥招标策划与实例分析》专著，我非常高兴。高星林先生是港珠澳大桥管理局局长助理，兼任大桥管理局计划合同部部长。作为一个普通的建设者，他为港珠澳大桥的招标实践立下了汗马功劳；作为招标团队的代表和领导者之一，他和团队一起摸索出了一条卓越的招标之路。港珠澳大桥开通后，他仍旧为行业的发展默默地贡献着自己的力量，在荷兰代尔夫特理工大学访学期间，在努力完成繁重学业的同时，牵头组织翻译导师 Marcel Hertogh 教授有关欧洲重大工程管理与重大工程复杂性管理的多部著作并协助多本译著出版，他还组织了“星火计划”系列论坛用来传播重大工程的实践与跨国案例对比分析。星星之火，可以燎原，相信星林正在和将要推动的各项事宜，都将为中国重大工程管理的持续提升和发展播下有价值的种子。

我与星林初识于2014年。当时，由南京大学盛昭瀚教授牵头，同济大学、上海交通大学、华中科技大学与哈尔滨工业大学等高校和其他机构共同参与并承担了国家自然科学基金重大项目“我国重大工程基础设施管理方法、理论研究”的研究工作。在此期间，星林作为港珠澳大桥管理局的代表，以总联络人与协调人的身份对接该研究项目。我们常常利用会议等碰面的机会，就重大工程管理理论与实践进行深入的对话和交流。我被他专注、努力、上进、谦虚和务实等个人品质所吸引，也经常被他的家国情怀所感染，一来二去我们就成为了知己。2019年，我邀请星林担任同济大学经济与管理学院高管教育（EE）中心和同济大学复杂工程管理研究院（RICEM）联合主办的“全过程工程咨询实务及企业转型升级发展高级研修班”讲师，与来自全国各地工程咨询企业的管理者和实践者分享港珠澳大桥的工程管理实践，学员均为大国重器之精益实践所折服。

本书是在星林的亲自策划和组织下，依托港珠澳大桥的招标实践，在对招投标工作整体认知和系统分析的基础上，深刻践行了“立足自主创新，整合全球资源”“探索实施策划型招标”及“施行合作伙伴关系管理”的工作思路，总结了港珠澳大桥招标所展示的集体智慧成果。招标策划和实践不但很好地落实了专责小组和三地政府批准的项目愿景和建设目标，在招标模式、合同机制和制度设计等具体工作中，也通过适当性调整较好地完成了功能需求、技术创新和商务资源之间的匹配，并通过管理创新有力地支持和推动了技术创新。其中，关于招标文件编制的“发散→收敛→迭代→逼近→聚焦→解决→反馈→提高”为特征的招标“实施八步法”，给我留下了深刻的印象。

具体来说，本书以下特点值得关注：

（1）充分体现了重大工程管理理论发展与招投标实践经验的深度融合。本书从整体架构上兼顾了理论总结与案例分析的平衡，按照招标策划与招标实施的主逻辑将全书分为两个篇章。上篇偏重于理论总结，分别对“招标边界条件分析与研判”“招标总体策划与体系构建”“市场调查与技术交流”“招标策略与招标文件编制”与“ISO 程序化、标准化的开评标”五个具体策略背后的工程项目情境、理论基础以及具体实施过程进行详述；下篇则强调案例分析，介绍了境外优质资源引入、岛隧工程总承包、钢箱梁采购与制造施工、桥面铺装施工、施工监理招标等攻坚克难、求实创新的工作中践行了以国际合作、市场培育、产业升级、系统重构、关键在人为原则的成功经验。

（2）充分体现了对重大工程成功交付中的硬性条件与软性要素的系统思考。本书立足于港珠澳大桥“桥—岛—隧”建设过程中的超高技术复杂性，结合组织与管理视角，系统总结了港珠澳大桥业主与参建单位（委托方与受托方）之间深层次的信任与合作、无边界的沟通与协同。具体来说，如果您对以下问题感兴趣：如何利用其他国家、其他行业与其他类型项目实践发展出最适合自己项目的和具有动态适应性的招投标方案？如何在诸多受限条件和影响因素下最大限度地保证工程成功交付？如何在实践中通过持续的检验与测试，不断改善和提升工程招标采购绩效？如何平衡甚至颠覆雄心勃勃的创新与强调制度、体系和流程的经典项目管理方法的关系？如何平衡“套牢”与价值优化之间的关系？这本书一定会为您提供深度的启示和启发。

基于以上点点滴滴，欣之为序，祝贺本书出版，并希望读者能从其中获益。

同济大学建设管理与房地产系教授，博导

同济大学复杂工程管理研究院副院长

何清华

2020 年 6 月

序　三

粤港澳大湾区建设是我国新时代事关“一国两制”的重大国家发展战略，港珠澳大桥是粤港澳大湾区建设的先导工程和示范工程，是粤港澳大湾区建设的“试验田”，是“一国两制”框架下，首个粤港澳三地共建、共管的超级工程，中央和三地政府十分重视，项目影响大，社会关注度高，其招标更是被关注的重点。

港珠澳大桥建设涉及跨海桥梁、海底隧道、深水人工岛填筑、交通机电、路面、房建、园林等多个领域，是集岛、隧、桥、路于一体的超级综合集群项目，招标面对诸多新问题，无成熟经验可供借鉴。港珠澳大桥的高远建设目标及其在全球行业的地位，对其资源配置提出了较高的要求。面对诸多困难与挑战，招标团队贯彻创新管理理念，以目标为导向，规划先行，秉承公开、公平、公正、择优的基本原则，探索出能有效匹配大型复杂项目管理需求的招标管理策略，实现了由程序型向策划型的转变，通过招标驱动、合同管理，保证了工程总目标的实现，推动了产业升级。

港珠澳大桥的招标策划成效显著，近400亿元的招标工作，未收到任何有效投诉，且每次招标引入的都是全国乃至全球的优质资源，实现了资源有效整合配置。招标策划的成功，加快了推进港珠澳大桥建设，体现了项目法人的系统管理思维，获得行业主管部门和粤港澳三地政府的认同，为行业树立了典范。

国内的大型基础设施项目，完工后开展系统总结的并不多见，而这其中又以技术类型的总结偏多，管理、策划及招标采购方面的总结极为少见。鉴于工程技术的更新迭代非常迅速，而管理类的经验总结具有长期性，因此港珠澳大桥的招标策划与实践总结，对后续大型基建工程具有积极借鉴意义。本书由全程参与招标工作的建设者们编写而成，通过在各项招标实践中，不断持续改进、归纳、总结、提升，历时五年，点点滴滴均来自现场一线的管理实践。

国家倡导公开、公平、公正、择优的招投标原则，党的十九大报告明确提出“创新驱动发展战略”，本书的内容有效地践行了创新发展理念，因此对重新认识招投标，开展招投标制度改革与法规修订工作提供了重要参考。同时，随着粤港澳大湾区建设的推进，本书的招标管理经验将为其他招标采购工作提供重要参考。本书的招标操作程序和诸多实践案例，对于从事招标采购的工作人员，以及在校学生学习招标采购及合同管理方面的知识，亦具有一定的帮助作用。

中国招标投标协会副会长

2020 年 6 月

自　序

2014年12月6日，作者组织部门同事举办沙龙活动，特邀华杰公司部分同事参加，讨论部门层面的项目管理总结工作安排，主题就是如何做好招标总结。在这次会议上，作者提出要充分利用好大桥平台，目标重点围绕招标、法律、造价和合同四个方面，对计划合同部负责的工作进行项目管理总结，并对招标总结做出了第一次正式的具体安排。任务和目标确定后，到本书最终完成经历了一个非常漫长的过程，因为当时大桥还在紧张的建设期，各项工作都还很繁重，因此大家基本只能利用工作之外的时间。回想起来，起步充满雄心，过程异常艰难，结果令人满意。2019年年中完成了初稿，因为我们自己不满意，又推翻重来，重新组织修改。招标总结所涉及的工作虽然是我们亲身经历的，资料也很齐全，但要把它形成系统的、逻辑严密和条理清晰的文字，仍然很不容易。写作的煎熬、无数次的讨论、修改时的痛苦、推翻重来时的苦涩、写不出来自己满意的文字时的无助……一一浮现，难以言表，非亲历者难以感同身受。得益于港珠澳大桥前期和建设过程中遇到的诸多困难的砥砺培养，也得益于港珠澳大桥精神锤炼出的钢铁般意志，不管遇到多少难题，对于认准了的事情，我们都会顽强地坚持到底。依靠坚忍不拔的意志、百折不挠的决心、迎难而上的勇气，依靠团队的智慧和力量，依靠大桥实践工作打下的坚实基础，也特别感谢领导的信任和支持，本书终于得以呈现在您的面前。特别值得一提的是，如果不是港珠澳大桥管理局和广东省交通运输厅推荐，交通运输部和国家留学基金委给予我公派出国访学的机会，也很难有系统总结的国际视野，更无法内心平静地完成本书最终提升质量的修改。

尽管工程师的笔法相对是稚嫩的，但为了增强本书的可读性，我们尽量用工程师的条理和逻辑，借鉴历史大家黄仁宇叙事分析法的写作方式，将我们的思考表达出来；借鉴近代著名诗人黄遵宪提出的“我手写我口”的直抒胸臆的写作方式，追求经世致用、尚质不尚虚文；达尔文在《对我智力的评估》中描述的他写作的艰难和方法，更是让我们相信天道酬勤，只要认真思考、有足够耐心和不懈坚持，即使进展缓慢也可以写出不错的文章。虽然作者尽力而为，但限于自身的水平，本书的错漏、片面和不足之处在所难免，还请各位同行批评指正。

在一个重视技术的年代里，管理特别是管理的效果往往容易被人忽视。港珠澳大桥的成功，很显然不仅仅是技术的成功，更是管理的成功。管理大师德鲁克在《管理的实践》一书开篇就提道："管理者是赋予企业生命、注入活力的要素。"中国工程院郭重庆院士在《直面中国管理实践，跻身管理科学前沿》中感慨："中国经济与社会面临的挑战与其说是资金和技术的问题，毋宁说是管理问题，不论是宏观层面，还是微观层面，这个结论似乎都成立，这也是为什么，到老了，我又转向管理领域的缘由。"港珠澳大桥的建设是"一国两制"框架下的复杂巨系统的管理问题，充满挑战，而招标则肩负着从管理策划向实践落地转换的使命，尤为关键。项目建设的最大风险是什么？如何通过管理和控制降低我们的风险？如何实施超级工程的招标？招标如何匹配建设目标的实现？市场资源是一个什么样的分布情况？如何选择综合实力最优的单位？与常规招标相比，我们的招标管理更应聚焦于什么？如何把建设目标通过招标、合同、造价有效地统一起来？如何把项目目标和招标项目特点、业主需求、项目的特殊性有效结合起来？如何处理冲突？对于第一次做的事情如何去攻坚克难？面对这些问题，多年来我们不断求索，而其答案，就在本书之中。从港珠澳大桥招标的思路策划到实践实施，都在本书中做了详细的列举和介绍，也是本书想表达的精髓之一。在本书中，您还可以看到更多的细节，略举几例：

第一，招标团队致力于梳理制约项目目标实现的问题，深入解析每一个招标项目的需求，系统地寻找解决办法来完成对每一个招标项目的策划和推演。项目招标的过程变成了项目管理模拟推演的全过程，推动招标管理从传统的程序型向管理策划型转变。许多解决项目难题的创新方案都是在招标策划中形成思路，在招标文件中落实资源保障的。

第二，招标团队致力于通过市场调研和技术交流等手段来系统地寻找"一国两制"框架下的复杂工程的解决办法。对国际国内重大工程做大范围的深度调研，以开阔的国际视野，在招标策划中系统引入国际合作方。作者通过在荷兰访学期间对世界范围内重大工程的研究，发现港珠澳大桥的知识学习与知识管理之深、全寿命周期覆盖之广和国际开放程度之高，确实算得上世界土建工程之最了。

第三，港珠澳大桥的国际合作，不是漫无目的的，更不是自发形成的，而是通过招标策划与实施形成的。在设计及施工咨询、质量管理顾问、施工管理顾问、运营等方面，立足"自主创新，以我为主，为我所用"的工作理念，引入国际资源，构建了深厚的伙伴关系，最终形成了以“控制重大风险、提升项目品质、改善细节质量”为需求导向的不同阶段、不同环节、不同层次的境外单位参与机制。以荷兰隧道工程咨询公司（TEC）、日本长大株式会社（chodai）、德国 PERI 模板公司等国际公司为代表的境外公司，为管理局控制重大风险、不断提升项目品质、不断改善细节质量发挥了积极的、重要的作用。

第四，通过招标策划，在合同中构建真正平等、相互依存、坦诚开放、同舟共济的伙伴关系，真正将造价作为质量保障的核心支撑，贯彻“质量优先、优质优价”的原则，既要合理利用市场选择资源的优势，又要尊重市场经济的规律，保障参建单位有合理的利润，让参建单位能够分享项目管理成就，建立风险共担和合理的利益分配机制。

第五，通过招标策划，同一项目，视风险程度、专业特点、市场条件和需求等综合因素，设置了不同的招标和合同模式。岛隧工程采用设计施工总承包的招标及合同模式，桥梁工程采用设计和施工分开的招标及施工总承包合同的模式，交通工程施工采用综合集成的招标及合同模式。从工程风险控制而言，港珠澳大桥的设计施工总承包模式成就了岛隧工程，岛隧工程成就了港珠澳大桥，这是一个多赢的成功案例，设计施工总承包模式的选择是管理的成功。无独有偶，这一点和作者在荷兰访学期间对欧洲项目管理的研究是一致的，欧洲推崇的经验，项目管理方式并不是一成不变的，在不同的项目或者同一项目的不同部位，倾向于采用不同的招标和合同模式，关键在于做出适应性的安排，如荷兰 HSL-ZUID 项目。

第六，港珠澳大桥三地共建共管的机制，既坚守“一国”之本，又充分发挥“两制”之利，创新机制，求同存异，建立的三地公开透明的监管模式和评审机制，在合法合规和公开公平之间实现了更好的平衡。招标人还委托了全过程法律顾问，对每一份招标文件做出合法合规性审查和合同条款的风险审查，按照国内著名法学家王振民先生的评价：“长达 15 年的建设历程表明，港珠澳大桥建设是法律提前介入并全程保驾护航的典范之作。”

细心的读者会质疑，我们似乎没有谈到招标失败的案例和教训。总体上讲，港珠澳大桥的招标是成功的，因为项目的超级复杂性，虽然我们在招标策划中做过很多考虑，但在合同的弹性机制设置、合同界面的划分、部分招标时序的安排等方面，可以做出更加优化的安排，这需要在今后的项目管理总结和研究实践中予以更多的关注。

回过头来看，港珠澳大桥招标的成功，得益于港珠澳大桥前期办集体智慧的成果《港珠澳大桥主体工程建设项目管理规划》为港珠澳大桥建设提供了系统的总体框架。经历了港珠澳大桥完整的建设历程，更加会惊叹于前期办制定的项目管理上的顶层设计的远见，本书反映的正是在此顶层设计框架下的动态实践和系统总结。港珠澳大桥招标的成功，还得益于港珠澳大桥“三级架构、两级协调”的管理体系，由国家发展改革委牵头，国务院港澳办、交通运输部和粤港澳三方代表成立港珠澳大桥专责小组，由粤港澳三方成立三地联合工作委员会和项目法人机构港珠澳大桥管理局，正是由于这种管理体系，专责小组很好地坚守“一国”之本，发挥“两制”之利，在影响项目成败和方向的许多重大关键时刻，发挥充分沟通、积极协调的作用，“一锤定音”，保证了项目强大的领导力和执行力。

港珠澳大桥伟大实践，为招标总结提供了最好的素材。总结来自伟大的实践，总结更是要面向未来。发起和写作本书的初衷，就是希望港珠澳大桥团队所缔造的这些实践成果和思想，能够通过某种方式流传下来，对未来的超级工程和重大跨境工程的建设，对“一带一路”倡议和粤港澳大湾区的国家战略的实践，对行业的项目建设和管理，在某一个点或某一方面提供一点点借鉴和帮助；而对于作者而言，是对我们十几年投身于大桥建设的一种情感表达，是对我们不负这伟大的时代和难得的历史机遇的一种交代，这也是我们的初心和情怀。通过参与大桥建设和总结，我们也在不断学习、不断自我完善，实现自我境界的提升，能够以文字方式做出记载，内心收获满满。

激情冷静下来时是理性和平静。固化的总结也可能成为经验的束缚。应该指出，港珠澳大桥因其极具特殊性，很多经验不一定具有普遍的适应性，而每一个项目都有其建设的边界条件和独特性，我们不希望误导读者。如何既能够以开放的心态接受先进的经验，还能够理解每一个项目独特的环境和背景，不被经验所束缚和左右，这是每一个读者和作者本身都需要注意的问题。面对既有成熟的经验和知识，甘地和达尔文各自给出了答案。甘地在自传中写道：“我必须让自己归零。”在他无比充实的一生中的很多时刻，他仍力图回归初心，归零，回归未知状态。达尔文在《对我智力的评估》中写道：“……曾经培养出我的一种耐心，使我能够在任何悠长的岁月中，对任何一个悬而未决的问题，进行顽强的思考。根据我所能做出的判断，我对于别人的指示，并不轻易听信，盲目遵从。我始终不变地努力保持自己思想的自由，其范围可以使我在一见到事实明显地相反于我深爱的任何假说时，马上就放弃这个假说。”

无论是对自己还是对读者，经验都代表过去，都有其特定的环境和背景，应当不为经验所束缚，以更加开放的心态去面对未来，就会有更大的成长。进步的社会是开放性的，任何故步自封只会走向落后，个人的开放也有利于自身的成长和自我完善。我们希望同行指出问题，继续进行开放的交流；我们也期待港珠澳大桥的招标实践给理论研究者和教学人员提供支撑，开出更多的花和结出更多果实。

是为序。

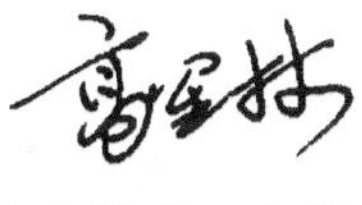

2020 年 5 月 21 日于荷兰代尔夫特理工大学

前　言

港珠澳大桥作为粤港澳三地首次合作共建的大型基础设施，其主体工程路线起于粤港分界线，沿 23DY 锚地北侧向西，穿（跨）越珠江口铜鼓航道、伶仃西航道、青州航道、江海航道、九洲航道，止于珠海/澳门口岸人工岛，总长约 29.6km。广东省牵头、粤港澳三方共同组建的项目法人单位港珠澳大桥管理局，作为大桥主体工程的招标人，按照内地有关规定，以及经三地政府批准的招标管理制度开展有关招标工作。

港珠澳大桥这种超大规模的建设项目招标工作，无疑更需要周密的“策划”，推行“策划型”招标，以策划构筑顶层设计，以策划形成招标方案，以策划明确发包模式及合同模式。由于之前国内的大型基建项目留下的管理实践和策划层面的资料信息太少，系统总结更为罕见，在港珠澳大桥招标策划过程中，为了寻求有价值的资料和信息开展的调研工作十分艰难。本书的作者高星林、戴建标、阮明华经过深思熟虑后下定决心，对港珠澳大桥的招标策划和实践工作进行系统总结。

港珠澳大桥招标以目标为导向，策划先行，秉承公开、公平、公正、择优的原则，通过编制招标管理规划，建立了高效的招标管理体系，创新性地开展基于本项目的大型复杂项目招标资源配置管理实践，寻找出能有效匹配大型复杂项目管理需求的招标管理策略，实现了创新驱动、模式构建，由程序型向策划型，以及项目管理需求导向的转变。通过分析港珠澳大桥招标特点，围绕项目管理需求和创新核心驱动力，逐项实施模式构建，进行案例分析，将本项目招标工作系统编写于本书的各个章节之中。

全书一共分为两部分，第一部分为招标策划篇，包括第一章至第五章；第二部分为招标实施篇，包括第六章至第十章。第一章由戴建标、高星林主要撰写，由贺晓东、江晓霞协助提供素材及整理；第二章由高星林、戴建标主要撰写，由王芳、刘刚协助提供素材及整理；第三章由阮明华、高星林、戴建标主要撰写；第四章由阮明华、高星林主要撰写，由王芳、李忠利、钟勇华协助提供素材及整理；第五章由阮明华、戴建标主要撰写，由杨清清、王芳、张鸣功、叶凯夫协助提供素材及整理；第六章由戴建标、高星林主要撰写，王芳协助提供素材及整理；第七章由高星林、戴建标、阮明华主要撰写；第八章由戴建标、高星林主要撰写，由张鸣功、王芳、张永财协助提供素材及整理；第九章由高星林、阮明华主要撰写，由王芳、杨清清协助提供素材及整理；第十章由阮明华、高星林主要撰写，由杨清清、叶凯夫、王芳、李婕妤协助提供素材及整理；附件由戴建标负责整理，由王芳、叶凯夫协助提供素材及整理。全书由高星林、戴建标、阮明华多轮统稿，由刘刚复核，由高星林审定。中国交建总工程师、港珠澳大桥岛隧工程项目总经理部项目总经理林鸣先生，同济大学乐云教授、李永奎教授，华杰工程咨询有限公司彭耀军副总经理和高会晋总经济师，东南大学成虎教授对全书的结构和内容提出了宝贵的意见。同济大学何清华教授（同济大学复杂工程管理研究院副院长）、荷兰隧道工程咨询公司（TEC）李英博士、中咨集团程志虎博士、港珠澳大桥岛隧工程总监胡昌炳先生详细审阅了全书并做了细致的修改，提出了宝贵的意见。南京大学宁延教授着重对第六章、第七章、第八章以及第九章的案例进行了系统地梳理与总结，完善了全书的架构，丰富了案例内容，并对有关内容进行了升华。东南大学硕士研究生周笑寒、庞斯仪与广州大学硕士研究生刘健在管理局实习过程中，为全书的修改和完善做了大量基础性复核工作。管理局工程总监张劲文博士，副局长余烈先生，总工程师苏权科先生和原党委书记、原局长朱永灵先生对全书进行了指导并提出了宝贵的意见。

七年多的招标历程，五年多的总结、归纳、提炼与升华，在港珠澳大桥正式通车及粤港澳大湾区正式启动两周年之际，本书终于得以出版。寄望本书能为从事项目管理或招标代理的从业人员提供思路，为如何有效发挥招标在项目管理中的作用提供参考，为学习招标采购、合同管理知识的在校学生提供理论结合实际的典型案例。

本书成稿过程中，查阅了大量的港珠澳大桥管理局有关技术和管理档案资料，对相关内容做了引用，已在文中列明，感谢管理局领导的信任和大力支持。感谢由国家发展改革委牵头，国务院港澳办、交通运输部和粤港澳三方代表成立港珠澳大桥专责小组和各领导单位和部门，在影响项目成败和方向的许多重大关键时刻，发挥充分沟通、积极协调的作用，“一锤定音”，让港珠澳大桥建设始终保持在正确的方向上。感谢三地联合工作委员会、广东省发改委、广东省交通运输厅、广州公共资源交易中心等相关单位、专家及同事对大桥招标工作的悉心指导和大力支持，感谢有关专家和同行在招投标过程中给予的大力支持和对本书提出的宝贵意见、建议。各位读者在阅读本书过程中，如有更好的建议或意见，敬请反馈指正。

本书编委会

2020 年 6 月

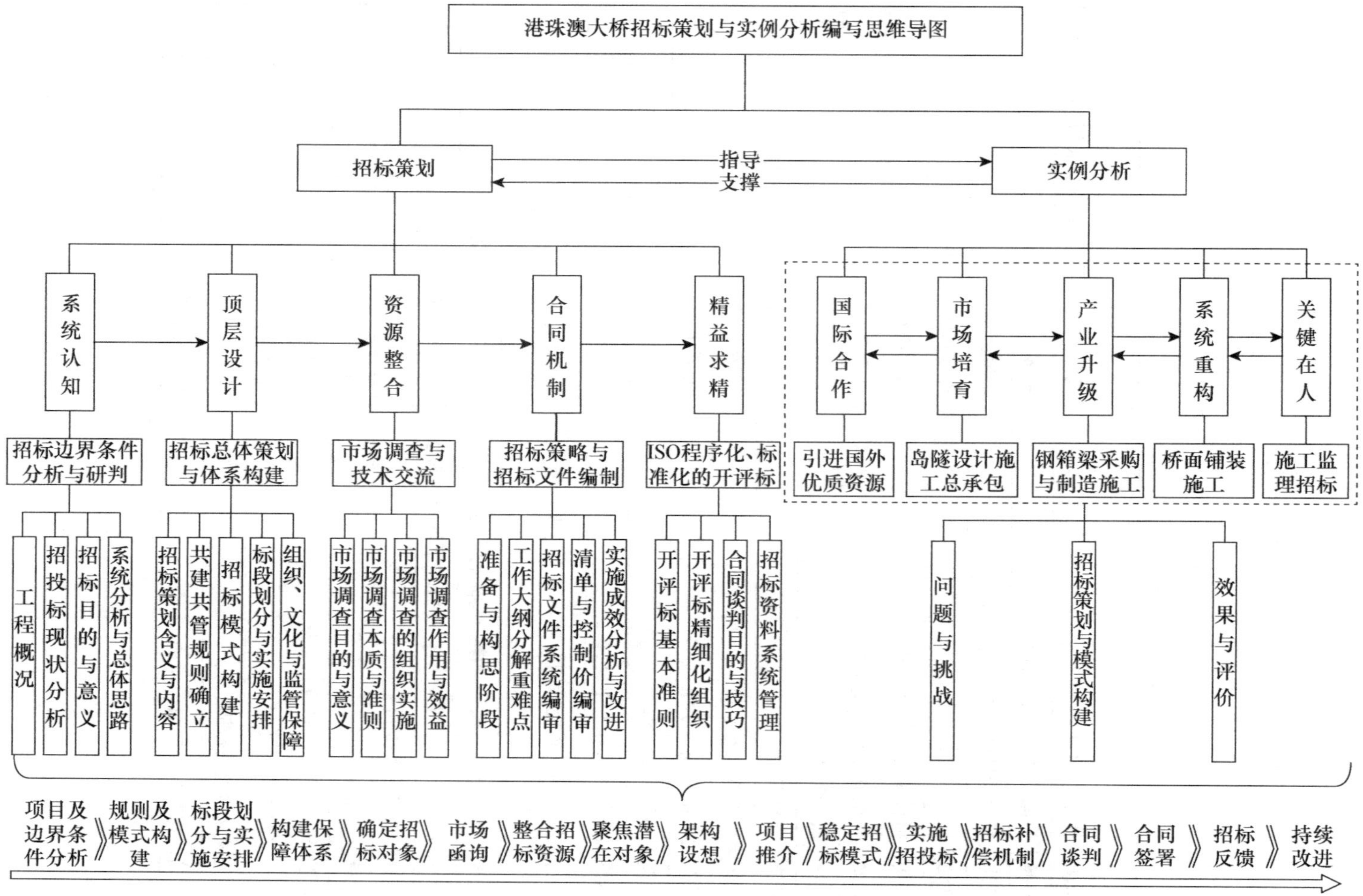
港珠澳大桥招标策划与实例分析编写思维导图
招标策划
指导
支撑
实例分析
系统认知
顶层设计
资源整合
合同机制
精益求精
招标边界条件分析与研判
招标总体策划与体系构建
市场调查与技术交流
招标策略与招标文件编制
ISO程序化、标准化的开评标
工程概况
招投标现状分析
招标目的与意义
系统分析与总体思路
招标策划含义与内容
共建共管规则确立
招标模式构建
标段划分与实施安排
组织、文化与监管保障
市场调查目的与意义
市场调查本质与准则
市场调查的组织实施
市场调查作用与效益
准备与构思阶段
工作大纲分解重难点
招标文件系统编审
清单与控制价编审
实施成效分析与改进
开评标基本准则
开评标精细化组织
合同谈判目的与技巧
招标资料系统管理
国际合作
市场培育
产业升级
系统重构
关键在人
引进国外优质资源
岛隧设计施工总承包
钢箱梁采购与制造施工
桥面铺装施工
施工监理招标
问题与挑战
招标策划与模式构建
效果与评价
项目及边界条件分析
规则及模式构建
标段划分与实施安排
构建保障体系
确定招标对象
市场函询
整合招标资源
聚焦潜在对象
架构设想
项目推介
稳定招标模式
实施招投标
招标补偿机制
合同谈判
合同签署
招标反馈
持续改进

缩 略 表

全　　称	简　　称
港珠澳大桥工程项目	港珠澳大桥项目/港珠澳大桥/大桥项目
港珠澳大桥海中桥隧主体工程	主体工程
港珠澳大桥海中桥隧主体工程岛隧工程	岛隧工程
港珠澳大桥珠澳口岸人工岛	珠澳口岸人工岛
港珠澳大桥前期工作协调小组	协调小组
港珠澳大桥前期工作协调小组办公室	前期办/办公室
港珠澳大桥专责小组	专责小组
港珠澳大桥管理局	管理局/招标人/业主/项目法人
港珠澳大桥招标工作小组	招标工作小组
港珠澳大桥招标领导小组	决策层
港珠澳大桥管理局章程	《管理局章程》
港珠澳大桥三地联合工作委员会	三地委
广东省人民政府、香港特别行政区政府、澳门特别行政区政府合称	三地政府
广东省、香港特别行政区、澳门特别行政区三方	粤港澳三方/三方
《港珠澳大桥建设、运营、维护和管理三地政府协议》	《三地协议》
广东省发展和改革委员会	省发改委/广东省发改委
广东君信律师事务所	君信所
北京君泽君（广州）律师事务所	君泽君所
华杰工程咨询有限公司	华杰公司
中国交通建设股份有限公司	中交
中交公路规划设计院有限公司	中交公规院

目　录

第一篇　策划篇

第一章　系统认知

——招标边界条件分析与研判

在充分认识港珠澳大桥项目的政治、社会、法律背景的前提下，理解大桥项目的建设意义，分析大桥主体工程概况，掌握其技术特点、技术难点和主要风险点。在分析招投标现状及理解大桥项目招标的目的与意义的基础上，紧紧围绕项目愿景和目标，回归招投标本质，确定招标目标与定位，实施需求引导招标，形成立足自主创新、整合全球资源、探索实施策划型招标、施行“合作伙伴关系”管理的总体思路。

第一节 工程概况

一、工程背景

改革开放是决定当代中国命运的关键一招，也是实现“两个一百年”奋斗目标、实现中华民族伟大复兴的关键一招。珠江三角洲地区始终是中国改革开放的先行地区和重要的经济中心区域，依托毗邻港澳的区位优势，在全国经济社会发展和改革开放大局中，具有举足轻重的战略地位。

20 世纪 80 年代以来，香港、澳门与内地之间的运输通道、特别是香港与广东省珠江三角洲东岸地区（深圳）的陆路运输通道建设取得了明显进展，有力保障和推进了香港、澳门与珠江三角洲地区经济的互动发展。但是受珠江阻隔，香港与珠江西岸之间的陆路需绕行虎门大桥，水路交通受天气影响较大且运行时间较长，这也是珠江西岸经济发展明显滞后于东岸的原因之一，现有交通基础设施难以满足珠江两岸经济社会发展和交通运输的需要。

20 世纪 90 年代末，亚洲金融危机之后，为振兴香港经济，保持香港的持续繁荣稳定，香港特区政府认为有必要尽快建设连接香港、澳门和珠海的跨海陆路通道，以充分发挥香港、澳门的优势，获得新的经济增长点，遂于 2002 年向中央政府提议修建港珠澳大桥。2003 年 7 月，内地与香港有关方面共同委托研究的《香港与珠江西岸交通联系研究》表明，修建港珠澳大桥连通三地具有重大的政治及经济意义，需要尽早安排建设。2003 年 8 月，国务院批准开展了港珠澳大桥项目前期工作，并同意成立由香港特区政府作为召集人，粤港澳三方组成的“港珠澳大桥前期工作协调小组”。2004 年 3 月，港珠澳大桥前期工作协调小组办公室成立，港珠澳大桥项目各项建设前期工作全面启动。

二、工程意义

中国香港是全球重要的国际经济、金融、商业、贸易和航运中心之一，既依托周边地区的丰富资源，也对周边地区发挥重要的辐射和聚集作用。改革开放以来，香港与珠江东岸地区经济联系亦日趋紧密，香港经济保持持续繁荣，珠江东岸地区亦率先建立起开放型经济体系，成为国内外向度很高的经济区域和对外开放的重要窗口。澳门以旅游和金融保险为支柱产业，澳门和香港之间长期以来形成的产业分工和社会格局，使得两地的经济社会联系十分紧密。

港珠澳大桥东接香港特别行政区，西接广东省（珠海市）和澳门特别行政区，是国家高速公路网规划中珠江三角洲地区环线的组成部分，也是跨越伶仃洋海域的关键性工程，将形成连接珠江东西两岸新的公路运输通道，增强香港及珠江东岸地区经济辐射带动作用，促进港澳及珠江两岸之间的交通联系，完善国家和粤港澳三地的综合运输体系和高速公路网络，加强珠江西岸地区与香港地区的经济社会联系，改善珠江西岸地区的投资环境，加快产业结构调整和布局优化，拓展经济发展空间，珠江西岸发展潜力得以挖掘，珠江三角洲地区的综合竞争力得以提升，实现港澳地区的持续繁荣和稳定，促进珠江两岸经济社会协调发展。

2017 年 3 月第十二届全国人民代表大会第五次会议的《政府工作报告》提出，“要推动内地与港澳深化合作，研究制定粤港澳大湾区城市群发展规划，发挥港澳独特优势，提升在国家经济发展和对外开放中的地位与功能。”2017 年 7 月 1 日，在习近平总书记的见证下，《深化粤港澳合作　推进大湾区建设框架协议》在香港签署，协议要求，“推进基础设施互联互通。强化内地与港澳交通联系，构建高效便捷的现代综合交通运输体系。”粤港澳大湾区得到国家层面的确认，上升为国家战略。2019 年 2 月 18 日中共中央、国务院印发的《粤港澳大湾区发展规划纲要》提出，“不断深化粤港澳互利合作，进一步建立互利共赢的区域合作关系，推动区域经济协同发展，为港澳发展注入新动能，为全国推进供给侧结构性改革、实施创新驱动发展战略、构建开放型经济新体制提供支撑，建设富有活力和国际竞争力的一流湾区和世界级城市群，打造高质量发展的典范。”

港珠澳大桥建设是中央支持香港、澳门和珠三角区域协同发展的一项重大举措，是“一国两制”框架下粤港澳密切合作的重大成果，更是粤港澳大湾区基础设施建设“互联互通”的先导项目、实验项目和样板项目。港珠澳大桥建设将给大湾区建设提供可供研究的生动案例，起到大湾区建设“试验田”的作用，对推动大湾区的发展具有参考和借鉴意义。

三、工程概况

港珠澳大桥工程路线起自香港国际机场附近的香港口岸人工岛，向西接珠海/澳门口岸人工岛、珠海连接线，止于珠海洪湾，总长约 55km（其中珠澳口岸到香港口岸约 41.6km）。项目建设资金来自三地政府及银行贷款，招标人为港珠澳大桥管理局，是港珠澳大桥主体工程的项目法人，由广东省牵头、粤港澳三方共同组建，负责港珠澳大桥主体工程的建设、营运与维护管理，向三地联合工作委员会及三地政府负责。港珠澳大桥工程包括三项内容：一是海中桥隧工程，二是香港、珠海和澳门三地口岸，三是香港、珠海、澳门三地连接线。根据共识，海中桥隧主体工程（粤港分界线至珠海和澳门口岸段，下同）由粤港澳三地共同建设，海中桥隧工程香港段（起自香港散石湾，止于粤港分界线，下同）、三地口岸和连接线由三地各自建设。

大桥项目主体工程由粤港澳三地共同建设，长约 29.6km，采用桥隧结合方案，穿越伶仃西航道和铜鼓航道段约 6.7km 采用隧道方案，其余路段约 22.9km 采用桥梁方案。为实现桥隧转换和通风井设置，主体工程隧道两端各设置一个海中人工岛，东人工岛东边缘距粤港分界线约 385m，西人工岛东边缘距伶仃西航道约 1800m，两人工岛最近边缘间距约 5250m。双向六车道高速公路标准建设，设计速度采用 100km/h，桥梁总宽 33.1m，隧道宽度采用 2×14.25m、净高采用 5.1m，全线桥涵设计汽车荷载等级采用公路－Ⅰ级，同时满足香港 *Structure Design Manual for Highways and Railways* 中规定的活载要求，设计使用寿命 120 年。其他技术标准符合原交通部颁发的《公路工程技术标准》（JTG B01—2003）中的规定。通航标准按交通运输部《关于港珠澳大桥通航净空尺度和技术要求的批复》（交水发〔2008〕97 号）执行。

（一）桥梁工程

主体工程海中桥梁约 22.9km、桥面宽度 33.1m，由三个通航孔桥、深水区非通航孔引桥、浅水区非通航孔引桥、珠澳口岸人工岛连接桥、东隧道人工岛结合部、西隧道人工岛结合部组成。桥梁工程方案情况如表 1.1 所示。

表 1.1　桥梁工程方案情况

工程名称	工程方案	效果图
东岛结合部	东岛结合部互通路基、路面、U 型钢槽及桥梁	—
西岛结合部	西岛结合部互通路基、路面、U 型钢槽及桥梁	—

续表 1.1

工程名称	工程方案	效果图
青州航道桥	110＋236＋458＋236＋110＝1150（m） 双塔钢箱梁斜拉桥（双柱塔）	
深水区 非通航孔桥	110m 跨径钢箱梁、桥长 13680m 整孔吊装钢箱梁结构	
江海直达船 航道桥	110＋129＋258＋258＋129＋110＝994（m） 三塔钢箱梁斜拉桥（海豚形塔）	
浅水区 非通航孔桥	85m 跨钢混组合梁、桥长 5440m 单墩双幅组合梁结构	
九洲航道桥	85＋127.5＋268＋127.5＋85＝693（m） 独柱双塔钢混组合梁	
珠澳口岸 人工岛连接桥	珠澳口岸匝道路基、路面、暗桥及桥梁、VTS 雷达平台	—

（二）隧道工程

沉管隧道总长度为 6762m，其中沉管段长 5664m，暗埋段长 326m，敞开段长 772m，是迄今为止规模最大的海上沉管岛隧工程，隧址穿越伶仃西航道和规划 30 万 t 油轮航道，最大水下深度达 46m，隧道平面布置及断面如图 1.1、图 1.2 所示。

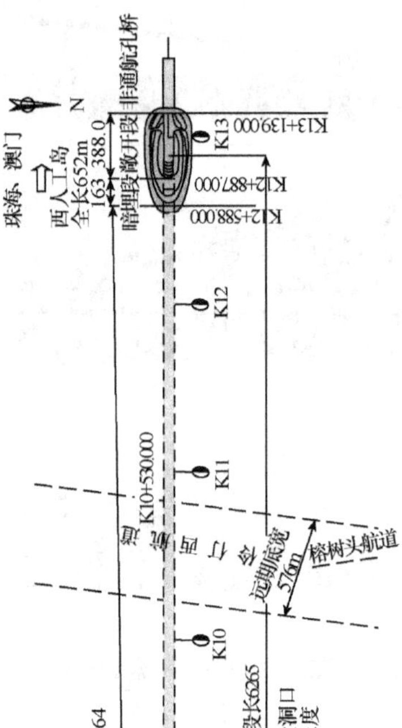

图 1.1 隧道平面布置方案图

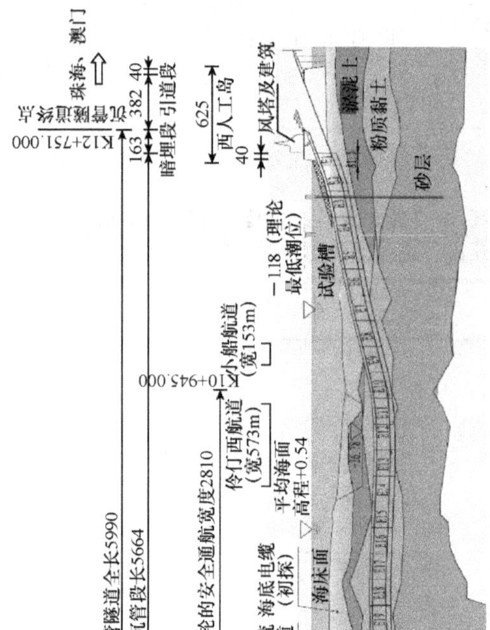

图 1.2 隧道纵断面示意图

沉管隧道采用两孔一管廊结构，即左、右侧为主行车孔，中管廊从上至下分别为排烟道、安全通道、电缆通道。沉管基础，岛上段PHC桩与高压旋喷桩、过渡段挤密砂桩复合地基、中间段抛填块石＋碎石组成的复合基础。管节断面总体外轮廓尺寸为宽37.95m×高11.4m，车孔净宽14.55m、净高8.40m，如图1.3所示。

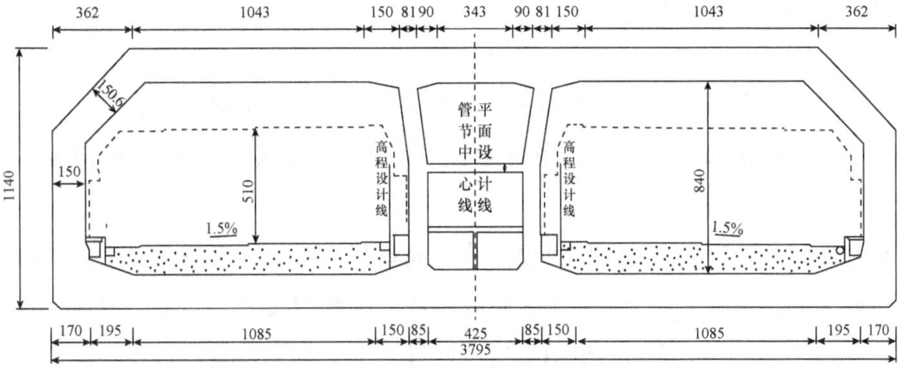

图1.3　管节横断面图

（三）隧道人工岛

隧道人工岛设计岛壁结构采用插入式钢圆筒外侧辅以抛石斜坡堤方案，抛石斜坡堤下部基础使用挤密砂桩处理，岛内回填区地基处理采用开挖换填、插板、降水联合堆载预压方案，综合救援码头采用顺岸重力式开孔消浪式沉箱结构方案。

（四）交通工程

交通工程主要内容包括：安全设施、收费系统、通信系统、监控系统、供电系统、照明系统、场外供电线路（110kV电源外线引入配合工程、110kV变电站建设）、防雷接地设施、消防工程、系统集成工程、火灾报警系统、桥梁结构健康监测系统及给排水系统。不含隧道通风系统、隧道消防系统、隧道供电工程、隧道照明工程、隧道监控系统、隧道火灾报警系统及隧道给排水系统等内容。

（五）房建工程

房建工程主要内容包括四个部分：珠海市香洲区南琴路附近的管理养护中心、珠澳口岸人工岛的大桥项目管理区、东人工岛的岛上建筑、西人工岛的岛上建筑，建筑面积约99143.8m²，建筑物主要由综合办公楼、宿舍、食堂、多功能礼堂、收费大棚、收费及养护办公楼、救援楼、备品备件普通仓库、东人工岛岛上建筑及泵房等配套设施、西人工岛岛上建筑及泵房等配套设施组成，为保障大桥项目的日常营运提供配套支持。

四、大桥治理体系框架

2009年12月15日，珠澳口岸人工岛填海工程率先开工建设。2010年7月，港珠澳大桥管理局正式挂牌成立，负责建设和运营管理粤港澳三地共同建设的主体工程。

粤港澳三地政府签订的三地协议及管理局章程，明确了大桥项目主体工程建设管理治理形式，明确了“三级架构、两级协调”的管理模式，形成“专责小组—三地委—项目法人”三个层面的组织架构（见图1.4）。三方共建的海中桥隧主体工程建设资金包括项目资本金与资本金以外的建设资金，项目资本金由三地政府按效益费用比相等原则分别出资，资本金以外部分建设资金由项目法人根据内地适用法律通过银行贷款解决。

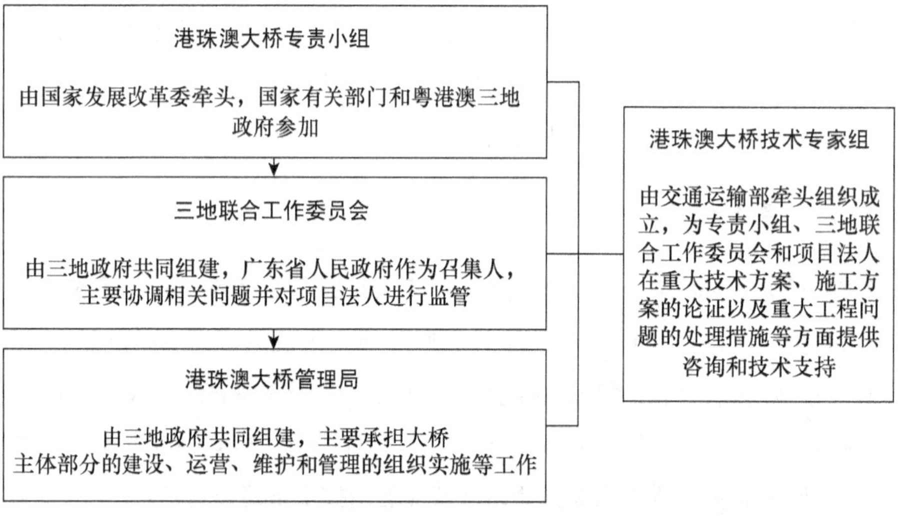

图1.4 港珠澳大桥建设管理三个层面组织架构示意图

项目法人港珠澳大桥管理局设1名局长、3名副局长和1名总工程师。局长和总工程师由三地委三方代表各自推荐人选并由广东方提名，副局长由三地政府各提名1名，局长、副局长和总工程师经三地委审议批准聘任、续聘或者解聘。局长根据工程管理需要提出高级管理人员岗位建议及部门设置，如报经三地委审议批准增加设置行政总监分管综合事务，设置 2 名兼职的局长助理，分别协助香港方、澳门方提名的副局长开展工作；建设初期下设计划合同部、融资财务部、工程管理部、总工办、交通工程部、安全环保部、综合事务部共 7 个部门。中期根据工程推进需要，适时进行动态调整，如高级管理人员增设工程总监，部门增设钢结构制造办公室、桥面铺装办公室，工程后期进行整合归并至工程管理部，并新增设营运管理部。通车前一年，为适应人工智能快速发展的形势，新增人工智能研发应用中心筹备组，后与总工办共同组建工程技术研发中心。

第二节　招投标现状分析

招投标制度作为国内工程建设项目管理四项基本制度之一，在工程建设当中发挥了重要作用。同时，招投标制度也是国际上通行的模式，世界各国大都按照国际咨询工程师联合会（FIDIC）制定的规则实施，但也根据国情不同，招标采购的形式和内容存在不同形式的差异。就工程建设项目的招标而言，涉及的最主要问题是资质管理、评标办法、合同条款和定价模式四个方面。

一、建筑业资质管理模式

（一）国内外建筑业资质管理模式

世界各国对建筑承包商都实行了必要的资质或人员资格管理，尤其是对于政府采购工程项目，对承包商的审查内容基本相同，主要针对承包商的人力资源情况、资金情况和诚信记录进行审查。其中，人力资源方面，管理人员与专业技术人员的资格审核是重点。在美国，由于市场经济发达，各州有独立的立法权与执法权，虽然有许可证制度，但许可证的获取简单方便，且主要依靠保险公司对不同档次的建筑企业所提供保险金额不同，进行市场调节；在英国，更侧重自由竞争，没有政府定级制度，主要靠市场交易主体的相互制约，如近期兴起的注册体系也主要由学会和私人机构负责。在亚洲，日本是发达国家中政府对经济介入程度较深的国家，但只有相对简单的承包商许可证制度，相较而言，长期以来由政府主导经济的新加坡，承包商资质管理体系就相对复杂和严格。

相比而言，国内的资质管理最为严格。1984 年，为了有效进行建筑质量的监督管理，国内参照了苏联对建筑工程的质量管理模式，建立了建筑业资质管理制度，对建筑企业设定相应条件，达到条件的企业即授予相应级别的资质，未授予资质的不准许进入建筑市场。随后，经过几次的资质管理改革，2014 年 11 月 6 日通过了《建筑业企业资质标准》（建市〔2014〕159 号）。国内资质管理制度不断改进，但是，按照行业划分为总承包、专业承包和施工劳务的三级资质管理格局一直没有改变。对此，在国内与其说企业资质是企业实力的认证书，不如说资质是建筑市场的“入场券”。在国内开展建筑施工活动，企业资质不可或缺，只有拥有资质，才能在其允许的行业和专业范围内从事相关建筑活动，参与建设项目的招投标。

（二）国内资质管理模式存在的问题

1. 资质种类过多、划分过细

国内建筑业企业施工资质划分为施工总承包、专业承包和施工劳务三大序列，每个序列按照工程性质和技术特点分别划分为若干资质类别，各资质类别又按照规定的条件划分为若干资质等级。过细的类别划分限定了企业只能在所申报的类别中从事建筑业务活动，而不能凭借自身能力在整个建筑市场内自由选择，使相近专业的施工企业能力得不到充分发挥，不利于市场主体的充分竞争和发展壮大。国内的行业主管部门已经意识到这种市场反馈的信息和诉求，并与时俱进地对相关政策进行升级或调整。例如国家住房和城乡建设部、国家发展改革委联合制定的《房屋建筑和市政基础设施项目工程总承包管理办法》（2020 年 3 月 1 日发布实施），打破了企业资质专业划分的限制，鼓励一批有实力的企业通过申请总承包资质，可以独立承揽总承包工程或 EPC 项目。该办法还鼓励设计单位申请取得施工资质，鼓励施工单位申请取得工程设计资质，这是资质管理的一大进步。

2. 行政化的资质管理与市场化的建筑业企业的发展要求存在矛盾

由于资质管理过程中，过于强调规模，大部分企业追求规模的扩大，市场上出现大量特级、一级资质的总承包商，小型企业比例偏低，市场上较难形成总承包、专业承包和劳务承包企业的分工合作。部分大企业不重视提升项目管理和技术水平，往往通过资质合作的办法收取管理费来维持生计；而很多小企业因为没有市场资源，在市场竞争中处于劣势，甚至本来适合由中小企业实施的中小型工程，也通过人为提高资质要求的方式，把中小企业排除在外，使得中小企业采用资质合作的方式承揽工程，难以做大做强。

3. 资质管理的行政化色彩较浓，资质申请和升级程序烦琐

国内资质申请和升级的过程比较复杂和烦琐，资质条件设置与市场实际情况存在不一致之处，致使建筑业企业由小做大，由弱变强极其困难。建议资质管理与市场发展的需求紧密衔接，顺应市场发展需求，成为促进建筑业发展的有力工具，从事前审批过渡到过程监管，对企业实行负面清单管理。

4. 过于强调企业的资质管理，弱化从业人员管理

企业资质管理贯穿于工程承包、勘察设计、监理、检测、咨询等建筑相关行业，不管是施工业务还是服务类业务，承揽业务的主体是企业，没有企业资质，就无法合法承接相关业务。过于注重企业层面的资质管理，而轻视对从业人员的管理会出现的一种现象——承揽业务的企业是一家资质、实力和声誉都极高的企业，但实际派驻的项目团队实力一般或者水平较差，项目团队的水平与企业层次不匹配。

二、工程建设项目招标评标办法

（一）国内外工程咨询服务招标采用的评标办法

工程咨询贯穿了投资建设项目的决策、准备、实施和运行全过程，主要包括规划咨询、投资机会研究、可行性研究、评估咨询、工程勘察设计、招投标咨询、工程和设备监理、工程项目管理等。工程咨询费用在项目周期成本中所占比例最小，但对整个项目的影响却最大。因此，业主最关心的是能否通过提供工程咨询服务得到好的投资回报，使这个“小部分”得以正确实施。

FIDIC 倡导 QBS（Quality-based Selection for Procurement of Consulting Services）选择法，即根据质量选择咨询服务，作为选择工程咨询公司的最佳实践。QBS 是 FIDIC 的一个核心文件和原则。在选择工程咨询服务时，质量是放在第一位的标准，价格只是评审的其中一个因素。按照 QBS 原则，业主（客户）应该根据工程咨询单位的专业能力和经验、管理能力、拥有的资源、专业的独立性、廉洁度、质量管理系统和收费结构的合理性来选择。QBS 方法鼓励业主把工程咨询单位看作可信赖的顾问，工程咨询方应该站在业主一方，维护业主的利益，使项目取得最佳效果。《FIDIC 咨询工程师（单位）选聘指南》指出，只有业主和工程咨询单位之间保持相互信任的专业关系，项目才能取得最佳结果。世界各国大多按照 QBS 的原则选择工程咨询单位。

在国内，工程咨询业务范围当中只有勘察设计和交通行业的工程监理招标有明确的法规规定的评标办法。国内工程行业对勘察设计和工程监理单位的选择基本上也遵循了 FIDIC 对于工程咨询单位的选择方式，按照 QBS 选择的方式进行招标。报价作为选择勘察设计或监理单位的要素之一，得分最多占百分制的 10 分，并不是最重要的条件。咨询单位提供的人员经验、单位业绩、技术方案等“质量”要素，才是第一位的标准，与 FIDIC 倡导的 QBS 选择法的基本原则是一致的。

（二）国内外工程施工招标采用的评标办法

目前，国际上通行的主要采购规则如联合国贸易法委员会的《货物、工程和服务采购示范法》、欧盟的《公共采购指令》、世界银行的《信贷采购指南》和亚洲开发银行的《贷款采购准则》，以及英国、瑞士、韩国等一些国家的法律都把最低评标价（或称最低评估标）作为中标标准。国际上大多数国家，特别是政府资金项目在施工招标时，经评审的最低价格是评标的唯一考核因素。

当时，《中华人民共和国标准施工招标文件》（2007 年版）（以下简称《标准施工招标文件》）是国内工程建设项目招标必须依法采用的招标文件标准文本，该标准文本提供了两种评标办法——经评审的最低投标价法和综合评估法。《公路工程建设项目招标投标管理办法》（交通运输部令 2015 年第 24 号）规定：公路工程施工招标评标，一般应当使用合理低价法或者技术评分最低标价法。技术特别复杂的特大桥梁和特长隧道项目主体工程，可以采用综合评分法。使用世界银行、亚洲开发银行等国际金融组织贷款的工程规模较小、技术含量较低的项目，可以采用经评审的最低投标价法。

虽然法定的评标办法里有经评审的最低投标价法，但是，国内大多数公路工程建设项目施工都是采用综合评估法，或属于综合评估法特例的合理低价法（综合评估法的评分因素中评标价得分为 100 分、其他评分因素分值为 0 分的特例），极少有项目采用最低评标价法的。尤其是类似港珠澳大桥等大型工程基建项目，在国内基本采用综合评估法，这一点与国际上通行的最低评标价法不一致，主要原因有以下两点：

一是世界银行贷款项目基本上属于“扶贫”项目，遵循的是“高经济性”原则，即好用、够用即可；而国内的公路工程项目，尤其是特殊独立大桥或长大隧道项目，通常要求高技术、高质量，要遵循“最优”原则，即要求性价比要高。经评审的最低投标价法体现了“高经济性”原则，但不能体现“最优”原则。

二是国内经济正在高速发展，经济的发展过程可以压缩，但是信用体系和合同观念的建立却需要时间，不可以压缩。契约精神是在长期市场化发展的过程中形成的，而改革开放至今仅四十余年。在恶意低价中标的情况下，承包商无法完成项目便停工，逼迫业主通过修改合同或增加变更工程量的方式增加施工利润，而业主在工期的压力或者投资收益的压力下妥协。因此，经评审的最低投标价法在公路工程建设项目中，一直存在较大争议和诟病。

（三）国内工程建设项目评标办法制定与评标过程中存在的问题

工程建设项目在招标过程中，评标办法的制定是其中的重要环节。而当时在国内某些项目的评标办法制定和评标过程中，招投标监管部门、招标人、投标人、评标专家等相关方存在权责不明晰等问题。这些问题归根到底都是诚信体系没有建立，没有有效的制裁机制造成的。

1. 招投标监管部门存在的问题

在没有建立全国统一的招投标市场的前提下，有些地方政府和行政主管部门出台了一些与招投标初衷不一致的地方行政规章，干预了招投标事务，或者对从严管控有错误认识，这种情况在招标文件报备和评标过程中较为常见。不符合党的十八届三中全会简政放权，加强事中事后监督，减少事前审批的指导思想，没有将招投标还给市场，对招标人自主选择中标人造成很大的制约。

目前国家和地方在招投标方面的法制已比较健全，但仍存在执行情况不佳，或者部分地方政府监管不到位等现象，跟整个行业或社会的诚信体系没有建立，以及契约精神不强的社会现状有很大关系。部分监管部门赋予了招投标过重的使命，希望招投标能解决一切腐败问题和围标串标问题，使得招投标背离了其基本原则和初衷。个别招投标监管部门甚至在招投标实施过程中，过多防控招标人、招标代理、评标专家和投标人，影响了创造力和积极性，出现了计划经济时期的集中监管，实际上这种监管手段也未能有效解决集中腐败和招投标恶意投诉等现象，反而使得招投标越来越远离了最初的目的——择优选择、匹配的中标人履行合同，即失去了“择优”功能。

2. 招标人和招标代理存在的问题

在招标过程中，有些招标人采用不合理的条件排斥潜在投标人，设置特定的评标因素、指向某个投标人；个别招标人当中的员工在招投标活动开展过程中，私下与潜在投标人接触，影响评标办法的编制和评标过程。

个别招标代理机构从业人员业务水平参差不齐，不能给招标人提供专业的招标服务，简单的抄袭和套用其他项目的招标文件，致使招标文件质量低下，给评标和合同管理造成障碍和不必要的损失；个别招标代理机构从业人员还存在着出卖招标人报名名单、私下接触投标人、不按照招标文件要求进行清标等谋取私利行为。

3. 评标专家存在的问题

评标专家库的评标专家的技术水平和法律水平参差不齐，致使有些项目出现错评、误评；个别专家与投标人勾结，违心评标，使评标过程流于形式，未能达到从客观上帮助招标人选择优秀承包商的目的。

4. 投标人存在的问题

在没有建立全国统一的招投标诚信体系的前提下，部分投标人迫于生存压力，没有信用观念。为了达到中标的目的，围标串标、投标文件弄虚作假、贿赂评标专家等现象时有发生，却又难以查实。

以上所列出的问题，在一定的时期内是客观存在的，但随着市场发展进步，行业主管部门的政策制定水平和监管水平也在进步，关于招投标市场诚信体系建设，国内各个行业主管部门都在稳步推进，例如交通主管部门建立的“全国公路建设市场信用信息管理系统”，已经较为成型，在招标评标、市场监管、诚信评价等方面发挥着越来越大的作用。

三、工程建设项目合同条款

（一）国内外工程建设项目合同体系

大多数国家和地区的政府、社会团体和国际组织都制定了标准的合同文件。标准的合同文件能够合理公平地在合同双方之间分配风险和责任，明确规定了双方的权利和义务，很大程度上避免了业主制定有明显偏向性的合同条件，减少额外费用支出和相关争议。使用这些标准的合同文件，便于投标人熟悉合同条款，减少投标时对潜在风险的担忧。在工程实施过程中发生争议时，可以执行合同文件中的争议解决条款来处理纠纷。而FIDIC合同条件是很多组织和国家编制标准合同文件的基础。

FIDIC合同条件被誉为国际工程的通用语言，适用于土木工程行业的各类工程，世界银行、亚洲开发银行、日本国际协力银行、非洲开发银行等国际金融组织编写的招标文件范本均以FIDIC合同条件为基础。FIDIC合同条件具有国际性、通用性、公正性、严密性的特点。合同各方职责分明，各方的合法权益可以得到保障，并且处理与解决问题程序严谨，易于操作。

京津塘高速公路是国内第一条利用世界银行贷款建设的跨省市高速公路项目，始建于 1987 年。在这条高速公路的建设过程中，第一次执行了 FIDIC 合同管理，建立了业主、承包商、监理工程师三方权限和职责分明的项目管理机制。在国内公路建设行业首次实行了项目业主责任制、国际竞争性招标、招聘国外监理专家和工程量清单计价。从此国内的公路建设项目开始渐渐与世界接轨，也形成了一系列标准合同文本。

国内公路工程建设项目的合同文本都包含在各类招标文件范本当中。国内公路工程建设项目的各类招标文件范本包括两类：一类是交通运输部与各部委联合发布的招标文件范本，包括《标准施工招标文件》、《中华人民共和国简明标准施工招标文件》（2012 年版）和《中华人民共和国标准设计施工总承包招标文件》（2012 年版）（以下简称《标准设计施工总承包招标文件》）等；另一类是交通运输部自行发布的招标文件范本，包括《公路工程标准施工招标文件》（2009 年版）、《公路工程标准勘察设计招标文件》（2018 年版）、《公路工程施工监理招标文件范本》（人民交通出版社，2009）、《经营性公路建设项目投资人招标文件示范文本》（人民交通出版社，2011）等。以上范本中发布的合同条款，均是以 FIDIC 合同条件为基础，结合国内的实际情况制定的。

（二）国内工程建设合同存在的问题

目前，国内正处于工程建设的高峰期，当前工程建设合同在编制和实施过程中存在着一些问题，主要表现在以下三个方面。

1. 合同制定过程中存在的问题

当前的合同条款制定者大部分站在招标人的角度，自然会更多地考虑招标人的利益和风险，投标人没有机会参与到合同条款的起草和制定环节，所以往往处于劣势一方。而投标人为了中标，只能被动接受这些有失公平的合同条件，而工程实施过程中，中标人利益受损时往往以消极怠工应对，导致双方利益均受到损害；对于发生不利物质条件、不可抗力或重大变更时，由于合同条款过于严苛，没有可调整余地，变更依据不充分，在审计压力下业主不敢贸然定夺而陷入两难境地。这就要求在今后的合同条款的制定过程中，合同条款的制定者应遵循平等、公平原则，并兼顾灵活性与前瞻性。

2. 合同磋商和谈判中存在的问题

合同磋商与谈判是招投标活动的重要环节，但是在目前国内法制体系下，大部分招标人不敢与中标人进行合同磋商与谈判，害怕审计质疑其与中标人暗箱操作，有腐败或亏空国有资本的嫌疑。因此，在今后的法规制定过程中，可考虑将合同谈判规范化，并且给招标人一定的灵活性，允许招标人在招标文件中明确协商谈判的范围，对合同做出适当的修正和持续改进。

3. 合同实施过程中存在的问题

由于没有建立统一的诚信体系，契约精神不高是合同双方在合同实施过程中普遍存在的问题。作为合同中强势的一方，业主有时会超出合同规定向承包商提出要求，却不延长工期或增加费用，使承包商的利益受到侵害；而承包商有时在明知工期压力的情况下，在工程实施过程中未能充分预估合同风险，导致人员不到位、偷工减料或迫使业主变更工期等现象发生。这就要求进一步简政放权，将工程建设的工期与政治任务脱钩，将承包商纳入全国统一的诚信体系当中，制定制裁不诚信行为的相关措施。

四、工程建设项目定价模式

（一）国内外工程建设项目定价模式

世界各经济发达国家的工程建设项目定价模式的表达方式和表现形式均有所不同，甚至在一些国家内部也有所差异，但有一个共同的特点，即“市场定价”。在国外，一般政府颁布一个或者指定一个统一的工程量计算规则，供政府工程承包方在工程计价时计算工程量。对于私人投资工程，政府不予干涉，只在法律的范畴内进行调控。一般情况下，政府一般以市场为主引导企业，通过信贷、税收和法律等方法对建筑市场进行宏观调控。政府不直接干涉价格标准，而是委托社会咨询机构进行有关数据的采集和公布，供承发包双方和管理机构参考使用。工程计价的管理工作也多依靠工程咨询机构、项目管理公司或政府注册的造价专业工程师来完成。

国内现行的工程建设项目价格定价模式形成于第一个五年计划时期，当时全国面临着大规模的恢复重建工作，为合理确定建筑工程价格，国家引进了苏联的一套建筑工程预算定额定价模式。加入世界贸易组织（WTO）后，工程造价领域受到的最大冲击就是工程的计价模式及方法。为了与国际接轨，国内建筑业在 2003 年 7 月 1 日正式实施了《建设工程工程量清单计价规范》，虽然价格定价模式向市场化迈进了一步，但仍然无法摆脱定额定价的非市场化方式。

对国内公路工程而言，计量的规则主要有《公路工程概算定额》《公路工程预算定额》《公路工程标准施工招标文件》（2009 年版）中的计量支付规则；计价依据主要包括交通运输部颁布的《公路工程建设项目投资估算编制办法》《公路工程建设项目概算预算编制办法》《交通基本建设项目竣工决算报告编制办法》《公路工程估算指标》《公路工程概算定额》《公路工程预算定额》《公路工程机械台班费用定额》以及各省交通主管部门发布的有关补充规定等。

《公路工程建设项目概算预算编制办法》与《公路工程标准施工招标文件》（2009 年版）工程量清单互为不同的计价体系，在此背景下，港珠澳大桥主体工程所在的广东省实施了三级清单体系——工程量清单、工程项目清单和分项工程量清单，由此建立了概预算、工程量清单和设计图纸三者的一一对应关系。

（二）基于不同定价模式的重大工程项目超支情况分析

影响项目投资控制因素很多。定价方式是准确确定项目投资的重要因素，但并非投资准确控制的绝对因素。

1. 国外重大工程项目超支情况分析

国外重大工程项目造价控制情况普遍超支，剑桥大学教授 Bent Flyvbjerg 研究了 258 个交通基础设施项目（价值 900 亿美元），发现在大型项目中，实际发生的成本超支通常为 50%～100%，超过 100%的超支并不少见，铁路成本预测的平均误差约为 45%，桥梁和隧道约为 34%，道路约为 20%，如表 1.2 所示。

表 1.2　按不同的交通基础设施项目类型划分的成本估算不准确性

项目类型	案例数量（个）	平均超支（%）
铁路	58	44.7
桥梁隧道	33	33.8
公路	167	20.4

美国波士顿东北大学高楠博士和 Ali Touran 教授收集了美国过去 40 年中建设的 81 个美国铁路项目的成本数据，发现：大型项目比小型项目具有更高的百分比成本超支。一般而言，重大项目（以 1984 年美元实际价格折现超过 5 亿美金）的成本超支要比小项目大得多（23.7%）。项目整体实施时间更长可能导致更高的百分比成

本超支，通过观察项目施工阶段的持续时间，可以更好地预测成本超支指标。本书作者在荷兰访学期间研究欧洲重大工程项目的复杂性管理，发现欧洲 NETLIPS 中选取的 15 个公路、水运、铁路等大型基础设施项目，普遍存在成本超支的情况。

2. 国内项目造价情况分析

据不完全统计，国内大部分跨海通道项目造价控制情况不够理想，多数工程实际投资超批复概算造价，具体情况如表 1.3 所示。

表 1.3 国内部分跨海通道项目造价分析表

项目名称	批复概算（亿元）	工程实际造价（亿元）
港珠澳大桥海中桥隧主体工程	1	1.26
杭州湾大桥	1	1.15
青岛海湾大桥	1	1.04
金塘大桥	1	1.08
象山港大桥	1	1.13
虎门二桥	1	0.93
东海大桥	1	1.55
嘉绍大桥	1	1.00
泉州湾大桥	1	0.94

（三）国内重大工程超概算原因分析及定价模式的问题

1. 造价超概算原因分析

从国内已建成跨海通道造价控制情况来看，超概算项目普遍存在以下特点：

（1）外海定额滞后或计价标准缺失是跨海通道项目超概算的重要原因。像东海大桥、杭州湾大桥及港珠澳大桥等项目，设计和施工中采用了大量的新工艺、新材料和新装备，这一部分定额缺项较多，大型专用船机设备及大型临时设施等费用编制及控制难度大，补充定额结合项目情况测定需要较长周期，往往又相对滞后，造成工程可行性研究估算和批复概算编制与工程实际存在一定差距。

（2）跨海通道项目因为其技术复杂性，对工程认识不足，导致工程方案变化大。这些跨海通道从发起到立项、从设计到实施，周期超长，如果不论方案如何变化，初步设计概算造价均按照估算金额进行控制，就会导致概算不能真实体现工程造价水平，与实际脱节。

（3）建设期间建筑材料价格上涨导致易超概算。

（4）政策性因素变化大导致易超概算，主要是建设期贷款利率、征地拆迁补偿等因素较概算编制阶段发生变化。

（5）因利益相关方的需求变化，包括业主和设计方等随工程认识加深带来的需求变化导致易超概算。

2. 定价模式的问题

国内的建筑工程定价模式一直沿用苏联模式，是适应计划经济模式下的管理体制，目前已经越来越不适应市场经济的发展。国内的建筑工程定价模式与西方发达国家相比还存在较大不同，主要体现在：

（1）作为计划经济产物的国家和省市定额在计价中扮演着重要角色。

基础设施定额相对偏低，业主习惯于控制投资而尽量压低标价，既不利于承包商投入和研发，也不利于工程质量和耐久性。往往是一次性投资较低，日后的养护和加固费用又十分巨大，从全寿命的观点看，是很不经济的。现行的工程造价计价方式仍未完全摆脱计划经济色彩，作为计价基础的国家及省市定额依然是国内工程建设项目定价的主要依据，其本意是尽量精确地反映出建设项目所消耗的各种资源，但工程造价跟不上流通领域价格的变化，缺乏快速的信息更新和传递，使得所有工程的消耗量和材料价格过于“平均”，最终确定的工程造价过于“统一”。定额难以准确测定实际造价和成本。

应该看到，在改革开放的历程中，定额体系发挥了巨大的作用，虽然定额跟不上市场的快速发展，但是从目前看还是具有无法替代的作用。在市场经济快速发展的今天，在“新基建”的背景下，可以积极学习“市场定价”方式，利用互联网大数据和社会咨询部门进行有关数据的采集，引入建筑信息建模（BIM）等新技术手段，加强基础定额测定，提高定额的市场化水平，推进定额测算和成本测定相结合的方法，推动国内的工程定价模式更接近市场、更加符合优质优价、更加支持高质量发展。

（2）缺乏商务人才，价格与市场和工程实际偏差较大。

按国内工程的实际现状，设计人员和商务人员之间缺乏紧密互动，这一鸿沟没有得到有效填平。要准确确定项目造价实际上要求造价人员对设计方案、施工工艺、建筑材料、设备定额、市场变化行情、合同机制等都有深刻的理解和认识，客观上对造价等商务人员提出了更高的要求。国外工程往往极其重视商务人才，特别是其合同经理往往统揽全局。而目前国内工程的实际，技术人员往往有更加广阔的职业前景，因此市场选择往往更加重视技术人员，导致顶级商务人才极其缺乏。虽然国内从事工程造价的工作人员有几十万之多，但部分造价从业人员往往没有过工程设计或施工经验，一毕业就进入造价咨询单位或相关部门，主要工作是计算工程量和套定额。而从工程技术实践转向做定额基础测定和研究人员、商务和造价研究人员少之又少，造成大量造价人员往往无法站在工程总体的高度考虑价格水平，从而导致价格与市场和工程实际偏差较大，难以准确反映实际工程造价，为工程造价控制增加了难度。

第三节　项目招标目的与意义

一、服务于建设目标

2009 年 12 月 16 日，港珠澳大桥专责小组第二次会议审议通过了《港珠澳大桥海中桥隧主体工程建设方案规划》，确定了港珠澳大桥“建设世界级跨海通道、为用户提供优质服务、成为地标性建筑”的建设目标。

建设世界级跨海通道是指在设计和建造阶段，确保港珠澳大桥设计使用寿命达到 120 年。建设管理过程及工程产品本身均应具有国际影响，从管理思想、设计技术、施工技术、产品品质、现场管理等方面均达到国际水准。

为用户提供优质服务是指通过高品质设计和建设、高水平维护和保养，确保港珠澳大桥拥有完善、舒适的硬件系统；通过建立经 ISO 认证的标准化管理制度及工程流程，为用户提供及时、舒适的软服务；营运过程中通过持续改进，完善硬件及软件。通过设施保证、服务保证、通行环境保证和维护保证使得港珠澳大桥实际使用寿命远超过 120 年。

成为地标性建筑是指从功能概念、地理概念、行业概念和心理概念上均成为地标，使得港珠澳大桥具有独特的历史、文化和美学价值。

此外，港珠澳大桥在全球行业所形成的影响，如此复杂条件下的外海深埋的沉管隧道作为国家的首创工程，其建设情况将代表国家在世界交通建设行业的能力与地位。这些影响都超越了港珠澳大桥本身的价值，对产业、行业、区域发展等都将产生长远影响。

港珠澳大桥的建设目标对招标工作提出了总体性、指导性要求，也确立了项目招标的定位与目的所在。

二、实现择优配置资源的重要途径

在内地法律法规框架下，如何通过公开、公平、公正、择优的招标引入全国乃至全球的最优资源来组织工程的实施，从源头上保证项目质量和控制建设风险，是港珠澳大桥招标最切实、最迫切的需求，是实现择优配置资源的重要途径，更是招标工作开展所面临的最大挑战。

与此同时，为实现港珠澳大桥的建设目标，设计、施工、管理等各环节都有更为细化的建设理念，如：

（1）设计理念：全寿命周期规划需求引导设计；

（2）施工理念：大型化、标准化、工厂化、装配化；

（3）管理理念：伙伴关系、立足自主创新、整合全球资源；

（4）发展理念：绿色环保、开放共享、可持续发展。

港珠澳大桥面临超级工程的技术复杂性，面临众多利益相关者的社会复杂性，面临超大投资和超大规模带来的融资复杂性和组织复杂性，面临“一国两制”框架下的法律复杂性，面临超长建设周期带来的时间复杂性，由此产生巨大技术、质量、工期、成本等方面的风险和不确定性。如何驾驭这些复杂性，防控风险和最大限度消除不确定性，实现宏伟的建设目标和实施超前的建设理念，关键之钥是通过招标选择匹配的资源，以合同为载体将建设的目标和理念落地实施。大桥招标的关键作用模型如图 1.5 所示。

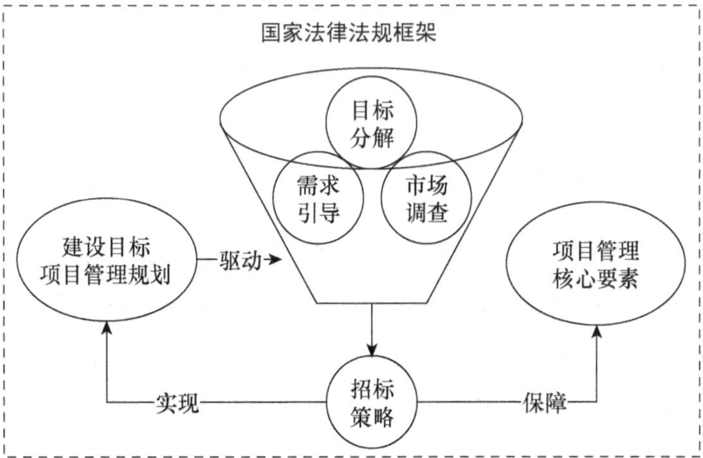

图 1.5　港珠澳大桥招标的关键作用模型

第四节　项目招标的系统分析与总体思路

一、招投标的系统认知

招投标是指运用经济、技术等市场手段，发挥市场竞争机制的作用，有组织地开展择优的交易行为。通过招投标，项目业主与承包商双方在招标文件约定（合同条款）及投标文件的承诺下订立了合同，合同文件是项目实施的依据，是项目建设的准绳。

招投标作为项目管理的重要环节，影响着资源的有效配置，是项目获取优质、高效资源的重要手段。同时，招投标工作应定位为主线，贯穿于项目思路的形成、项目执行及后续持续改进等环节。不仅仅局限于发出中标通知书后或签订合同阶段。

另外，当时招标工作实践中还出现了不少理解偏差。一是早期部分执行者们挖空心思研究什么情况下不用招标，认为招标时间挤占了项目建设工期，排斥、抵制招标，想方设法压缩、简化程序；二是由于招投标施行一直与反腐倡廉结伴而行，部分执行者更多考虑防止腐败的需求；三是部分执行者基于防范堵漏、简单绝对化地制定地方性招投标法规并同步伴随着行政监督环节及程序过多、过度标准化，无法达到预期的招标效果，变成了符合法律法规的规定、规避未来审计责任的一种手段。

因此，对招标的基本理解、系统认知，是港珠澳大桥招标团队需清醒认识的，否则，在现存状态下，非常容易走入“误区”。

二、项目招标工作分析

（一）招标模式的选择

港珠澳大桥涉及跨海桥梁、海底隧道、深水人工岛填筑、交通机电、桥面、路面、房建、园林等多个领域，是集岛、隧、桥、路等各专业为一体的超级综合集群项目。外海深埋的 6.7km 的沉管隧道设计和施工是国内首创工程，42.5 万 t 的钢箱梁制造、52 万 m^2 的钢桥面铺装施工均是当今交通行业世界第一的超级体量。在现有工期约束、市场资源能力严重不足，大部分招标项目在国内属首次且无成熟经验可供借鉴的条件下，如何确定招标模式，通过招标培育、引导市场资源，让各个专业都找到各自最匹配、最优质的资源，并确保招投标的竞争性，又能有效减少实施期间的界面管理，是港珠澳大桥招标的最大难题。

（二）合理确定招标控制价

港珠澳大桥工程内容复杂，建设条件繁杂、环保要求高，技术难度大，设计使用寿命为120年，标准执行“就高不就低”的原则，标准体系复杂，需要综合考虑各方标准体系的采用。同时，由于技术复杂，港珠澳大桥涉及大量新标准、新工艺、新技术、新设备。如沉管隧道管节制造，沉管浮运沉放关键技术，沉管隧道基础处理设备，钢塔、钢箱梁和承台墩身预制安装需要的超大型浮吊设备等。而现有定额标准体系不能完全涵盖，如何合理确定招标控制价，确保优质优价是招标工作的另一巨大难题。

（三）三地共建、共管模式

港珠澳大桥是“一国两制”框架下，首个粤港澳三地共建、共管、跨境的工程建设项目，无经验可供借鉴。由于三地政府对招标工作有着不同的规定，在监管重点、监管规则、招标程序、合同模式、合同内容以及经验与做法方面均有不同，对招标工作提出较多的要求，需协调的事项较多。既要充分借鉴港澳地区及国外项目的成功招标经验，又要掌握好三地共同规则，实现相互借鉴和策划创新。

（四）建设条件复杂、环保要求高

大桥建设条件复杂，地处高温、高湿、高盐外海施工环境，跨越珠江口中华白海豚国家级自然保护区，需满足通航、海事、航空限高等复杂建设条件，防洪水、防台风任务艰巨，涉及的问题多而新，协调难度大，且环保要求高。在内地现行法律法规框架下，如何在有限的招标工作时间内，让各投标人能有效地了解与掌握保证有效信息及时有效、准确无误地传递，保证所有投标人都能有效领会，也是港珠澳大桥招标需要重点扫除的障碍。

三、项目招标总体思路

（一）立足自主创新，整合全球资源

港珠澳大桥的集群性、建设难度和规模，在全球范围内的影响力，决定了管理者必须站在世界前沿的高度去审视有关招标管理措施，将目光拓展至全球，在全球

范围内，通过招标寻求优质资源来解决港珠澳大桥遇到的新问题。而与此同时，面临我国目前港珠澳大桥建设产业整体发展滞后的现状，唯有自主创新方可推动行业和产业发展，引领带动行业发展。因此在整合全球优质资源的同时，必须立足自主创新，方能实现产业的长效发展。

（二）探索实施策划型招标

港珠澳大桥的项目管理规划及招标管理规划，是顶层设计的重要组成部分，是构建项目管理模式和指引招标工作的基础。探索实施策划型招标，以需求引导招标，围绕港珠澳大桥建设目标，在项目管理规划的引领下，站在历史的高度，把握行业的发展方向，在正确认识和理解港珠澳大桥招标工作的基础上，确立港珠澳大桥招标目标，即在国内法律法规框架下，围绕“超前的顶层设计，充分的市场调查，完善的招标策略，细致的工作方法，不断的持续改进”的创新驱动思路，公开、公平、公正、择优地引入全国乃至全球最优质的匹配资源，实现资源的有效配置。

（三）施行“合作伙伴关系”管理

合作伙伴关系的管理理念，是项目策划型招标的核心准则，从招标策划开始贯穿于项目管理全过程中。如合理考虑大桥项目管理需求，构建合理的招标模式，合理分配分担风险。同时，给予招标人、投标人在招标启动前充分的市场调查和技术交流。转变观念，造价实现从“控制”“交互”转变为“合理”，从“静态”到“动态”，从“模糊”到“清晰”，从“不确定”到“确定”，力争尊重市场规律（询价），合理定价等。施行“合作伙伴关系”管理，将有关理念充分贯彻到合同条款的制定中，充分重视并发挥合同谈判的重要作用，借鉴 FIDIC 合同条件编制合同文件，推行合同谈判（预谈判），有效尊重招投标各方，公平公正。

四、项目招标具体对策

在项目招标总体思路引领下，通过对国内外典型项目市场调研和技术交流，结合港珠澳大桥的特点和需求，招标工作采取了如下具体对策：

（一）回归本质，准确定位，系统认知——实施招标边界条件分析与研判

在分析招投标现状及正确理解港珠澳大桥招标目的与意义的基础上，回归招投

标本质，准确确定招标目标与定位，实施需求引导招标的策略，形成立足自主创新、整合全球资源，探索实施策划型招标，施行“合作伙伴关系”管理的总体思路。

（二）目标分解，找准任务，顶层设计——招标总体策划与体系构建

围绕作为项目管理主线的招标工作，明晰招标策划的含义与内容。确立招标规则，规范动作。分解招标任务，细化构建招标模式，准确指引招标工作开展。在招标总体策划和标段划分确定之后，针对每一类招标项目都另外进行了专项策划。在项目法人管理架构的基础上，构建“专用”的招标管理体系与架构，发扬港珠澳大桥精神，强化团队的责任感、使命感，实施多层级的监管体系与措施，有效形成组织、文化与监管保障。

（三）解放思想，创新驱动，资源整合——以目标和问题为导向实施市场调查与技术交流

在遵守法律、法规的前提下，解放思想、创新驱动，充分借鉴港澳经验，公开、透明地组织开展市场调查与技术交流工作，广泛征集和寻找与港珠澳大桥相匹配的优质资源。通过市场互动，了解市场现状、考察核心要素（人员、设备）、发掘市场资源。同时，让市场及时了解项目基本情况，并深入研究制定相应处理及应对措施。

（四）机制设计，合理定价，合同驱动——系统开展招标文件编审

逐个构建完善、先进的招标策略，构建招标模式，系统进行合同机制设计。在PDCA循环理论的基础上，总结出“实施八步法（DCI-AFS）”，系统做好招标文件编审。转变观念，从“控制”到“优质优价”，借鉴港澳及国外的造价管理经验，最大限度地考虑市场因素，尊重市场规律（询价），合理确定控制价。

（五）有效管控，伙伴关系，阳光操作——ISO程序化、标准化的开评标

借鉴ISO程序控制管理理念，推行标准化控管，系统构建规范化、制度化、程序化的开评标工作机制，工作走向“流水线”。推进“首件制”程序管理思路，固化流程构建各方协力工作的平台，实行阳光操作。“伙伴关系”前移，建立彼此间充分理解与沟通的关系，最大限度地根据最新情况开展合同谈判，体现“专属”服务，让合同管理更具针对性。

第二章　顶层设计

——招标总体策划与体系构建

围绕作为项目管理主线的招标工作，明确招标策划的含义与内容。适应三地共建共管模式确立招标规则，构建招标模式，明确标段划分，分解招标任务，准确指导招标工作开展。践行大桥文化，强化团队的责任感、使命感，实施多层级的监管体系与措施，有效形成组织、文化与监管保障。

第一节　招标策划含义与主要内容

港珠澳大桥招标策划相对于传统范畴的招标（可概括为程序性招标，下同），在目标、定位、工作内容、时间跨度等方面更深更宽更广更长，把招标策划提升到工程管理的顶层设计高度，通过招标策划系统调研、预判、资源整合等，构建工程管理的模式与思路。

一、招标策划含义

策划就像是为港珠澳大桥这样的超级工程的乐章提供“乐谱”，整体策划是“总谱”，实施策划是“分谱”，其重要性不言而喻。

按照港珠澳大桥管理局工程总监的理解：工程整体策划是管理战略，实施策划是管理战术。工程整体策划是将工程作为一个整体看待，宏观考察工程的范围和内容，对工程整体有一个全面的了解，进而研究并确定工程目标，以及为达到目标对工程资源运用的体系和方法。其核心是要回答“用什么样的管理思想指导工程实施”的问题，是管理思想体系性实践，在任何时刻都需要不停地运转。

工程实施策划是将工程按照专业分为若干类，研究每一类专业工程的实施方法和厘清各部分的界面关系，其核心是要回答“用什么的工装技术完成各部分建造及总成组装”的问题，是工装技术在工程上的实操性落地，需要考察针对某一专业工程相关的各物质要素、环境要素和技术要素，以及用什么样的工艺或装备将这些要素进行组合。对于港珠澳大桥项目，这个阶段极可能遇到前人未曾或较少涉及的领域，需要组织科研攻关、试验和演练，确保每个部分都能达到预定的功能，同时使得各部分之间的界面清晰流畅，能够共同发挥作用。工程整体策划与工程实践策划不仅是时间上前后关系，也是整体与局部的关系。

本书所提的招标策划，是指以招标为工程管理主线，通过实施市场调研、技术交流与互动、市场资源分析、项目推介、招标模式构建、合同机制设置、创新机制引入、持续改进等系统性的策划，开展工程管理全程推演、预判，寻找、发现工程管理全周期中可预见的“盲点”，针对性地实施资源有效配置，实现“亮化”，并以合同为载体驱动实施，构建贯穿于工程管理全周期的创新模式，保障工程管理的顺利实施的招标方法。

项目招标工作中，建立了高效的招标管理体系，针对每一个招标项目进行精心策划，详细制定各自的招标策略，通过执行“招标策略—招标工作大纲—招标文件”三级编制体系，系统进行合同机制设计，有效保证了招标目标的实现，指导工程管理的组织实施。招标策划的具体内容与做法，将在后续各章节中分别予以详细介绍，本节主要通过具体实例介绍解决项目实施可预见的系列问题（推演）的方法。

如在岛隧工程设计施工总承包招标策划组织实施中，先就实施需要解决的问题进行分析预判和梳理，然后在招标策略、市场资源方面，通过对 11 家单位的调研发现，部分单位在大标段发包（如高铁）、水下沉管施工技术等方面积累了一定技术基础，具备强大的财务和技术能力，抗风险能力较强，其下属子公司专业齐全、资源整合能力较强。最后，招标策略确定组建招标联合体（包括施工、设计、顾问、若干合作及分包企业）组成的招标策略，可以解决可预见的国内建造经验缺乏、界面复杂、资源紧张、工程风险大、约束条件多、技术难度大及国内设计施工总承包组织管理等有关问题，最终实践结果也证明该招标策略的可行性有利于项目顺利实施。又如在实现优质资源有效整合与配置方面，通过招标策划实施市场培育，有效引导了资源配置，实现充分竞争，潜在投标人均组织长达 1 年的封闭备标，提交的文件各具特色。中标方案中深插钢圆筒快速成岛工艺就是在封闭备标期间提出的，较好地支持快速完成东、西人工岛 120 个大型钢圆筒施工的振沉作业，实现当年开工当年成岛的目标，节约工期 2～3 年，化解了质量和工期的突出矛盾，推动了行业和产业发展。

二、招标策划周期

招标策划相对于目前国内传统范畴的程序性招标，即在满足法律法规规定的招标周期基础上，其周期更长，体现工程管理的主线，涵盖了项目建设周期，突出资源优质配置与持续改进的理念（见图 2.1）。

如在岛隧工程设计施工总承包招标策划中，2009 年初开始收集资料及启动前期准备工作，2009 年 9 月启动市场调研，2009 年 12 月开展项目推介与调研，2010 年

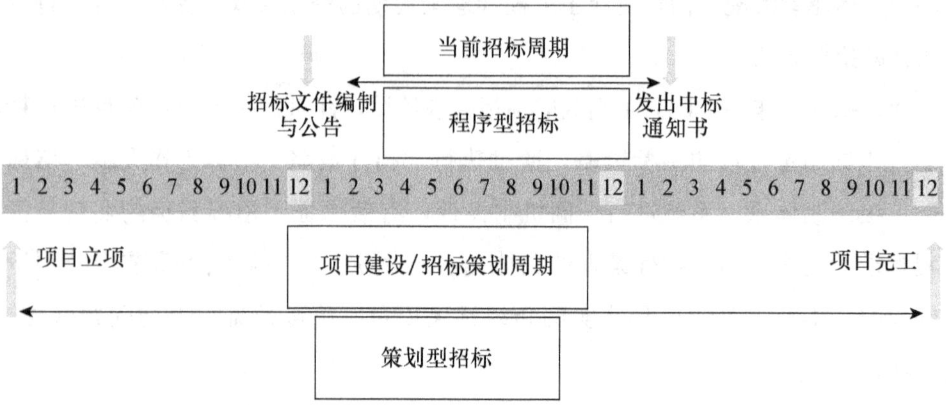

图 2.1　招标策划周期示意图

4 月完成招标文件编制及上报三地委，2010 年 7 月广东省交通运输厅及交通运输部完成核备，2010 年 7 月 26 日发布招标公告，2010 年 11 月发出中标通知书，2010 年 12 月开展了四轮合同谈判后签订合同，历时近两年的时间，还未包含合同执行期间的持续改进期。桥面铺装施工招标策划的周期则更长，时间长达 3 年，并在随后实施分包及材料采购的招标策划延伸管控等。

第二节　三地共建共管招标规则的确立

港珠澳大桥是在“一国两制”框架下，由粤、港、澳三地政府共同出资建设的超大型跨境基础建设项目，在制度体系、组织框架及文化建设上，有别于常规的高速公路项目或市政项目。如三地政府全程参与港珠澳大桥的实施管理与监督，招投标等主要制度需要报送三地政府批准，三地政府派员在组织架构中任职，以及三地之间的文化差异需要协调等。基于项目三地共建共管的特殊背景，在现有法律法规基础上，研究建立了三地政府共建共管的决策机制以及管理平台，并建立港珠澳大桥制度体系。港珠澳大桥制度体系由“三地协议及章程—建设项目管理制度（含管理办法）—内部管理方案（含操作手册等）”框架组成（见图 2.2），组织管理由“港珠澳大桥中央专责小组—港珠澳大桥三地联合工作委员—港珠澳大桥管理局（项目法人）”，以及“港珠澳大桥管理局—招标领导小组—招标工作小组（每个具体项目）”内外两个层次的三级架构组成。

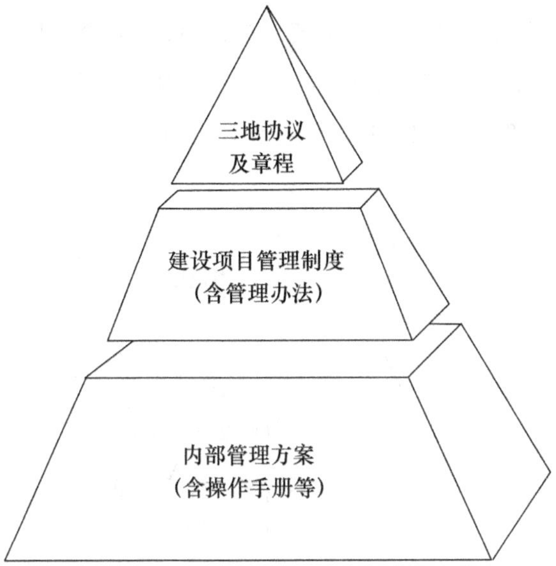

图 2.2　制度体系组成示意图

一、三地政府协议与管理局章程的约定

为规范管理局的组织和行为，实现和维护三地政府的合法权益及公共利益，三地政府根据内地适用的法律规定，经友好协商，签订了港珠澳大桥三地政府协议，并制订了管理局章程。在三地政府协议框架下由三地委负责项目的重大事项决策，约束项目法人的管理行为，对项目法人及港珠澳大桥的投标管理工作实施监管。

根据三地协议及章程规定，港珠澳大桥的招标工作是在内地法律框架下开展，招投标管理制度作为港珠澳大桥的六项基本管理制度之一，需报送三地委审批同意后方可发布实施。

二、项目管理制度的制定

俗语说“无规矩，不成方圆”，招标工作的规范化管理水平、实施效果直接体现在前期制度的制定上。制度建设的基本流程分为制度的编制、执行以及修订完善。

项目管理制度由以下四部分组成（见图 2.3）：第一层级总纲要（HZMB/PMS/01，共 1 个）；第二层级管理纲要（HZMB/PMS/02，共 6 个）；第三层级管理办法及附则（共 48 个，其中管理办法 HZMB/PMS/03，46 个；附则 HZMB/PMS/G，2 个）；第四层级管理局内部管理制度（共 28 个，其中基本管理制度 HZMB/PMS/B，7 个；其他内部管理制度 HZMB/PMS/04，21 个）。

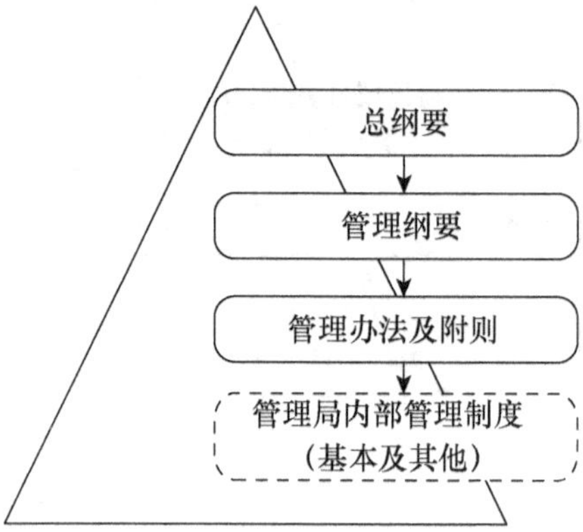

图 2.3 项目管理制度示意图

其中，第一、二、三层级作为招标文件的组成部分，将根据情况全部或部分提供给所有投标人和各参建单位；第四层级作为管理局内部管理制度，供管理局内部使用。

第一层级至第三层级管理制度及第四层级中的基本管理制度由三地政府批准认可后实施；其他管理制度由管理局局长工作会议审议批准后实施。

三、招标投标管理办法的制定

《港珠澳大桥主体工程建设项目招标投标管理办法》以现有体系和制度为框架基础进行优化和完善，即在国家、各部委及广东省招标投标管理办法的基础上，借鉴港澳地区法律法规及成熟做法，结合港珠澳大桥实际背景及管理需求进行编制的。作为建设项目管理制度第三层级管理办法的组成部分，《港珠澳大桥主体工程建设项目招标投标管理办法》也是港珠澳大桥全寿命周期项目管理制度体系的重要组成部分，并根据情况全部或部分作为招标文件的组成部分提交给投标人和各参建单位。

《港珠澳大桥主体工程建设项目招标投标管理办法》具体包括总则、招标组织机构及职责、资格审查、招标、投标、开标、清标、评标、定标、纪律与监督等基本规定，并明确了招标计划表、招标项目文件审签单、招标申请表、评标专家申请表等标准表单。

四、三地共建共管的特殊举措

（一）粤港澳三地政府联合审核机制

三地政府批准的《招标投标管理办法》明确规定：A 类招标项目（预估标的金额大于三千万元）资格预审或招标文件必须报送三地委审查，对每项审核意见都需要进行处理与回复，在招标文件编制中有效融合了粤、港、澳地区的项目管理经验。

（二）招标工作指南及招标工作资料汇编

为规范招标程序、固化工作流程，管理局制定了《招标工作指南手册》《招标工作流程一览表》，明确了招标项目管理层级及组织模式职责分工。工作指南的招标项目流程表通俗易懂，开评标表格清晰，避免程序错漏情况的发生，保障严格“操正步”完成各招标手续的办理，尽可能减少人为因素导致的失误。同时，定期组织更新、发布及实施等工作，持续改进，提高工作效率。

每个招标项目完成招标并签订合同后，招标团队组织对招标全过程“回头看”，并据实编制该项目的招标工作资料汇编文件，通过持续改进工作方法，规范管理，并存档方便备查，招标工作指南与资料汇编如图 2.4 所示。

图 2.4　指南与资料汇编图片

（三）招标代理工作方案

港珠澳大桥项目招标引入招标代理机构承担部分招标工作，结合港珠澳大桥招标的高要求，为使招标代理单位尽快进入角色，适应新的管理需求，规范管理流程，招标团队多次组织与招标代理单位就代理工作职责、工作界面、重点，以及如何最大限度地发挥代理机构的作用等问题进行探讨，最终共同编制形成招标代理工作方案，在经过试运行后正式发布实施。

五、规则持续改进

管理局于2010年9月发布《项目管理制度试行版（第一版)》，2011年1月至8月开展了修订工作，编制完成并发布了第二版。2014年6月至9月结合审计意见的整改要求、部委及地方政府主管部门等的最新规定，以及本项目招投标工作实施需要，完成第三版修订并发布。

本项目招投标管理制度的修订完善始终坚持PDCA循环的管理理念，结合实践需求形成了“制订→执行→完善→备案→发布”的操作方案，不断探索、修改、完善、创新招投标管理制度。此外，在每完成一个大型项目的招标后，招标团队均会“回头看”，集中进行总结、分享，不断地审视制度的有效性、适用性及充分性，坚持持续改进，以确保工作指南与各项法律法规的及时贴合，保证工作指南的有效性、高效性。

第三节　招标模式构建

招标模式构建是招标工作的重点，是招标文件编制的重要前导工作。依据招标的标的及涉及的相关方，招标模式可概括为业主咨询模式、承发包模式，以及部分分包、关键材料设备的供应模式，港珠澳大桥中三个类型招标模式的具体模式和工作内容如表2.1所示。

表2.1　主要招标模式

招标模式	具体模式	工作内容
业主咨询模式	设计及施工全过程咨询	沉管隧道、桥梁咨询的设计和施工
	全阶段的咨询	法律顾问咨询、招标代理咨询、工程造价咨询
	专项咨询	质量管理顾问、环保顾问、职业健康及安全顾问等

续表 2.1

招标模式	具体模式	工作内容
承发包模式	设计施工总承包模式	岛隧工程
	机电系统集成总承包模式	机电安装系统
	中外合作联合模式	港珠澳大桥初步设计（沉管隧道设计、桥梁钢箱梁设计等） 桥梁工程施工图设计（钢箱梁结构设计、钢混组合梁结构设计等） 岛隧工程设计施工总承包（沉管隧道设计咨询复核）
	“施工＋顾问”模式	岛隧工程设计施工总承包、桥面铺装施工
	强化施工总承包模式	浅水区桥梁工程、房建工程、钢箱梁制造与安装工程、桥梁下部结构工程
部分分包及关键材料设备的供应模式	甲控乙购、业主强控和备案制模式	桥梁伸缩缝、不锈钢钢筋、桥梁工程检查车、除湿系统等

以下具体介绍几个有代表性的招标模式。

一、设计施工总承包模式

在岛隧工程招标工作中，考虑到外海深埋条件下的沉管隧道在内地首次实施，设计、施工和管理均经验不足，大量的设计方案能否实施需要密切与施工联动衔接，尚需工艺试验和验证；同时，考虑岛隧工程处在关键线路上，受港珠澳大桥总工期的直接影响，为遵循标段划分界面简单原则，实现质量界面清晰，施工衔接便利，责任清晰，交验工序清爽，有利于施工组织，最终决定借鉴国外超级工程采用设计施工总承包经验模式的基础上，根据交通运输部批复的初步设计，采用施工图“设计＋施工”的总承包方式，按一个合同段组织招标。

通过本次招标，一次性完成设计团队、施工团队的配置，可尽快启动施工工作（如沉管预制场等大临工程），强化了设计与施工的有效配合，进一步确保施工方案的安全性、可靠性，减少了界面协调管理的工作量，有效保障总体工期要求，实现了“设计施工联动、施工驱动设计”的构想，达到了招标预期。如在岛隧工程的东人工岛、西人工岛成岛，按常规的工艺需要2～3 年才能形成陆域，但是由于岛隧工程处在关键线路上，为达到总体工期要求需尽快完成相关施工，特别是西人工岛需要快速成岛进行地基处理，抓紧开展首节沉管对接的岛上暗埋段。面对总体工期压力，通过设计、施工的有效联动与配合，实施深插钢圆筒快速成岛工艺，在上海振华港机基地工厂内完成了钢圆筒制造，通过大型远洋货轮远程运输，集合全球资源，专项制造组装八锤联动系统，最终实现“当年开工、当年快速成岛”的世界最快成岛技术，较初步设计工期方案提前 2～3 年，如图 2.5 所示。

(a) 大型远洋货轮远程运输

(b) 八锤联动系统打设

(c) 形成西人工岛小岛

(d) 形成西人工岛

图 2.5 大圆筒运输、打设及成岛图片

二、机电系统集成总承包模式

国内高速公路项目的交通工程一般按照通信、监控、收费综合系统，供配电设施，交通安全设施，消防设施等进行专业划分（见图 2.6），并分别开展招标工作。通过市场调查，发现京沪高铁、北京地铁、宁杭城际铁路等大型项目的机电安装系统招标基本都是采用大标段、系统集成总承包的模式，招标实施效果非常理想，系统快速、有效集成。在对比高速公路交通机电工程与高铁机电信号工程的标段划分方式和实施效果后，结合港珠澳大桥交通工程各专业特点、施工方法及施工特性，管理局决定采用机电系统集成总承包模式，按一个合同段进行公开招标。

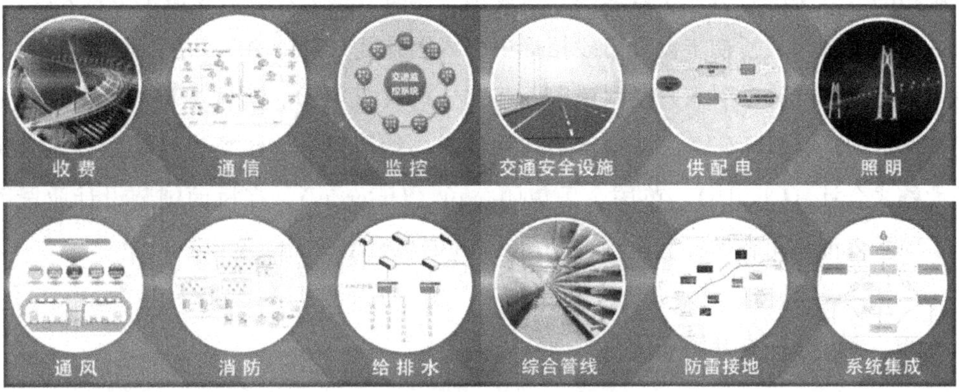

图 2.6 交通工程涉及的系统集成示意图

该模式不但有利于承包人集中力量投入资源，集成各专业系统，有效减少了专业界面与接口的协调，而且减少了与土建单位施工界面的交叉和协调，有利于总体统筹管理，快速、有效实现项目交通工程的系统集成。同时，由于本项目海上作业的特点，采用大标段更有利于整个大桥交通工程系统集控功能的融合和体现，有利于节省施工成本。

三、中外合作联合模式

港珠澳大桥属于开创性工程，涉及大量的新技术、新工艺，迫切需要集中全国乃至全球的优质资源，从而有效降低和控制风险，保障项目建设目标的实现。然而，根据内地法律法规，国外部分优秀的勘察设计、咨询企业不具备相应的资质，无法直接承担相应的勘察设计或咨询任务，给港珠澳大桥直接引入国外优质资源带来了困难。对此，为了既能满足内地法律法规的有关规定，又能有效引入国外的优质资源，通过采用中外合作联合模式，设置设计咨询复核、国内牵头联合等间接方式，针对核心关键环节引入了国外的优质资源。

该模式在港珠澳大桥初步设计招标中成功引入了国外优秀设计团队参与了沉管隧道设计、桥梁钢箱梁设计等；在桥梁工程施工图设计招标中成功引入国外优秀设计团队参与了钢箱梁结构设计、钢混组合梁结构设计等；在设计及施工咨询招标中成功引入了国外沉管隧道、桥梁咨询团队；在岛隧工程设计施工总承包招标中成功引入了国外沉管隧道设计咨询复核团队。港珠澳大桥勘察设计不但有效借鉴、引入了国外优秀的经验与理念，而且通过中外强强合作加快了港珠澳大桥管理难题、技术难题的有效解决，保证了港珠澳大桥各项工作有效推进，有效规避了工程风险。

如在港珠澳大桥初步设计阶段招标中引入国外优秀设计团队，在沉管隧道设计、桥梁钢箱梁设计等中引入丹麦科威国际咨询公司（COWI）、英国奥雅纳工程顾问公司（ARUP）等国际公司；在钢箱梁结构设计、钢混组合梁结构设计等中引入日本长大株式会社（Chodai）、英国合乐集团公司（Halcrow）；在桥面铺装设计阶段引入了国际咨询公司香港安达臣沥青公司（Anderson Asphalt）。

四、施工＋国外顾问模式

根据内地法律法规，国外优秀的施工企业不具备国内相应的资质，无法直接承担相应施工任务，港珠澳大桥无法直接引入国外优质资源。国内缺乏沉管隧道同类项目经验，钢桥面铺装总体实施情况不理想，这些现状让港珠澳大桥迫切需要借鉴国外成功经验或引入国外的优质资源，以有效保证港珠澳大桥沉管隧道、钢桥面铺装的顺利实施及施工质量。为了有效借鉴国外的成功经验，通过采用施工＋国外顾问模式，设置施工管理顾问等间接方式，针对核心关键施工环节设置施工管理顾问团队，利用培训及现场指导等手段，在本项目间接引入国外先进、优质的施工经验、技术与理念。

该模式在岛隧工程设计施工总承包招标中成功引入了施工管理顾问团队，在桥面铺装施工招标中成功引入了浇筑式沥青钢桥面铺装施工管理顾问团队。如在岛隧工程设计施工总承包招标中引入了国外沉管隧道设计咨询与复核团队艾奕康有限公司、丹麦科威国际咨询公司、日本土木工程咨询公司（NCC）等；在桥面铺装施工过程中，引入了国际咨询公司瑞士埃施利曼沥青工程公司（Aeschlimann AG）。这些优质资源的引入，有效增强了施工队伍的整体技术力量，强化了质量管理理念与措施，有效化解了施工风险，确保了施工质量。

五、强化施工总承包模式

在浅水区桥梁工程招标工作中，考虑到组合梁上部结构中混凝土桥面板与U型钢槽之间界面复杂，施工界面相互交错，协调难度大，且存在上、下部结构之间的界面协调，工作量非常大。因此，参考港澳及国外同类工程经验，采用强化施工总承包模式，按一个合同段组织招标。

通过该模式，有效减少了业主的界面协调工作量，把烦琐的协调任务转交给具有丰富经验的施工总承包商，强化了界面协调力度，加快了界面协调处理的效率，避免了界面协调引发的窝工，减少了管理局界面协调管理的工作量，有效保障了总体工期要求。

六、分包及重大材料强控模式

港珠澳大桥建设规模大，涉及的专业领域广，且推行实施大标段、总承包的思路，不可避免地将涉及大量专业分包和材料采购。同时，港珠澳大桥技术复杂，涉及大量新型、特殊的重大材料，需要加强相关事前的控制管理。为此，在桥梁工程钢箱梁采购与制造、土建工程，以及桥面铺装、交通工程施工等招标中，采用了分包及重大材料强控模式，通过市场调查，在招标文件中对涉及的主要分包、重大材料的工作内容，结合资质、业绩及技术要求等设定资格条件。

通过该模式，实现了事前预控，在保证充分竞争基础上，有效保证优质分包人、供应商的选配，并与承包商有效匹配，保障了承包团队整体的素质。

第四节 标段划分与实施安排

一、基本原则

借助粤港澳共建、共管的平台，吸取三地及世界范围内的优秀项目组织管理经验，在标段划分上遵循以下六项原则：

（一）目标导向原则

围绕建设目标，以《港珠澳大桥海中桥隧主体工程建设方案初步规划》的总体规划为引领，秉承持续改进原则，通过市场调查等手段进行论证、改进并达至最优，公平、公正、公开、择优选择综合实力最强的队伍，从源头上保证质量。

（二）风险控制原则

总体推行大标段总承包理念，通过辨识项目实施风险，总体上按照“更有对应风险承担能力的一方承担风险”的原则来划分和设定风险承担，不把风险转嫁给没有能力承担风险的一方。标段划分要能够分解和最大限度地减小项目施工过程中的风险，或者能够有效地控制风险，与市场现有的资源配置做比较，按照“适度从大”原则确定标段划分规模。

（三）界面简单原则

质量界面清晰，施工衔接便利，责任清晰，交验工序清爽，有利于施工组织。

（四）资源整合和专业规模协调原则

港珠澳大桥体量大、专业多，标段划分需要面向超强的资源整合能力和利于发挥专业规模作用做综合平衡考虑。同时，实施思路及总体次序上，遵循关键线路先行，以施工承包为主导，监理及咨询服务等其他相匹配的原则。

（五）充分借鉴全球先进经验原则

采用项目管理规划提出的要求，采用多重复核、审查、监理机制，以及质量管理中的多层级监控体系，项目单独设置试验检测中心、测量控制中心、质量管理顾问、设计及施工咨询等标段，以匹配总体项目管理需求。

（六）动态调整的原则

根据项目推进进程以及市场资源的具体情况，对标段划分进行进一步的论证与调整，以适应标段划分的实际情况，满足项目的实施需求。

二、主要标段划分

（一）勘察设计、施工、监理等标段划分

根据以上六项原则，考虑到工程总体统筹及整体性、工程量大小及市场资源等因素，港珠澳大桥的初步设计（DP01 标）、设计及施工咨询（SC01 标）、交通工程施工图设计（DA01 标）、房建设施施工图设计（DA02 标）等均划分为一个标段进行招标。

基于招标实际需求，同时考虑到港珠澳大桥线路情况与组成，整个港珠澳大桥

分为岛隧工程、深水区桥梁工程、浅水区桥梁工程三段。岛隧工程处于关键线路上，是港珠澳大桥成败的关键，需集中资源予以保障，采用设计施工总承包的模式，岛隧工程监理（ST01 标）与岛隧工程设计施工总承包（CT01 标）各划分为一个标段；对于深水区的桥梁工程，桥梁施工图设计（DB01 标）、桥梁土建施工监理（SB03 标）各划分为一个标段，桥梁钢箱梁监理（CB01 标、CB02 标）、桥梁钢箱梁制造（SB01 标、SB02 标）、桥梁土建施工（CB03 标、CB04 标）等均划分为两个标段；对于浅水区的桥梁工程，其中桥梁施工图设计（DB02 标）、桥梁土建施工监理（SB04 标）、桥梁土建（含组合梁）施工（CB05 标）等采用一个标段。

除了将港珠澳大桥分段进行分开招标外，从港珠澳大桥整体工程来看，桥面铺装工程由于其工程量巨大，同时存在工期紧、验收标准高、市场资源以及实施条件的限制等因素，整个港珠澳大桥的桥面铺装共划分为两个标段（CB06 标、CB07 标）。大桥主要标段划分如图 2.7、图 2.8 所示。

（二）工程总标段划分情况

港珠澳大桥最终主要标段共有 40 个，其中前期准备阶段 3 个，勘察设计 6 个，施工 10 个，监理 9 个，咨询服务及其他 12 个，详见附录 A。

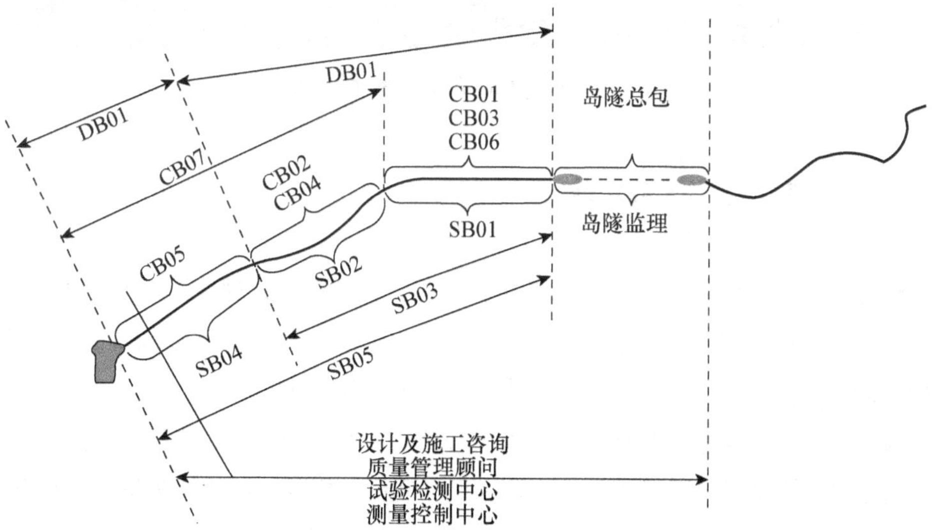

图 2.7 主要标段划分示意图

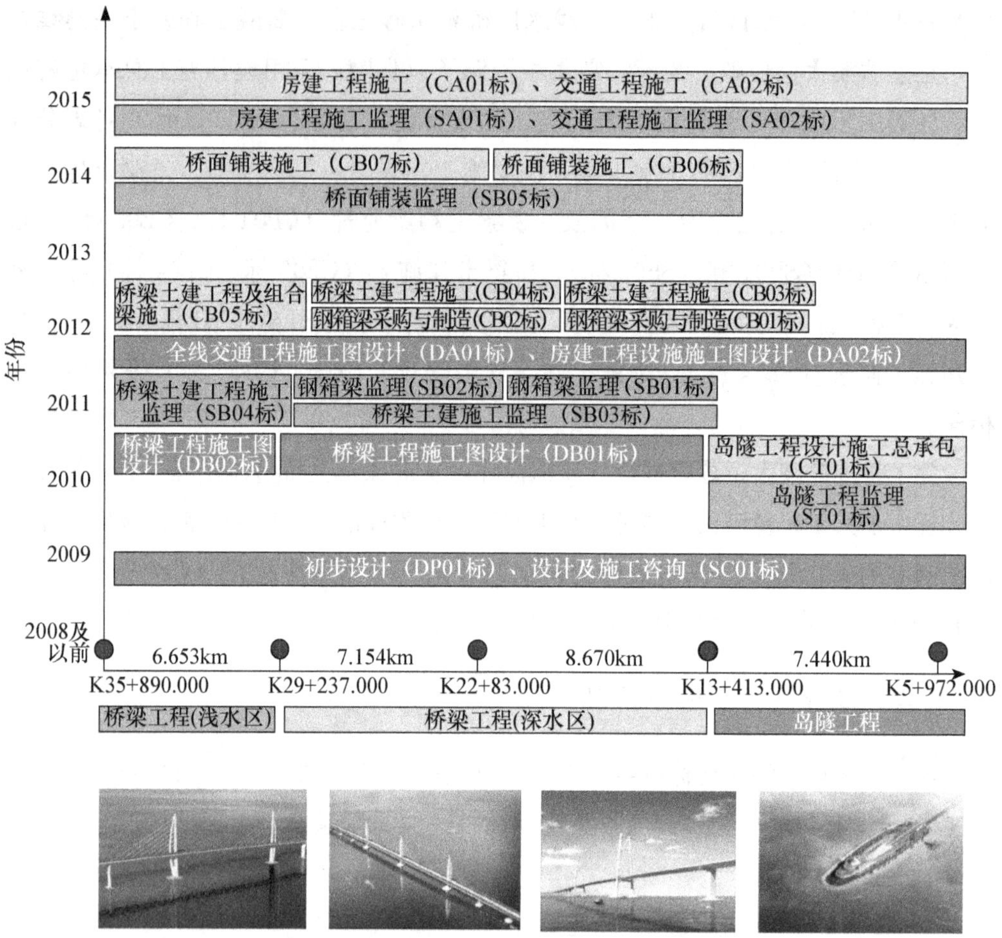

图 2.8 主要标段时间与里程划分示意图

三、主要分包及材料采购

港珠澳大桥材料、设备基本全部由承包商自行采购，管理局按照约定的材料名单进行甲控管理。同时，根据推行大标段总承包理念，针对主要分包及大型特殊材料的采购，在招标文件中约定具体的分包及材料采购方式。

如在桥梁钢箱梁采购与制造、土建工程施工招标文件中，将部分分包、大型特殊材料设备列作暂估价，并根据《中华人民共和国招标投标法实施条例》（以下简称《招标投标法实施条例》）规定“以暂估价形式包括在总承包范围内的工程、货物、服务属于依法必须进行招标的项目范围且达到国家规定规模标准的，应当依法进行招标”，由承包商采用公开招标方式采购确定，管理局对招标过程进行监管，总体情况较好，有关暂估价的情况见附录 A。

部分主要分包及材料的采购，采用前述的“分包及重大材料强控模式”进行处理，总体情况也较好。

四、总体实施安排

（一）实施计划与任务组成

根据关键线路先行、设计优先、监理“领先半步”、施工关键线路主导、咨询服务等其他相匹配的原则，管理局制订了总体实施计划。主体工程项目一共包含 9 个主要的招标任务，各招标任务的内容和实施时间如表 2.2 所示。2008 年 8 月开始启动初步设计招标，2015 年 4 月完成全部招标任务。工程施工的招标任务按照主体工程的施工顺序进行开展，即招标顺序遵循施工顺序，施工顺序指导招标顺序。其中每个招标任务按基本实施顺序依次包含市场调研、招标文件编制、发布公告到开评标结束、合同签订四个主要阶段。每一招标任务由于其工作量的大小不同，在具体实施过程中所花费的时间也有所不同。

表 2.2　港珠澳大桥主体工程主要招标任务实施计划

序号	时间	招标任务
1	2008 年 8 月—2009 年 3 月	完成主体工程初步设计招标
2	2019 年 1 月—2019 年 6 月	完成设计及施工咨询招标
3	2009 年 8 月—2010 年 12 月	完成岛隧工程设计施工总承包招标
4	2010 年 1 月—2011 年 4 月	完成桥梁工程施工图设计阶段勘察设计招标
5	2010 年 3 月—2012 年 4 月	完成桥梁工程钢箱梁采购与制造招标
6	2011 年 3 月—2012 年 6 月	完成桥梁工程土建工程施工招标
7	2012 年 3 月—2014 年 6 月	完成桥面铺装施工招标
8	2012 年 7 月—2015 年 4 月	完成房建工程施工招标
9	2014 年 4 月—2014 年 12 月	完成交通工程施工招标

（二）工期搭接

在招标计划安排中，不同招标任务存在的搭接时间较多（见附录 C）。如早期的岛隧工程设计施工总承包、桥梁工程施工图设计阶段勘察设计以及桥梁工程钢箱梁采购与制造这三个招标任务，几乎在同一时间开展。这样的计划安排虽然导致工作量极大，但在合理范围之内能节省更多招标工作的开展时间；后期的桥面铺装施工、房建工程施工以及交通工程施工等招标工作所花费的时间更长，存在更长的搭接时间，尤其是交通工程施工招标，贯穿了房建工程施工招标的整个中期过程，两个招标工作基本同步开展，节省了更多的招标时间。

除了任务间存在搭接时间外，单个任务中的各阶段工作也存在搭接，但由于不同任务存在一定的差异，特定任务中的具体搭接时间也存在差异。如在桥面铺装工程中，市场调研与招标文件编制存在 5 个月同步开展的搭接时间，发布公告到开评标结束是在招标文件编制完成之后进行的；在房建工程施工招标过程中，则是招标文件编制与发布公告到开评标结束存在搭接，招标文件编制在市场调研之后进行开展。

由于港珠澳大桥主体工程复杂，各标段间合同界面多，接口管理难度大。为了保证各项工程界面清晰，招标工作小组在前期做了大量工作，在招标文件中就接口管理方面对负责各标段设计的设计院提出了人员和制度的要求，并强调在设计初期就全面清理各个接口。同时，招标工作小组统筹规划，合理安排各标段招标时间顺序。其中，将界面及接口极其复杂的交通工程施工图设计招标与桥梁土建工程施工招标同步进行，有效保证了交通工程和土建工程施工的有序衔接，满足了后期施工过程中的质量和工期要求。

（三）实施效果

港珠澳大桥主体工程的招标实施计划在实际实施过程中稳步推行。整个招标工作历时 7 年之久，总体执行情况较好，同时有效保证了关键线路先期实施，如将岛隧工程施工总承包放在前期招标计划当中，促进后期工程顺利开展，匹配了现场实施的需求。此外，合理的工期搭接使得不同工程的招标工作在有效时间内同步开展，大大节省了总体招标时间，也有效推动了后期工程的施工建设进程。由此可以看出，招标计划的安排是招标策划工作中尤为关键的一步。

第五节　组织、文化与监管保障

一、组织保障——制度规范招标

基于港珠澳大桥的系统性及复杂性，应规范和完善港珠澳大桥招投标活动，建立公开、公正、公平的招投标规范运作机制，以便选择最具实力的参建单位。在国家和上级主管部门有关招投标的法律法规及制度的基础框架上，结合港珠澳大桥实际情况，同时借鉴香港方、澳门方的实施经验，在项目招标管理规划（顶层设计）编制伊始，即明确了"以组织制度的建立，保障招投标工作规范有序开展"的工作思路。

港珠澳大桥招标组织架构为招投标工作的开展提供了基础工作框架，在该框架内，为实现项目管理目标制定了"规划→执行→监管"的循环工作流程，同时清晰界定了工作开展的空间范围、职能权限以及决策机制。

（一）招标组织架构

港珠澳大桥招标项目实施分类管理、分层负责的管理模式，项目招标组织架构由决策层（招标工作领导小组）、统筹层（招标工作小组）和执行层（计划合同部及各工程业务部门）构成，具体组织架构模式如图 2.9 所示。

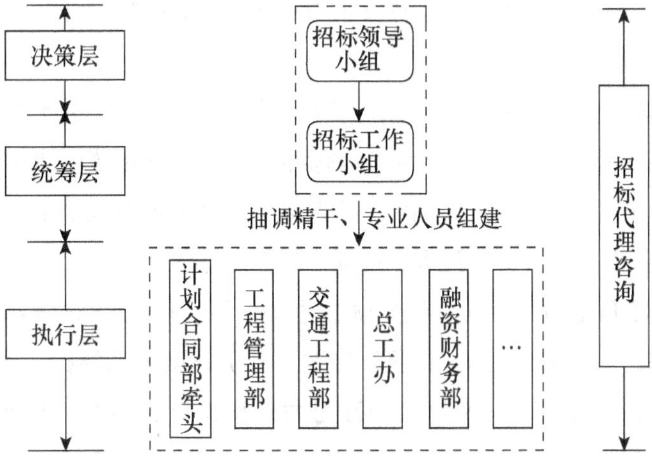

图 2.9　招标组织架构示意图

（二）各组织机构的组成及职责

1. 招标工作领导小组

在管理局层面成立招标工作领导小组，组长由管理局局长担任，管理局业务分管领导和各部门负责人为小组成员，领导小组负责对全部招标投标活动的领导和管理，实行集体会议决策机制或会审（签）制度。其工作职责及内容包括但不限于：领导港珠澳大桥全过程招标工作，审定招标项目、招标原则、招标计划、招标工作大纲、招标文件（含资审文件），根据评标委员会推荐的中标候选人确定中标人，处理招标投标过程中的重大问题及有关投诉等。

2. 招标工作小组

通过管理局局务会议研究确定，成立具体项目的招标工作小组，小组成员由计划合同部和各工程业务部门抽调专业人员组成，全面跟进各具体项目的招标工作。管理局针对各招标项目的专业特点及规模，共组建了5个招标工作小组，分别是岛隧工程、钢箱梁采购与制造、桥梁土建工程、交通工程及沿线设施、桥面铺装招标工作小组，各招标工作小组依据招标项目的专业化特点，分别从管理局主办部门中抽调精干人员组建，具体统筹跟进招标项目的实施。

3. 计划合同部

计划合同部是港珠澳大桥招投标工作归口管理部门。具体负责提出各类项目招标立项建议，编制招标工作计划和工作大纲；组织开展市场调查与调研工作；负责组织资格预审文件和招标文件（A类招标项目）商务部分的编制；负责办理文件报批（审）和相关招投标活动手续；负责组织资格预审、招标、评标工作等。

4. 工程业务主办部门

参与市场调查；参与拟定A类招标项目的招标工作大纲；负责拟定B类项目的招标工作大纲；负责编制A类招标项目的资格预审文件和招标文件的相关内容（含技术文件）；负责编制完成B类项目的资格预审文件和招标文件；并对文件（含技术文件）质量负责；参与资格预审、招标、评标工作等。

其中A类项目指预计合同单项金额超过人民币三千万元的勘察设计、咨询、监理、施工、物资（设备）采购、科研、专题、养护、服务的招标；B类项目指预计合同单项金额小于或等于人民币三千万元的勘察设计、咨询、监理、施工、物资（设备）采购、科研、专题、养护、服务的招标。

（三）组织管理运行模式

港珠澳大桥组织管理采用常规的“监管决策层↔实施执行层”模式运行，主要流程为“招标项目立项→市场调查与调研→招标思路（模式）确定→招标文件编制→开评标组织→合同谈判→合同签订”，以工作小组模式开展该项目的招标工作，定期以招标工作小组会议决策权限范围的招标事项，并在关键节点或重大事项提交至招标领导小组进行决策。图2.10、图2.11分别为A类和B类招标项目的招标及合同签署流程图。

总体而言，本组织管理运行模式总体效果良好、高效，较好地整合了管理局及招标代理单位的优质资源，充分发挥咨询单位、招标代理单位及设计单位的技术优势，工作效率较高，40 个招标项目得以顺利实施。但亦需留意工作小组中跨部门工作的协调力度，以及如何充分调动工作积极性等问题。

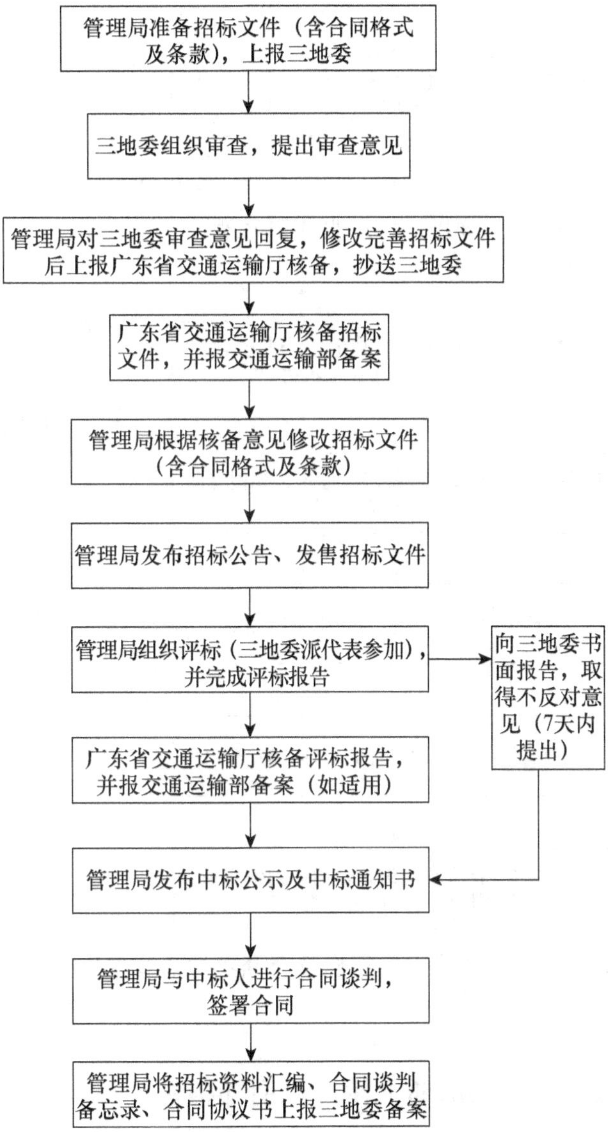

图 2.10　港珠澳大桥招标及合同签署流程图（A 类）

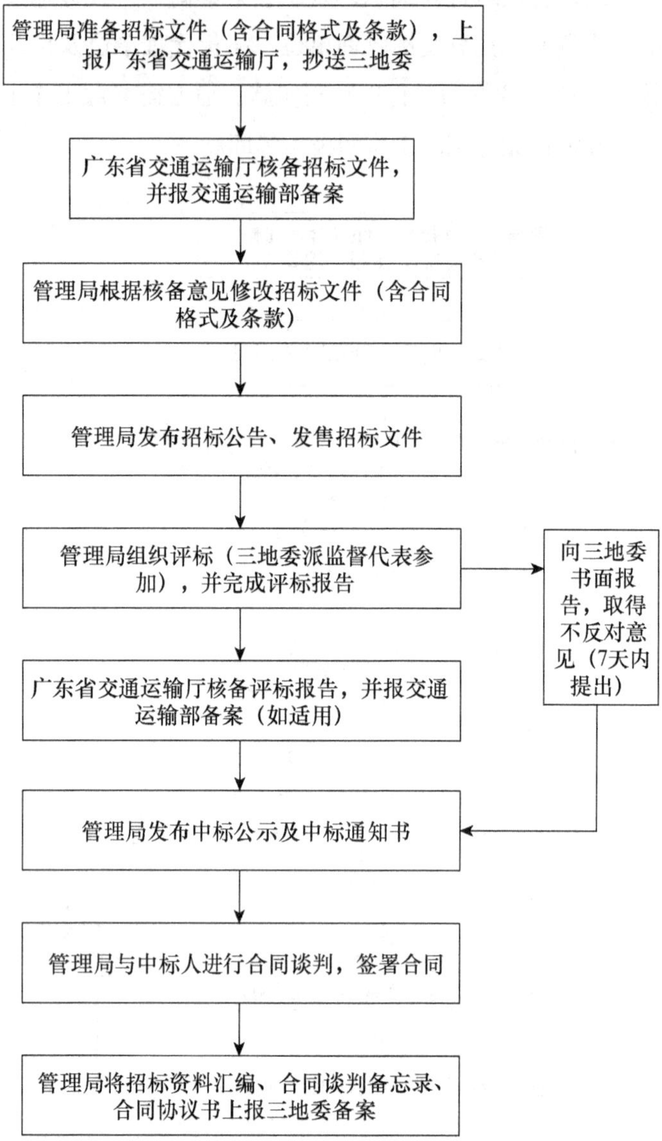

图 2.11 港珠澳大桥招标及合同签署流程图 （B类）

二、文化保障——港珠澳大桥文化引导招标

在 6 年多的前期工作中，以前期工作核心团队为主体，逐渐形成了港珠澳大桥精神：“客观科学、求真务实、兼容并蓄、敢于突破、忍辱负重、甘愿奉献、未雨绸缪、积极进取。”这 32 个字，指导着港珠澳大桥招标工作的开展，贯穿于港珠澳大

桥招标工作的各个环节。港珠澳大桥精神指引着所有招标工作，试分解举例说明如下：

（一）客观科学、求真务实

港珠澳大桥作为“一国两制”框架下，三地共建共管的大型基建项目，很多问题并无现成的经验可以借鉴，因此，在如何规划港珠澳大桥招标上，招标团队提出了“充分的市场调查、完善的招标策划，细致的工作方法，不断的持续改进”的工作思路。根据招标工作思路，在任何一项招标工作正式开展前，招标团队都对市场情况进行充分的摸底调查，并为招标模式的确定、施工工艺或设计方案、关键材料和设备性能、清单预算编制等工作提供支持，充分体现了港珠澳大桥客观科学、求真务实的精神。

（二）兼容并蓄、敢于突破

在确定具体招标模式过程中，招标团队根据招标项目实际情况，在初步设计、岛隧工程施工项目、施工咨询项目上均采用了中外合作联合模式，在桥面铺装招标项目上实行了“施工＋国外顾问”模式，将全球一流技术力量拿来，为我所用。港珠澳大桥钢结构用钢量约为 42.5 万 t，这个数字对于全球的钢桥而言，无异于一个天文数字，超过了现有任何一座钢桥的数倍，要在既定的工期内完成如此大体量的钢结构制作加工任务，按传统的工艺很难完成。招标团队运用系统的思维，经过翔实的调查，提出了板单元全部自动化生产的理念，并成功付诸实施，充分体现了港珠澳大桥兼容并蓄、敢于突破的精神。

（三）忍辱负重、甘愿奉献

以招标文件编制为例，由于港珠澳大桥由三地共建共管，招标文件在管理局内部审查通过后，报行业主管部门核备前，必须先报经三地政府审查修改。香港方、澳门方的体制和理念均不同于内地，这其中牵涉数量倍增的解释、沟通和修改工作，招标团队重视差异，扬长避短，同三地政府进行了有效的沟通。至于在具体招标项目的各个具体环节，招标团队成员夜以继日、来回奔波的细节更是不胜枚举，这体现了港珠澳大桥忍辱负重、甘愿奉献的精神。

（四）未雨绸缪、积极进取

项目前瞻性布局，未雨绸缪，在前期阶段高质量完成项目管理规划、招标规划等顶层设计工作，为后续工程顺利实施奠定了坚实的基础。此外，由于国内目前普遍存在的定额定价体系与市场化定价现状存在一定偏离，在确定业主控制价时，招标文件虽已经有所预留，但由于港珠澳大桥技术复杂，仍然未能预见到全部地质状况和在施工过程中的突发情况，对此，招标团队前瞻性地开展了外海施工定额的测定工作，为确定合理的价格搜集第一手数据，充分体现了港珠澳大桥未雨绸缪、积极进取的精神。

在招标工作中发扬港珠澳大桥精神，形成定期总结与交流，持续改进，爱学习、求上进的文化氛围，不但提升了招标团队的能力，还进一步强化了招标团队的责任感、使命感。以上内容只是对诸多招标环节所体现出来的港珠澳大桥精神主要方面做了简要的说明。应当说，所列举的这些内容，仅是港珠澳大桥精神的部分体现。

三、监管保障——廉政护航招标

（一）设立常驻机构全程监管

2012 年 3 月 2 日，广东省纪委组织省监察厅、广东省发改委、广东省交通运输厅、广东省审计厅、广东省财政厅组成港珠澳大桥工程廉政专员办公室并正式挂牌成立，广东省级纪检监察机关设立派驻项目监察专员办公室对重大工程项目实施全程同步监督，这在国内尚属首次。

广东省监察厅派驻港珠澳大桥工程监察专员办公室、管理局纪委积极监督指导招投标管理工作有序开展，为招标工作保驾护航。如项目开评标前管理局组织召开内部工作会议，强调招投标管理纪律；招标过程文件（送审稿）及时报备及申请监督等。

（二）招标廉政风险排查试点

2012 年 6 月，广东省监察厅派驻港珠澳大桥工程监察专员办公室组织开展港珠澳大桥工程廉政风险排查防控工作。同年 7 月，计划合同部被确定为港珠澳大桥工程廉政风险排查防控的试点部门，廉政风险排查工作共历时约两个多月，最终形成计划合同部廉政风险排查防控试点工作的成果。其中，招标工作重点从招投标管理流程及各流程所处环节进行分析及排查，试点排查成果得到专员办、管理局纪委、管理局领导等的一致认可，实现了廉政风险的有效管控。

（三）三地组织开展招标管理廉政交流

项目建设过程中，广东省纪委、省审计厅和政府主管部门多次派人员现场检查或调研指导，香港廉政公署、澳门廉政公署不定期邀请招标团队人员进行交流，香港、澳门政府代表全程重点监管。项目招标管理在三地政府和管理局纪委的监督和指导下，在三地媒体的公开监督下，管理局从每个参与人员抓起，加强保密知识学习，强化职业操守训练，全面开展港珠澳大桥招标廉政风险排查工作，形成坚实的廉政“防火墙”，保证不带“病”运行，保障不出问题，全面施行廉政护航。

第三章　资源整合

——市场调查与技术交流

在遵守法律、法规的前提下，解放思想、创新驱动，充分借鉴国外和港澳地区先进经验，公开、透明地开展市场调查与技术交流工作，广泛征集和寻找与港珠澳大桥匹配的优质资源。通过市场互动，了解市场现状、考察核心要素、发掘市场资源。同时，让市场及时了解项目基本情况，并深入研究制定相应的处理和应对措施。

第一节　市场调查目的与意义

一、市场调查需求分析

在港珠澳大桥招标工作启动前，面对如此庞大的系统工程，管理者心怀敬畏之心，如履薄冰，审慎决策，确保每一个招标工作环节均经得起考验。如何抓住要点、切入主题，需要信息的大量收集、整理、消化过程，而信息正是决策的先导。如何有效获取这些信息，管理者解放思想，创新思维，寻找到市场调查与技术交流的工作方法，开展了大胆尝试。

随着招标工作的逐步推进，面临更多的新问题、新难题，而在国内甚至国外均没有可供借鉴的先例。如何开展港珠澳大桥的招标工作，找到工程建设的难点和关键点，了解类似问题在国内外同行中有没有碰到过，以及国内外的同类项目中，有哪些值得借鉴的经验教训，市场上有哪些资源等，存在太多的问题需要管理者去了解、探索和掌握，并在此基础上有效整合各方优质资源来解决工程建设难题。对此，管理者开创性地将市场调查与技术交流作为港珠澳大桥招标庞大系统工程中的一个至关重要的子系统，而并非简单视之为某个环节的辅助性工作，亦非简单的信息与资料收集，而是需要用系统工程的思维去有效开展，对有关信息、资料、交流及思想等进行系统消化提炼，以形成对港珠澳大桥招标有用的信息，实现资源整合。

二、市场调查目的与意义

超大型工程招标影响巨大，任何重大决策的出台均需未雨绸缪、深思熟虑，深入的调查显得相当重要。市场调查与技术交流就是到市场上去找资源，招标就是实现市场资源最优化配置的过程，在实现资源优化配置的目标之前，必须要对市场有充分了解，两者相辅相成。当决策者和执行者在千头万绪、纷繁复杂的招标工作启动前，为了厘清思路，宜先调查情况，做足功课，再做决策。

在招标过程中，既要保证招标过程合法合规、公平公正，又要保证业主“择优”而选择一家信誉、口碑、实力兼优的中标单位是一个艰难的过程。市场调查与技术交流是解决此难题的关键一步，要摸准项目需求，实现项目目标存在的问题和风险，通过与市场的互动和交流提前完成项目管理的推演，提前找到解决问题的办法和对策。为了认清市场调查与技术交流的重要性，首先要明确市场调查与技术交流活动的目的和出发点。

（一）市场推介

招标前的市场调查与技术交流，可视为项目的市场推介过程。通过与调研对象的沟通互动，明确业主需求，介绍项目情况，提高项目影响力和吸引力，调动潜在投标人积极参与投标，形成有效竞争。同时向调研对象表明业主一视同仁、机会均等的立场，使潜在投标人打消顾虑，增加信心。

（二）了解市场资源

市场调查与技术交流最直接的出发点就是了解市场情况，只有了解到市场的资源分配、市场主体的实力信誉、市场竞争态势等，才能制定科学合理的资格条件和评审标准，避免出现偏离市场实际，或导致流标等极端情况发生。

（三）挖掘市场需求

市场调查与技术交流亦是了解市场需求的过程。通过了解调研对象在以往项目上碰到的问题和总结的经验，从调研对象的角度探讨在本项目中有哪些合理诉求，从而为后续制定公平合理的合同机制和招标策略提供指导意见。

（四）向市场借力

市场调查与技术交流，还可视为业主向各方取经兼技术交流的过程。业主的管理人员和技术人员，在招标前对该项目的技术指标、施工方案、工期安排、材料设备需求等尚需加深了解，通过向潜在投标人和其他业主的调研，可以获取相当宝贵的信息资料。

（五）市场预求证

市场调查与技术交流，也是管理者逐渐建立管理思路，以及反复摸索、求证的过程。在项目实施过程中，管理者对项目必然经历一个从模糊到清晰的过程，管理者通过扎实有效的市场调查与技术交流，把前期掌握的零星信息和点状思考，逐渐串联起来，逐步建立清晰的管理思路。

综上所述，市场调查与技术交流是招标工作中重要且不可缺少的一个环节，图3.1是市场调查与技术交流示意图。在项目法人负责制度下，业主肩负着项目建设质量、工期、费用等管理义务，责任重大。业主与中标人在招标结束后即结成命运共同体。

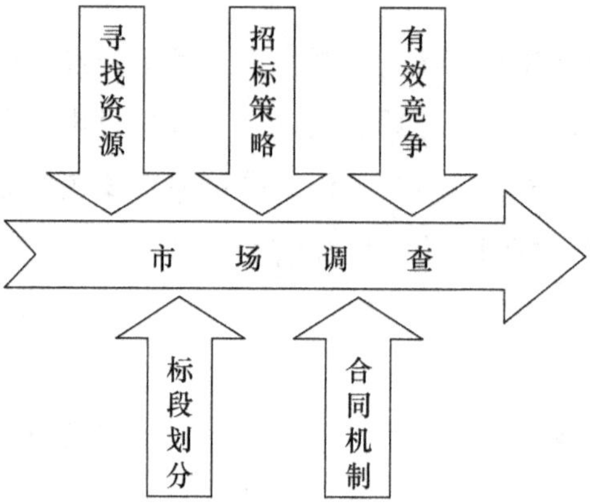

图3.1 市场调查与技术交流示意图

寻找到一家实力、声誉兼优的中标单位，是项目管理者的头等大事。有一种说法是招标工作取得成功，整个项目的管理就成功了一半，而市场调查与技术交流是促成招标工作按既定目标推进的有力保障。在港珠澳大桥招标过程中，管理者将市场调查与技术交流工作放到相当重要的位置，并为其投入大量的精力、物力和时间，过程虽然艰苦，但收获丰硕。从欧洲重大工程管理的实践经验和理论总结的情况来看，这实际上是港珠澳大桥的知识管理和知识学习，通过文献学习、市场调查、技术交流、项目考察、科研专题研究等方式开展的策划工作是港珠澳大桥知识管理的系统化模式，其知识学习与知识管理之深、全寿命周期覆盖之广和国际开放程度之高，算得上世界土建工程之最了。

第二节 市场调查本质与准则

一、市场调查的本质

在市场调查与技术交流过程中，招标人与潜在投标人频繁接触，很自然牵涉到一个敏感问题——双方交流接触的原则以及底线在哪里。很多招标人为了避嫌，或者担心受到过度监管，加上对政策法规的理解不够充分，从而对市场调查与技术交流持保留态度。然而这种想法偏离了市场调查与技术交流的本质，把招标过程简单视为反腐倡廉的工具或形式。从回归招标工作的初衷（公平、公开、竞争、择优）来看待市场调查与技术交流的本质，应该是为项目招标顺利开展提供可靠的市场信息，为招标人制订科学合理的招标方案提供依据。只要抓住本质，把市场调查与技术交流活动规范化、阳光化，摆正个人位置，不存私念，始终保持以服务项目为出发点，那么市场调查与技术交流就不是“灰色地带”，而是回归招标本质的得力工具。

二、市场调查的准则

鉴于内地的法律法规对招标前市场调查与技术交流没有明确指导意见，但对招标人与投标人“串标”是明令禁止，对招标文件“量身定做、制定排斥性、歧视性条款”亦有明文规定。因此，我们认为招标人的市场调查与技术交流，主要不能触碰以上两条红线。为了达成市场调查与技术交流的目标，而又能规避招标人与潜在投标人之间“串标”的嫌疑，港珠澳大桥在市场调查与技术交流过程中主要遵循以下行为准则：

（1）参与调研的对象具有广泛代表性和专业对口性；

（2）给予调研对象同等的信息量；

（3）确保调研资料保密，不泄露调研对象的信息资料；

（4）始终遵循客观事实为依据，不以个人喜好为出发点，保证调研信息的客观公正；

（5）对调研对象秉持自愿与无偿原则。对参与市场调查与技术交流，以及未参与市场调查与技术交流的投标人，均一视同仁，不能因为参与市场调查与技术交流而获得额外照顾；

（6）招标团队公开透明，统一行动，不与调研对象私下接触，确保工作人员具有高度自律性；

（7）在招标文件报上级主管部门核备之前开展市场调查与技术交流，此后不得再与潜在投标人接触。

港珠澳大桥招标团队在历次调研过程中，始终秉持以上行为准则，调研人员做到自觉自律，调研过程基本没有出现投诉或产生负面影响。

第三节 市场调查的组织实施

一、市场调查的内容

市场调查与技术交流的内容不拘一格、包罗万象，管理者可秉持开放的态度去看待和开展市场调查与技术交流。同时，只有向调研对象表明诚意、用途，并保持应有的热情，才能获得调研对象真诚的回应，所获得调研信息才是有价值的。港珠澳大桥历次市场调查与技术交流，主要在以下几个方面展开：

（1）了解市场信息、掌握潜在投标人数量及其投标意愿；

（2）向调研对象推介项目，培育市场，形成有效竞争；

（3）了解潜在投标人的资质、业绩、财务指标、人员资历、设备储备等情况；

（4）通过调研掌握的信息资料，初步判断各个调研对象在相关专业领域的实力和声誉；

（5）向调研对象了解相关专业领域最新的技术发展情况；

（6）收集各潜在投标人对本次招标项目重点、难点分析，对项目复杂性、不确定性和风险类型的理解和认识；

（7）收集各潜在投标人对本次招标项目有关标段划分、界面划分、施工方案、工期安排、关键施工设备、法律障碍等建议；

（8）了解以往类似项目在招投标、设计方案、施工组织等方面的经验，并收集相关资料；

（9）了解关键材料和设备的采购渠道、性能指标等。

二、市场调查的对象

市场调查的对象主要包括：

（1）关联行业项目业主；

（2）以往类似项目及项目业主；

（3）潜在投标人；

（4）潜在的专业分包、技术和科研合作单位等；

（5）潜在的材料和设备生产商、供应商等。

调研对象的选择，与项目规模、专业特点、技术难度、项目管理模式等密切相关。

市场调查的范围也并非仅局限在建筑行业，同时扩展到了石化、核电、航天、海洋、高铁、制造行业等（见图3.2）。集成不同行业的先进理念为本项目所用。

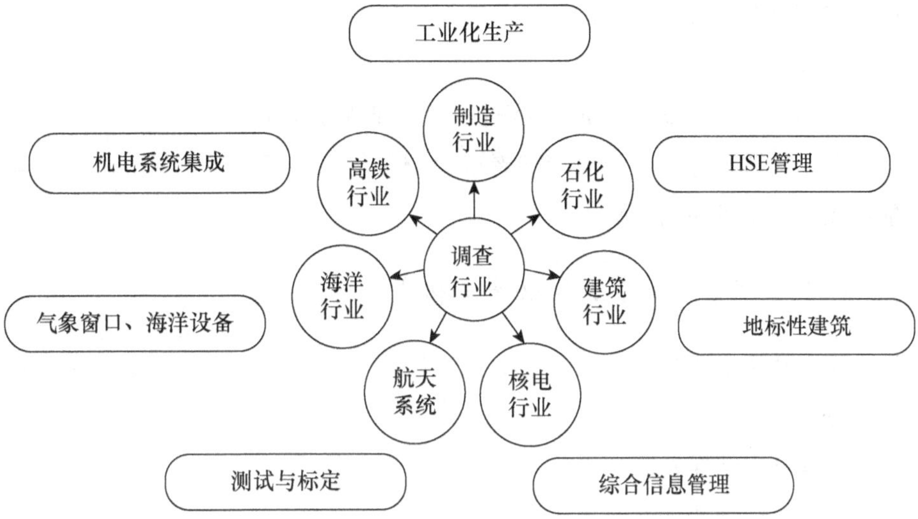

图3.2　调研的行业范围

三、市场调查方式

为了尽可能全面了解市场信息，在有限的人力资源条件下，管理局采用多种调研方式和手段相结合，制定了循序渐进、严谨规范的工作流程，为港珠澳大桥招标团队开展市场调查与技术交流工作提供了相对统一的指导路径。

在市场调查与技术交流方式方面，主要有网络搜集信息、兄弟单位之间的信息传递与交流、书面函调、会面交流、实地调研、技术交流等。港珠澳大桥项目采用最多的是书面函调、实地调研、技术交流三种方式。

四、市场调查工作流程

（一）市场调查与技术交流通常的工作流程

港珠澳大桥市场调查与技术交流通常的工作流程，主要包括以下内容：

（1）广泛搜集信息阶段：网络搜集和兄弟单位之间的信息传递与交流；

（2）整理初步的调研名单：通过电话联络初步沟通后进一步明确调研名单；

（3）拟定调研提纲：向调研单位发出书面调研函；

（4）收集整理调研回复资料；

（5）根据调研回复资料情况，决定是否邀请调研对象会面交流或实地考察；

（6）与调研对象会面交流；

（7）实地考察；

（8）总结前几个阶段的调研信息资料，形成调研报告；

（9）在正式调研过后，如果管理者认为调研信息还不足够，或面临新的问题，则可能启动第二阶段补充调研。

（二）市场调查与技术交流函参考格式

港珠澳大桥历次招标市场调查与技术交流制定的函件，主要涵盖以下内容：

1．企业基本信息

（1）企业基本情况表；

（2）组织机构框图；

（3）利益关联及上下隶属关系；

（4）银行资信证明；

（5）近三年财务状况表；

（6）近十年完成的类似工程情况表；

（7）拟委任的主要人员情况表；

（8）拟投入本项目的主要施工机械设备和试验检测设备表。

2．调查问卷的回复

调查问卷可以就招标人关注的内容提出问题，抛砖引玉、共同探讨。现整理以下几类有共性的问题供参考：

（1）调研对象对本次招标模式、标段划分、边界条件等的看法，提出优缺点；

（2）对本次招标项目设计方案的看法；

（3）对本次招标项目的标段划分、工期安排建议；

（4）对主要原材料和设备的取得途径、采购方式和供货保障措施；

（5）对大型或特殊施工机械设备的取得途径和保障措施；

（6）对合同管理机制、施工界面划分、工作面交接的看法和建议；

（7）针对项目特点，提出有关计量支付、预付款、材料调差等方面的合理化建议；

（8）就项目外部环境、面临的特殊状况等提出应对措施与协调方案；

（9）有关造价信息方面的探讨意见。

3. 技术建议书

技术建议书简略地描述主要关键工程的施工方案、施工方法、工艺流程与技术措施（尤其对重点、关键和难点工程的施工方案、方法及其措施）等。

4. 其他内容

调查对象认为有必要填报的其他内容和其他建议。

第四节　市场调查的作用与效益分析

港珠澳大桥历次招标开展的市场调查与技术交流工作，在多方面起到积极效果，为港珠澳大桥招标及后期实施提供的宝贵信息可谓不胜枚举，甚至可以说，没有市场调查与技术交流，港珠澳大桥的招标工作就不可能取得今天的成绩。此节重点介绍招标中市场调查与技术交流给港珠澳大桥带来的巨大作用与效益。

一、为确立各项目标和招标工作思路提供重要参考依据

在启动招标前，找到适合本次招标的工作思路相当重要，通过市场调查与技术交流，可帮助招标人打开思路、找准目标。以下两个例子就是很好的印证：

（一）岛隧设计施工总承包

港珠澳大桥的岛隧工程处于关键路线，属于控制性工程，其施工难度大、工期长、施工界面管理复杂。为解决上述难题，招标人拟采用设计施工总承包方式进行招标，但设计施工总承包面临以下几个不确定性问题：

（1）规模庞大，预期合同价约145亿元，加上专业繁多、技术复杂，国内的总承包企业在资质、业绩、技术储备、财务等方面，是否具备相应条件；

（2）国内是否有足够数量的潜在投标人形成有效竞争；

（3）是否需要引进国外企业参与；

（4）国内的总承包企业是否能掌握如此复杂的施工技术；

（5）超长施工周期下如何设置合同管理机制、界面划分等；

（6）能否具备强大的抗风险能力等。

上述问题不解决，招标人不敢贸然启动招标。随后，招标人开展了一系列市场调查与技术交流得知，国内基建工程在大标段发包、水工工程等方面，已有先例且积累了一定技术基础，国内的大型基建类央企，具备强大的财务和技术能力，抗风险能力较强，其下属子公司专业齐全、具有较强的资源整合能力。通过调研，坚定了招标人的信心，对推动岛隧工程设计施工总承包招标起到关键作用。

（二）桥梁工程钢箱梁采购与制造

港珠澳大桥桥梁工程钢箱梁采购与制造规模约 42.5 万 t，本项目中所需的钢箱梁的生产（预制尺寸）、安装、运输（吊装吨位）等诸多方面，可能创下我国乃至世界之最。如此规模的体量，使得招标人对此项工作丝毫不敢大意。招标人紧锣密鼓地开展了大量市场调查与技术交流，进行资源分析、研判与整合，初步总结出以下四种招标工作思路：

方案一：先招钢箱梁制作厂家，后招钢板供应商。

先定钢箱梁制作厂家，才有明确的钢板运输目的地和运输路线，从而可以明确钢板的运输费用。这种模式下，业主的管理界面是直接面对钢箱梁制作厂家和钢板供应商，存在相对复杂的中间协调环节。另外，由于钢箱梁制作和钢板采购分开进行，钢板价格的市场风险只能由钢板供应商一方承担。考虑到运输距离，此种方案，会对远离钢箱梁制作厂家的供应商不利。

方案二：先招钢板供应商，后招钢箱梁制作厂家。

此种方案的主要问题是钢板的运输费用在整个钢板报价中所占的比重不能忽略，在不确定钢箱梁制作厂家的情况下，钢板供应商无法确定钢板的运输路线，导致钢板供应商无法报出运输费用。

方案三：只招钢箱梁制作厂家，钢板由钢箱梁制作厂家自行采购。

这种模式下，由于钢箱梁的制作场地不在工程所在地，而且钢箱梁制作厂家的原材料进货渠道较多，业主对其钢板采购过程监控相对困难。

方案四：一次性招标，由钢箱梁制作厂家和钢板供应商联合投标。

该方案的出发点是将钢箱梁制作厂家和钢板供应商捆绑起来，由钢箱梁制作厂家作为联合体牵头人进行投标，这种方案存在以下优点：

（1）由钢箱梁制作厂家在最短运输距离和最优运输方式的前提下自行联合钢板供应商，使其联合后的报价更具竞争力；

（2）减少中间管理协调环节；

（3）采用超越一定幅度之外业主调差方式，由联合体双方共担市场价格风险和其他风险；

（4）在招标投标阶段同时对钢箱梁制作厂家和钢板供应商的供货能力、产品性能等进行评审，可实现业主对两者的监控需求，并减少招标环节。

最终方案：

针对本项目的具体情况，通过衡量上述四种方案，围绕解决各方的核心关注点与利益作为基本原则，再组织开展资源的整合分析。通过调研主要钢厂、钢箱梁加工制造企业、同类项目业主单位、监理、设计单位、钢板价格信息和价格指数发布单位和造价管理部门等，综合提出了在第四种方案的基础上适当改进，确定钢箱梁采购与制造招标思路如下：

分两个合同段先招钢箱梁制作单位，在钢箱梁招标文件中约定中标后，通过比选方式由招标人与中标人联合选定钢板供应商、涂料供应商及其他主要分包单位，并在招标文件中制定上述供应商、分包单位的比选方式和原则，从而实现甲方对主要材料和分包商的有效管控，并有效解决上述四种方案存在的不足。

二、指导和修正施工工艺或设计方案

市场调查与技术交流对指导和修正施工工艺或设计方案具有很大帮助。关键是把相关管理者的“死知识”变成“活知识”，帮助项目管理者建立感性认识和系统概念，这对项目管理是极其有帮助的。“不懂就问”这样浅显的道理在市场调查与技术交流过程中发挥得淋漓尽致，尤其是在钢桥面铺装施工招标中得到充分体现：

国内已采用过的钢桥面铺装设计有多种方案，使用若干年后大部分反映效果欠佳，港珠澳大桥具有接近 50 万 m^2 的钢桥面铺装量，如此巨大的体量，如果铺装效果不理想，作为港珠澳大桥的“面子工程”，其负面影响会很快显现。招标人急切需要寻求合适的设计方案，因此，紧锣密鼓地展开了一系列市场调查与技术交流，通过大量的境内外调研，招标人了解到同样或类似的设计方案，在国内和国外的实施效果差异显著，最明显的是邻近的香港几座跨海大桥钢桥面铺装实施效果良好，问题究竟出在哪里，是管理者亟须搞清楚的问题。

港珠澳大桥桥面铺装初步设计批复方案采用环氧沥青的设计方案。在招标策划过程中，在桥面铺装施工图设计前，管理局和设计单位联合调研之后，才提出浇筑式沥青的设计方案，而国际上常用的浇筑式沥青有沥青玛瑞脂混合料（Mastic Asphalt，MA）和浇筑式沥青混合料（Guss Asphalt，GA）两种，招标人对MA和GA两种技术工艺展开了大量市场调查与技术交流，调研范围不仅局限于国内，还包括日本、欧洲等地，通过调研信息，结合相关科研课题结果，招标人对此问题提出如下解决方案：

通过研究及调研发现，MA技术在其原材料加工工艺、混合料的备料等方面要求高、控制严，按其要求所配置的集料质量高，较GA及其他铺装方案具有优势；但也存在高温稳定性差、工效低的不足，对于港珠澳大桥铺装工程量巨大的项目，其适应性较差。为此，招标人结合前期调研获取的信息，组织课题研究摸索采用拌合楼一次搅拌的新工艺替代MA拌合机的二次拌合工艺，通过大量室内、室外及加速加载试验的研究论证，采用GMA新工艺生产的混合料，解决了高温稳定性指标，并将单机工效提高了10倍。该过程创造性地解决了桥面铺装质量与工期的矛盾。

此外，招标人通过欧洲调研，了解到欧洲各国大量使用Eliminator桥面防水体系，已取得良好效果，了解相关信息后即对国内防水层供应商开展进一步调研交流，横向比较国内外同类产品的性能指标差距，并组织课题对Eliminator防水黏结体系及国内类似产品进行深入研究，对指导本项目的桥面铺装防水黏结体系设计具有积极参考意义。

三、验证或修正业主的项目管理思路和实施规划

在项目前期，业主必然要对整个项目的管理思路和各个阶段的施工组织有初步构想，逐步形成项目的总体实施规划。经验再丰富的管理者，其思维角度和广度均有限，项目管理机构内部的不同意见，也容易被上级决策者忽略。而作为外单位的建议和经验，往往容易引起管理者重视。调研对象用他们的成功经验与失败体会亲述事实，使管理者构建的项目管理思路和规划在市场调查与技术交流过程中不断得到验证或修正，在此举两个案例：

（一）总体思路——港珠澳大桥的项目管理思路

鉴于港珠澳大桥的巨大影响力，管理者一致认为，项目必须采用国际上先进的理念进行管理及设计，建设过程及建设成果应具有国际影响，从管理思想、设计技

术、施工技术上达到国际水准。

考虑到港珠澳大桥的巨大体量和施工难度，在现有的工期安排下，如果采用常规的施工管理模式和思维，难以保证达到上述目标，必须要在施工工艺、工效、管理手段等方面全面提升。为此，招标人在前期调研过程中，充分了解国内大型施工企业的技术储备情况和生产能力，与相关企业深入探讨适合本项目高标准建设目标的实施途径，在初步设计单位提出的“四化”即“大型化、工厂化、标准化、装配化”的项目管理思路，确认了在岛隧工程、桥梁土建工程、钢结构、桥面铺装等专业工程中进一步凝练升华为“工业化精益制造”思路，并贯彻落实上述指导思想，为提高工效、生产质量稳定可靠的工程部件提供了有力保障。

（二）分项思路——桥面铺装项目管理思路

港珠澳大桥在形成总体的项目管理思路基础上，通过一系列市场调查与技术交流，还发展出针对某个专项工程的分项管理思路。以桥面铺装为例，内地和香港地区的大型桥梁桥面铺装均曾采用过 MA 工艺，但其使用效果差别较大，香港地区对 MA 的使用效果明显优于内地。招标人多次赴港调研，了解到问题的关键在于工艺把控、材料和设备保证等一系列精细化管理手段，从而将桥面铺装的项目管理理念制定为“以许可保材料、以考核保人员、以设备保工艺、以工艺保质量”，具体而言，就是对主要原材料采用准入许可制度，从源头上把控材料质量；对项目组人员加强工艺培训，并采用动态考核检查制度，不胜任者要及时更换淘汰；推行大型化、自动化、装配化的机械施工理念，大力引进车载式自动抛丸机等设备；采用工业化精益制造的理念生产集料，并通过招标推动建立世界上首座全自动化、全封闭生产线的集料工厂，大大提高集料生产质量和效率；在施工工艺上全面推行“精细化管理”手段，用工艺质量保证工程质量。

上述理念贯穿于招标文件各个章节，并以此指导后续的施工管理。

四、对关键材料和设备的性能参数、采购渠道等有了进一步了解

在选择设计方案的时候，涉及的材料设备、施工机械等施工组织元素，是否具备良好的可实施性、可获得性，直接影响到该方案的可行性。那么我们的调研对象就需要扩展至相关的材料、设备供应商，以及某些特殊关键施工机械设备的制造商，对关键材料、设备的性能指标、价格、货源、运输渠道、供货周期等了解清楚。俗

话说“巧妇难为无米之炊”，当工程推进到一定程度才发现材料或设备不能及时跟上需求，这对项目而言无疑是致命的。

在超大型工程项目中，由于对某些材料设备的需求量巨大，以及对某些专用施工机械设备有特殊要求，很容易出现上述情况，为了避免出现这样的问题，前期调研必不可少。在此举两个案例：

（一）不锈钢钢筋采购

本项目施工图设计在桥梁下部结构中大量采用了不锈钢钢筋，在市场调查与技术交流之前，招标人对不锈钢钢筋的生产厂家几乎一无所知，仅是了解到国内能生产符合本项目要求的不锈钢钢筋厂家比较少，且国内对不锈钢钢筋的使用经验较少；而国外有相当数量的不锈钢钢筋生产厂家已有成熟使用经验。面对此种情况，招标人必须启动针对不锈钢钢筋的又一轮市场调查与技术交流，招标人通过行业内人士的介绍和推荐，逐渐了解到国内外生产不锈钢钢筋的企业，逐一走访，足迹遍布国内、欧洲各国，了解相关产品的技术指标、运输途径、供货周期、价格信息、企业生产能力、在国内是否有分支机构和代理商等情况，通过调研总结，招标人得出初步结论：

（1）符合要求的国内厂家数量相当有限，竞争力不足；

（2）国外厂家的同类产品具有成熟使用经验，引进国外同类产品，对促进国内同类产品的生产和二次加工具有积极促进意义；

（3）根据国内招投标法规，如果需针对不锈钢钢筋采购采取国际招标方式，审批手续烦琐，而且在国内贸易体系下，国外厂家直接供货的方式有相当难度，在时间上满足不了工程需要，所以国外厂家必须在国内授权一家经销代理商参与投标及供货，为确保代理商能按照合同要求供货，招标文件需明确将合同履行不力的风险和责任落实到厂家，厂家还需履行不锈钢钢筋运抵工地后的二次深加工责任；

（4）国内外同类产品在价格上有较大差异，在评标办法报价得分的设置上，需充分考虑国外产品价格偏高的情况，使国外产品参与投标具备相当的竞争性。

以上调研结论对指导不锈钢钢筋采购招标具有重要意义。

（二）钢桥面铺装机械设备

结合港珠澳大桥桥梁工程钢桥面铺装设计方案，为了大力推行桥面铺装机械化施工，招标人对关键设备进行了大量调研，主要集中在桥面板喷砂除锈设备、防水黏结层自动喷涂设备、浇筑式沥青拌合设备及其配套运输搅拌车（Cooker）等设备的调研上，招标人通过调研明确了以下思路：

（1）在本项目中推广使用全自动化的车载式抛丸除锈机械化施工设备，并提前在福建琅岐大桥进行试验；

（2）要求承包商在浇筑式沥青拌合站、Cooker 沥青运输车、SMA 沥青拌合站等方面具有较强优势和设备储备量；

（3）鼓励承包商结合近年浇筑式沥青的技术发展情况，进一步改进浇筑式沥青拌合工艺，对以往受人工操作影响的工艺环节，进一步提升机械化水平；

（4）委托专业咨询机构对桥面铺装防水黏结体系材料、TLA 湖沥青采购进行专项咨询；

（5）鼓励承包商开展防水层机械化施工的可行性研究并提出实施方案；

（6）为营造良好的作业环境及赶工需要，减少不良气候条件对桥面铺装工序的影响，鼓励承包商应采取相应的防风雨措施和使用钢桥面板干燥设备。

五、为招标文件的编制提供充分依据

招标文件资格条件的设置，既要保证充分竞争，又要防止恶性竞争。市场调查与技术交流反馈的信息，对合理设置资格条件提供的帮助尤为明显。

招标文件合同条款中的职责与风险划分、合同变更、计量支付方式等，也要站在承包商的立场上换位思考，如果上述内容设置过于严苛，对承包商过度约束，执行效果会大打折扣，甚至造成怠工或停工，是合同双方难以承受的。

具体到工作界面划分、施工工作面的提供、总工期与节点工期安排等在招标文件各章节出现的相关内容，潜在投标人具有更丰富的实践经验，此类有关管理与技术性的问题，多征询调研对象的意见，必有收获。举例如下：

（一）通过市场调查与技术交流确定标段划分思路

市场调查与技术交流结果对项目标段划分思路具有重大影响，以交通工程为例。大桥项目交通工程涵盖的子系统大约有 12 个，包括：安全设施、交通监控、通信、照明、隧道通风、供配电、消防、给排水、综合管线、防雷接地、系统集成等专业，系统集控范围庞大、复杂。在策划交通工程的招标方案时，管理者面临的第一个问题是主体工程（包含人工岛、海底隧道、桥梁）上可供分配的作业面空间相当紧张，难以容下过多的施工队伍，对现场施工亟须有效的统筹协调；第二个问题是各专业的系统集成专业跨度大，各专业之间的接口较多，工程界面管理复杂；第三个问题是对各专业系统集成单位的专业能力和统筹能力要求比较高，对国内施工企业的专业配置与资质能力等方面是否匹配有较大担心。为此，管理者制定了两种标段划分方案，第一种是只设一个标段，第二种是拆分为两至三个标段，管理者从管理角度出发，希望能按第一种方案实行大标段发包，但是又担心市场的容纳能力，只能通过市场调查与技术交流去判断和验证。

经过充分的市场调查与技术交流，招标团队了解到在国内的大型基建工程，尤其是地铁、高铁等项目，多专业系统集成的大标段发包案例较多，在国家近年大力扶持培育大型总承包企业的发展趋势下，国内的大型基建安装企业已具备多专业系统集成的技术储备和资质能力。基于这一判断，本项目交通工程施工按一个大标段进行招标，同时按相关法律法规鼓励专业分包的相关要求，对交通安全设施和消防设施实施专业分包。此种方案由一个总包单位进行统筹管理，有效解决本项目管理界面复杂、工作面紧张等主要矛盾。

（二）借助市场调查与技术交流修正标段划分、明晰工作界面

招标人在构思整个项目的标段划分以及招标工作内容时，首先需要厘清的是各个环节之间的工序衔接和工作界面划分，大桥项目涵盖海底隧道、人工岛、桥梁工程等，是一个巨大的系统工程，在划分各个板块时，需要从工期、工序、作业面安排等多方面综合考虑，在调研过程中，大部分调研对象均具有丰富的海上桥梁建设经验，对各个环节的工序安排、作业面划分了然于心，招标人通过集思广益，掌握了大量有用信息，逐步建立起大桥项目的专业板块划分与细部工作面划分机制，为编制招标文件奠定了基础。如制定了钢箱梁采购与制造、钢板供应商、下部结构、交通工程、桥面工程等工作界面划分一览表等。

（三）调价机制

大桥项目桥梁钢箱梁所需钢板数量庞大，且属于价格敏感型材料，价格波动风险较大。在市场调查与技术交流期间，招标人构想了三种应对方案：第一种是通过适当加大工程预付款和材料设备预付款，使承包商有条件提前囤货锁定材料价格；第二种是采用期货交易等套期保值手段；第三种是制定材料价格调差机制。

通过对几家大型钢厂的调研，调研对象的反馈方向基本一致，即建议采用第一

种和第三种方案相结合的方式，不建议采用第二种方案，其中对于第三种“制定材料价格调差机制”尤为看重。招标人在编写招标文件的过程中，在行业主管部门颁布的材料调差相关规定基础上，充分吸收市场调查与技术交流成果，制定了详细的材料价格调差机制。此举对吸引潜在投标人参与投标、合理分配价格风险起到关键作用。

六、为清单与控制价的合理编制提供重要信息

港珠澳大桥涉及诸多新工艺和新环境，又具有海上施工特点，在国内现有的概预算编制办法中，涉及外海施工的定额数据尤其欠缺，一些特殊设备的台班费用如何摊销、施工组织如何安排也是难题。在规模庞大的合同段，造价人员稍微欠缺考虑，或引用的定额数据、信息价偏离，都会造成巨大的金额差异。开展市场调查与技术交流是编制工程预算的主要手段之一，除了常规的材料价格市场调查与技术交流外，定额选用、施工组织安排、临时设施、设备台班费、各种摊销费用等均可以探讨交流。合理的价格应该是贴近市场的，经过充分市场调查与技术交流得出的价格，才不容易偏离市场。市场调查与技术交流作为造价编制工作的常规手段之一，其作用无须再举例阐述。

在港珠澳大桥实施过程中，正是上述扎实的市场调查与技术交流，为顺利实施招标工作、择优选取优质中标企业、合理制定合同价格，发挥了不可或缺的积极作用。

七、存在问题和建议

市场调查与技术交流总体效果显著，某种程度上得益于大桥平台、品牌和策划者的精心策划，有其特殊性，具有一定的参考价值，普通项目亦需要甄别参考采用。在实施过程中，尚有较大的提升空间，仍存在一些客观问题：

（一）市场调查与技术交流的全面性

最主要的难点体现在调研者与调研对象在一些核心关键信息上，涉及商业秘密、专利技术等因素，难以获得较为深入、全面的信息，调研对象出于保密需求会有所保留，与调研者的需求形成矛盾，此时调研者需充分尊重被调研对象的难处。

（二）市场调查与技术交流的适用性

市场调查与技术交流是一个无偿索取信息的过程，被调研对象愿意分享信息的出发点主要有两个：一是潜在投标人和材料设备供应商，有参与下一步投标的积极意向；二是出于行业交流和个人关系，项目业主和咨询机构愿意提供部分信息进行分享。所以总的来说，只有项目达到一定的规模和影响力，获得的关注度高，取得的调研回馈才足够丰富。对于一般的中小型项目，调研效果可能会难以尽如人意。

（三）回馈信息的完整性和真实性

由于被调研对象内部资料管理的差异，加上有些项目时间久远，调研者获得的部分信息可能不完整，甚至是错误的信息，这就需要调研者对反馈的信息加以分析、整理、甄别，对有疑问的信息进行多次求证或补充调研，避免误导决策。

第四章　合同机制
——招标策略与招标文件编制

逐个构建完善、先进的招标策略，实施招标模式构建，系统进行合同机制设计。在PDCA循环理论基础上，总结出“实施八步法（DCI-AFS）”，系统做好招标文件编制。转变观念，从“控制”“交互”到“合理”，借鉴港澳及国外的造价管理经验，最大程度考虑市场因素，尊重市场规律，合理确定控制价。

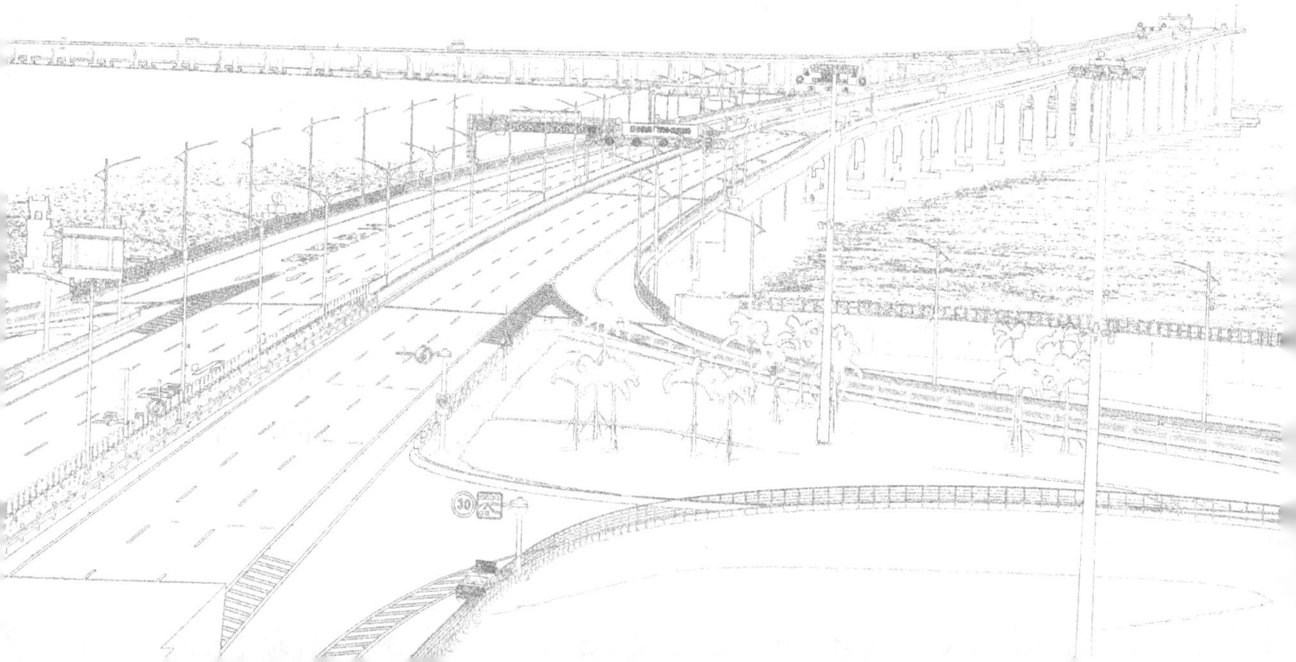

第一节 准备和构思阶段

《礼记·中庸》："凡事豫则立，不豫则废"，对于编制招标文件来说，充分的准备工作尤其重要。

港珠澳大桥规模庞大、建设难度高和技术要求严格，面临诸多新技术、新问题，并无成熟的经验可以借鉴。招标文件不能简单套用内地行业招标文件范本，必须突破招标文件范本的框架体系，站在行业前沿去构思和编制招标文件，体现港珠澳大桥特有的管理思维和管理方式，也是实施招标策划之所需。

港珠澳大桥各项目的招标特点是涉及专业范围广、标段划分复杂、招标类型较多、三地共建共管、审查审批层次多等，为了尽可能让编制人员理清编制思路、明确分工，管理局内部制定了循序渐进、严谨规范的招标文件编制工作流程，为相关工作部门和不同人员开展招标文件编制工作提供了相对统一的指导路径，编制了技术路线图及流程图（见图 4.1）。招标文件编制的整个流程，分准备和构思、编制、审核修改三个阶段的总体介绍，并贯穿于招标文件编制"实施八步法（DCI-AFS）"（参见本章第五节）的有关环节中。

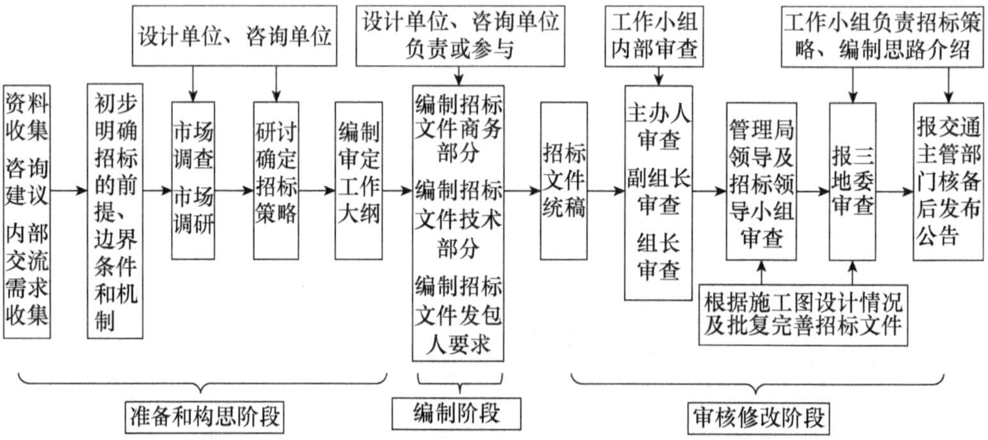

图 4.1 招标工作技术路线图

在招标文件的准备和构思阶段，首要工作是了解项目性质（包括专业类型、规模、特点和难点等），根据项目性质收集国内相应规模、同类别、具有一定代表性的招标文件，初步了解类似项目常规的招标模式、招标文件内容框架（主要包括资格条件设置、合同条款编制以及评标办法选择等)，同时，结合招标项目的特点、难点以及项目实际存在的问题，咨询内地类似项目的业主，吸取其合理的建议和经验总结。

根据项目的招标工作思路，招标团队在开展招标工作之前，需对市场情况、潜在投标人情况等进行摸底调查，通过充分的市场调查，为确定项目的招标策略、招标模式、标段划分、资格条件、评标办法、合同界面、施工工艺或设计方案、关键材料和设备性能、清单与控制价的编制等，提供大量有参考价值的信息。

针对收集的资料、咨询建议信息，招标人组织文件编制内部工作人员进行交流讨论，初步明晰项目招标前提、边界条件和机制。

通过事先确定招标策略，充分掌握项目市场信息与潜在投标人情况，避免招标工作偏离既定的目标，为工作大纲、招标文件的编制工作提供保障。在具体实施上，招标团队在制定招标策略初稿后，再通过召开招标工作领导小组会议等方式，审定招标策略，审定后作为后续工作大纲、招标文件编制的指导。

第二节　工作大纲分解重难点

明确招标文件的编制思路和方向后，招标人需解决招标文件编制工作如何落实、重点与难点问题如何解决，以及如何进一步确定招标文件编制的目标、工作思路与安排等问题。因此，工作大纲的编制，主要是在招标策略的总体引领下，借助市场调查与技术交流的成果，分解重点与难点，研究得出初步的应对措施，以及明确后续招标文件编制工作的组织分工、各章节完成节点时间安排等。

招标人编制“招标工作大纲”的主要目的是指导后续招标文件的编写工作能顺利高效地开展。“招标工作大纲”主要包括以下几方面内容：

(1) 总体框架：初拟招标文件目录以及各章节主办部门；

(2) 招标策略与思路：招标模式、招标范围及标段划分、招标文件重大问题(例如设备品牌、专业分包、合同条款)；

(3) 招标文件具体各章需要明确的问题；

(4) 初步时间安排及任务：包括工作内容、时间安排、牵头领导(部门)、承担单位(配合部门)；

(5) 下一步招标文件编制需明确的主要问题；

(6) 招标文件编制参考依据；

(7) 招标控制价调研由计划合同部同步开展，或紧随市场调研其后。

招标团队在开展每个项目的招标工作之前，都做了充分的准备工作。例如，在开展钢箱梁制造的招标工作前，根据上述的程序，首先要了解项目的性质、定位，再通过收集类似项目的招标模式，市场调研等手段，确定适合本项目的招标模式，形成招标工作大纲，指导后续招标文件的编制。

大桥桥梁工程钢箱梁采购与制造规模约 42.5 万 t，创下我国乃至世界之最。如此大规模的体量，招标团队清楚必须突破常规的做法，找准项目的定位，明确后续的管理思路，才能保障项目的顺利实施。在招标文件编制前，必须了解常规项目的做法，结合招标项目及市场的实际情况，通过对比分析，确定最适合的招标模式，否则，按照常规项目来开展招标，必然无法达到理想的效果。正是在此调研过程中，时任钢箱梁采购与制造招标工作小组组长提出了板单元 100%自动化设想并付诸后续调研深化和实践实施。

通过收集其他项目的信息，招标团队了解到钢箱梁采购与制造，有几种常规的做法，第一种是钢箱梁制作厂家和钢板供应商分开招标，第二种是只招钢箱梁制作厂家，钢板由钢箱梁制作厂家自行采购，第三种是一次性招标，由钢箱梁制作厂家和钢板供应商联合投标。三种方式各有利弊，第一种分开招标，项目业主的管理协调难度很大；第二种只招钢箱梁制作厂家，项目业主对于钢板的采购质量难以控制，项目业主对其钢板采购过程监控相对困难；第三种相比较第一种、第二种有明显的优势。

在明确项目性质、定位，了解掌握以往类似项目的招标情况、实施情况后，招标团队开始进行充分的市场调研，与各潜在投标人进行了技术交流，充分了解各厂家的生产能力、技术水平等情况，确定了本项目的招标模式：分两个合同段，先招钢箱梁制作单位，在钢箱梁招标文件中约定中标后，通过公开比选方式由招标人与中标人联合选定钢板供应商、涂料供应商及其他主要分包单位，并在招标文件中制定上述供应商、分包单位的比选方式和原则，从而实现项目业主对主要材料和分包商的有效管控。

通过前期的市场调研与技术交流，首先初拟招标文件总体框架，结合招标策略事项的具体落实措施，梳理形成具体的招标工作思路，如讨论招标文件具体各章需要明确的问题，拟定初步时间安排及任务，在“各部门需进一步明确的问题一览表”中详细说明下一步招标文件编制需明确的主要问题，最终成果是形成招标文件的工作大纲。具体以交通工程施工招标为例，见附录 D。

第三节　招标文件系统编制与审查

在招标文件编制工作启动阶段，编写人员在考虑招标文件各个篇章的内容时，需要结合港珠澳大桥各招标项目的特点、需求、影响力、界面划分、风险划分等因素编制招标文件，既要合法合规、公平公正，还要尽力实现找到一家信誉、口碑、实力兼优的中标单位，择优配置资源，为港珠澳大桥的实施提供保障。

一、招标文件主要内容的编制

（一）资格条件

资格条件的设置，既要保证充分竞争，又要防止恶性竞争。资格条件一般包括投标人资质、财务、业绩、主要人员、信誉、主要机械设备和试验检测设备（施工类）。

1. 编制依据

（1）项目专业特点、难点、规模等工程实际情况；

（2）项目前期收集资料、咨询意见、市场调研结果报告；

（3）国家、行业、三地现行招标投标法律法规、国家建筑企业资质标准。

2. 需要考虑的主要因素

编制时需要综合考虑、平衡设置资格条件各方面内容，不但要避免“制定排斥性、歧视性条款”，符合国家法律法规的要求，还要特别注意个别条件要求过高或过低。如在强制性资格条件中，对潜在投标人的资质等级要求很高，但是对财务要求很低，一般资质等级低的单位都能满足，导致财务要求失去意义。又如对于单位业绩和人员业绩指标的设定，如果一味强调与招标项目的规模和专业内容相匹配，对于港珠澳大桥这样超大规模和专业复杂的招标项目，一个标段的规模达到几十亿元甚至一百多亿元，标段内包含的专业工程种类繁多，有些专业在国内极为罕见，在未了解清楚情况就按照招标项目的规模和专业内容武断设置业绩指标，极有可能导致流标。

由此可见，盲目设置过低或过高的资格条件，不但没有实际意义，还可能会导致项目招标失败。这也反映了市场调研的重要性。

（二）评标办法

设置评标办法既要公平、公正、择优，也要避免“量身定做”。一般性的建设项目，评标办法一般只考虑投标人的报价，带有很大的随机性。而港珠澳大桥这样大型的复杂招标项目，招标目标很明确，必须找到一家信誉、口碑、实力兼优的中标单位，所以其评标办法包括投标人商务、技术、报价三大块内容，经综合评价后，选择综合实力相对较强的中标单位。

1. 编制依据

交通运输部、广东省交通运输厅颁布的招标文件范本、行业相关招投标管理办法以及项目实际情况。

2. 需要考虑的主要因素

既要遵循公开、公平、公正和诚实信用的原则，又要选择具有较强实力的参建单位。因此，评标办法需要综合考虑投标人商务、技术、报价三者之间的逻辑关系，包括投标人的技术力量、经济实力、以往业绩、信誉、投入资源的优劣、报价合理性等因素，不同类型项目，根据实际需要，在法律法规允许的前提下，合理设置各评审因素的权重。

（三）合同条款

1. 编制原则与步骤

港珠澳大桥项目规模大、难度大，其管理因素、技术特点、外部环境等特征明显，合同框架有别于常规项目。以施工项目为例，普通项目其合同条款由“通用合同条款”“公路工程专用合同条款”和“项目专用合同条款”三者组成，而港珠澳大桥项目的合同条款，只能参考借用其框架体系，更多需要结合项目实际情况、专业特点、国内外同类项目的管理经验、市场调查的情况，并吸取项目实践过程中经验教训等进行编制。

2. 合同机制设计

招标团队在编制每一项关键性合同条款上，都进行详细的机制设计与思考。具体通过有关实例进行阐释。如在房建、交通工程招标中，针对关键材料和设备采购的原则把控上，由于内地法规已明令禁止指定材料品牌或产地，各种材料设备的品质和价格参差不齐，仅用性能指标参数已无法控制产品的档次，亦体现不出产品的耐用性。在此矛盾下，通过在招标文件中要求投标人按一定的标准或参考品牌提供项目关键材料和设备，并在合同条款中约定具有灵活操作性的约束条款，既满足项目业主对关键材料设备的管控需求，又能为合同双方根据实际需要调整材料设备的品牌或规格留有回旋余地，具体措施如下：

（1）投标人按招标人要求填报。

编制者在招标文件工程量清单中列出项目关键材料、设备的参考品牌和规格，每种材料列出 2～3 种参考品牌，投标人可以按照招标人列出的品牌报价，也可另外选择其他品牌报价，但投标人选择的其他品牌的档次规格应与招标人列出的参考品牌相当。如果招标人认为投标人选择的材料设备品牌档次与列出的参考品牌存在明显差距，招标人有权在发出中标通知书前的合同谈判阶段否定其选定的该材料主选及备选品牌，并按照招标文件及合同条款的相关规定另行确定，但已确定的材料设备采购和安装价格不予调整。

（2）主选品牌和备选品牌的选用原则。

在合同执行过程中，承包商同时确定材料、设备采购主（备）选品牌及供应商，部分项目甚至要求承包商在选定品牌型号之前，按项目业主要求提供样品供监理人、项目业主确认后方可选定供应商，如房建工程中的门窗材料、陶瓷制品、水电材料等。对于承包商需要选用备选品牌的情况，其必须报经监理人、项目业主批准。当主选品牌和备选品牌均不满足要求的情况发生时，承包商应按照上述规定重新确定主选或备选品牌，直到满足合同文件规定为止。

（3）特殊情况处理原则。

工程所需设备、材料如因供应的规格、数量等不能满足工程建设要求而需要更换时，承包商应首选更换为经业主和监理人审批的备用品牌或供应商，并应事先取得项目业主和监理人的书面同意，在办理有关手续后更换，但不因此免除承包商的责任。

在合同实施过程中，项目业主保留对有关材料、设备品牌型号做出更换调整的权利。如果在承包商提出的主（备）选品牌之间进行的更换调整，相关细目单价不因此而做调整；如果更换调整的品牌已超出承包商提出的主（备）选品牌范围，则以变更调整后的品牌价格为准，参照合同条款对相应清单细目价格做出调整。

（四）发包人要求

发布的招标文件标准范本中未单列发包人要求，项目业主一方面为了让投标人重视，并非常清晰掌握项目业主的需求，另一方面考虑到合同条款有严格的格式要求，如果在合同条款中增加上述内容，则会打破合同条款原来的框架，破坏合同条款的整体结构，条理性显得不足并且容易出错。因此，将发包人要求独立作为招标文件的重要章节，主要体现项目的特点、发包人的管理理念和思路、总体组织规划、项目的具体管理要求等。

发包人要求中重点强调项目业主的管理理念、策略和方法，是招标文件、专用技术标准和要求以及建设项目管理制度等的补充与强调，指导承包人全面做好各项管理工作，并在本合同工程的投标、建设及管理过程中予以积极响应。

（五）专业技术标准与要求

港珠澳大桥由三地共管共建，技术标准就高不就低，设计使用寿命 120 年，并且涉及大量的新标准、新工艺、新技术、新设备。国家或行业内现行的技术规范无法完全涵盖本项目的有关标准和要求，因此，项目业主委托设计单位在招标前编制项目的专用技术标准与要求，与招标文件其他章节一起作为招标文件的组成部分。专用技术标准和要求对施工合同管理、施工质量控制、验收支付等起到了良好的指导作用。

专用技术标准与要求严格参照国家或行业技术规范和范本、项目施工设计图纸和工程量清单来编制，并经行业主管部门参与评审通过。明确项目专用技术要求，并且综合考虑项目实际施工办法、专业特点和后期建设管理等特点，制定有效、简洁、容易操作的计量支付原则，明确价格中包含的附属工作内容等，使之简单适用、可行，提高工程质量、减少项目实施过程中的歧义和纠纷。

（六）建设项目管理制度

项目管理制度是为了规范港珠澳大桥主体工程设计及建造阶段项目业主与各参建单位的管理行为而制订的文件，是港珠澳大桥全寿命周期项目管理制度体系的重要组成部分。港珠澳大桥招标中，将项目管理制度独立作为招标文件的重要章节，让投标人在投标期间就非常清晰地了解项目业主的管理架构与思路，加快项目业主与中标人的融合，在较短时间内就能较好地理顺有关管理关系。

项目管理制度的第一层级（港珠澳大桥主体工程建设项目管理总纲要）、第二层级［港珠澳大桥主体工程建设项目质量、计划、投资、健康、安全与环境管理（HSE）、信息系统、创新管理纲要］、第三层级（管理办法）作为招标文件的组成部分，将根据情况全部或部分提交给所有投标人和各参建单位；第四层级作为港珠澳大桥管理局内部管理制度，供管理局内部使用，不提供给各参建单位。有关的管理制度借鉴国内外同类项目的实施经验，由管理局计划合同部牵头组织相关部门进行编制，并按照本书第二章第二节“二、项目管理制度的制定”所述进行审批与发布。

二、招标文件的审查与备案

（一）基本原则

在招标文件审核过程中，由于部门与部门之间职能和立场不同、三地委各自法律法规、技术标准、程序、经验差异，很容易出现多方针对同一个问题提出不同的审核意见。作为招标文件编制、统筹组织者（部门），需要站在项目整体目标、服务水平、管理制度等角度上，充分采纳各方提出的修改意见。

大桥项目强调合同双方在严格履行合同基础上，建立开放、平等、协同、互信的伙伴关系，并付诸实际行动、精诚合作，以持续的努力建立、完善伙伴关系。强调伙伴关系即合同条款约定的权利和义务对合同双方来说是相对平等的。因此，审核者需要分别站在业主立场、承包商角度审核招标文件，只强调某一方权利，罔顾义务，不是真正意义的伙伴关系，甚至可能会损害合同双方的利益。

在招标文件的审核过程中，相关审核部门、三地委代表往往会针对招标文件提出不同的修改意见，当不采纳某一方意见时，需要说明原因，并注意沟通的技巧。在沟通过程中，以条款合法合规为前提，既要让对方了解项目实际需求，也要知道编者的想法，因此，要求编制人员站在对方立场上考虑处理意见。缺少沟通，或者各方坚持自己的想法和意见，都不利于后续招标工作的开展。

（二）“四审一备”工作方法

招标文件初稿编制完成后，为确保经得起考验、后续各个环节顺利推进，管理局依据项目所涉及人员和部门，结合法律法规及有关管理规定，制定了“四审一备”的招标文件审核修改工作方法，即招标文件编制工作小组内部审查、管理局法务审查、管理局领导及招标领导小组审查、三地委审查，最后上报行业主管部门核备招标文件。

1. 工作小组内审

该环节主要包括主办人审查、副组长审查和组长审查。工作小组对招标文件审查，严格按ISO质量管理流程，分阶段、分步骤进行，具体审查工作落实到工作小组内部每位审查人员身上。一校由主办人、副组长负责，主要审查招标文件各组成部分的格式正确、内容合理、确保招标目标可实现等；一核由组长负责，主要进一步审核招标文件重点、难点部分内容的编制合理性。

2. 管理局法务审查

该环节主要由管理局专职律师（计划合同部法务主管）、管理局日常法律顾问（君信所）进行招标文件（含合同条款）合规性审查，一般采用函审形式进行，并提出审查意见。

3. 管理局内部审查

该环节主要包括管理局领导、招标领导小组及工作小组各成员部门审查，一般采取提前送审，集中会议汇报及讨论的方式进行，需要对有关核心事项进行研讨，并明确具体意见。秉承持续改进的原则，在招标文件内部审查后，在中后期的施工招标文件编审中，推行招标文件评审会，就招标文件的重大事项、难点等，咨询行业专家的有关意见，并修改落实到招标文件中，有效加快了后续各环节的审查与备案。如对桥面铺装施工、交通工程施工招标文件，分别组织召开专家评审会，专家给予非常中肯的意见，有效指导了后续工作。

4. 三地委审查

该环节主要依据三地协议及管理局章程的有关规定，对超过三千万元的A类招标项目，正式公文上报三地委的审查核备。对于三地委反馈的意见，需要逐条进行核查处理，并书面进行回复。由于内地和香港、澳门的法律体系及招投标制度存在较大差异，三地委审查环节尤其要高度重视与耐心处理。既要充分地尊重港方、澳方的意见，又要从港珠澳大桥实施的角度出发，考虑审查意见的可行性和合理性，遵从上述原则对港澳方的意见进行详细的解答。

如在招标文件上报后，港方、澳方会提出需提供资质设置、接受或不接受联合体投标、业绩设定的原因及依据，因为港方、澳方没有类似于内地的资质管理办法，在资质设置上较难理解为什么设置该项资质类型或等级，而对于联合体及业绩的规定更多的是考虑与项目的匹配性，没有全面考虑市场的情况。又如在早前部分招标项目中，在合同条款人员变更上设置凡是人员调整均课以违约金，未能体现“以人为本”的原则，实施过程中出现人员升迁或生病的情形无法到岗，导致后续的操作和管理有较大的困难。秉承持续改进的原则，在后续招标中，在合同条款设置上将此类型列作特殊情形并灵活处理，并在合同中规定了一些可以灵活协商的条款，对于支付、人员的考核规定可以在合同谈判阶段进一步协商确定。对此，港方、澳方执行合同的意识特别强，在审查沟通中较难理解有关调整与条文，认为按照习惯做法，合同各项条款均应清楚明确，不容许后续商量的余地。类似的情况特别多，在三地委审查意见处理上，如何合理接纳并修改到招标文件中，以及向三地委进行有效沟通，这也是对大桥招标工作一项重要的考验。

5. 行业主管部门核备

按照内地的有关法律法规，需要履行有关核备（或备案）手续，通过正式公文上报行业主管部门，并按照核备意见逐条进行修改，方可办理公告事宜。

交通运输部、广东省交通运输厅对港珠澳大桥招标工作非常重视，多次组织召开专题会议对有关招标划分、招标文件编制等事项进行审议，对港珠澳大桥招标工作给予极大的指导与帮助。如在引入设计施工总承包方面，交通运输部一直在推动设计施工总承包模式，希望培育有国际竞争能力全产业链的施工企业，所以有关领导提出希望港珠澳大桥能够大胆地创新、走出一条新路子，并多次说过“创新要允许失败”。如针对岛隧工程设计施工总承包招标，交通运输部于 2010 年 7 月 12 日组织召开专家评审会，主要是评审设计施工总承包模式和招标方式以及合同条款。按规定，广东省交通运输厅核备并向交通运输部备案即可，但是鉴于岛隧工程设计施工总承包招标关涉重大，为审慎起见，交通运输部首次专门为一个具体项目备案招标文件召开专家评审会。

三、招标文件编审的注意事项

（一）文字表述需清晰、准确

在招标文件编审中，应当采用准确、简洁、前后逻辑一致的语言向投标人表述清楚项目信息和招标人要求，必要时甚至可以换个角度，站在投标人编制投标文件的角度进行编写，避免出现让投标人误解、模棱两可的语言。

（二）准确、全面告知招标的有关信息

通过熟悉设计图纸，了解招标项目专业特点、难点和工程需求，进而明确材料和设备要求、界面划分、大型关键施工机械要求、有关计量支付和预付款安排、材料价格调整原则等，才能在招标文件编制中，准确、全面告知招标的有关信息。

（三）体现招标项目的特殊需求

通过设计图纸、调研、技术审查、交流会议等途径，多方了解项目的外部制约因素

(例如施工环境、运输途径、施工作业面等)，在招标文件中体现出本次招标的特殊需求。

（四）明晰合同风险及处理原则

结合项目实际情况和需求，让投标人全面清楚项目存在的风险，减少合同隐含的责任和风险。不做单独计量支付的工作，在工程量清单说明中逐项罗列清楚。合同风险划分秉承尽可能让抗风险能力强的一方承担主要风险，并对应考虑相关费用，优质优价、公平合理。

（五）持续改进

结合以往招标项目的合同执行情况，以及审计所反映的问题，对合同条款循序改进。主要包括避免责权不对等、合同条款过于严苛、没有可调整余地等普遍现象，要求合同条款的制定，遵循对等、公平原则，并兼顾前瞻性与可操作性。

第四节　清单与控制价编制与审查

一、基本原则

在招标阶段，造价管理的主要工作是根据招标文件确定的工程招标范围和工程或服务内容，科学合理地测算并确定投标控制价、合同价格。为合理确定招标投标控制价，通过分析研究国内外有关定价模式，转变观念，从“控制”到“合理”，充分借鉴港澳地区和国外的造价管理经验，最大程度考虑市场因素，力争尊重市场规律（询价），合理确定投标控制价。同时，超前规划组织开展外海定额研究工作，为合理有效测定工程造价提供依据。

二、清单与控制价的合理编制与审查

（一）清单与控制价的编制

1. 设计施工总承包、施工招标类

(1) 岛隧设计施工总承包。

以批准的初步设计进行招标，由初步设计单位编制招标概算，招标概算控制在

对应的批复概算内；管理局对招标概算与批复概算进行了对比分析，并结合招标文件对招标概算进行了分析测算。

（2）桥梁工程（钢箱梁采购与制造、下部土建工程、桥面铺装）施工。

以批准施工图设计或招标图设计进行招标，由施工图设计单位编制标段清单预算，管理局对标段清单预算与批复概算进行了对比分析，并结合招标文件对清单概算进行了分析测算。对于没有现行定额或定额无法匹配的子目，以及有关主要材料设备，综合考虑市场调查因素进行确定；对于大型临时工程做专项设计图纸并测算相关费用；提前考虑桥面铺装施工组织方案并据此测算费用；桥梁支座、伸缩缝等产品根据市场调研情况，采用成本分析法确定相关费用；提前布局开展外海施工定额测定工作，贯穿项目全过程施工期。

（3）交通工程施工。

以批准的施工图设计进行招标，由施工图设计单位编制标段施工图预算或清单预算，管理局将对标段施工图预算或清单预算与批复概算进行对比分析，对于有关主要材料设备，综合考虑市场调查因素进行确定。

（4）房建工程施工。

以批准的施工图设计进行招标，由施工图设计单位编制标段施工图预算或清单预算，在处理好有关界面划分的基础上，管理局将对标段施工图预算或清单预算与批复概算进行对比分析。

（5）水上航标工程施工与维护工程等其他施工。

以批准施工图设计进行招标，由施工图设计单位编制标段清单预算，管理局对标段清单预算与批复概算进行对比分析，并结合招标文件对清单概算进行分析测算。

2. 工程设计、监理、助航及海事监管设施和其他工程或服务等招标

根据国家和省级有关部门颁布的规定，综合考虑工程内容、招标文件、评标办法、市场行情等因素，参考类似项目的经验进行编制，并对应批复概算进行对比分析。

（二）清单与控制价的审查

对投标控制价、清单预算实行外委审查机制，由广东省交通运输工程造价管理站或管理局委托有资质的造价咨询机构进行投标控制价、清单预算审查。

岛隧工程设计施工总承包、桥梁工程（钢箱梁采购与制造、下部土建工程、桥面铺装）施工招标的投标控制价及清单预算审查，是由设计单位负责编制完成，并

经管理局初审后，正式上报广东省交通运输工程造价管理站进行审查。随后，根据广东省交通运输厅关于印发《广东省公路工程施工招标清单预算管理规程》的通知（粤交基〔2013〕899号）精神，2014年之后的桥面铺装、交通工程、房建工程施工项目清单预算委托有资质的造价咨询机构进行审查，并对咨询单位审核结果出具审查意见后，按规程要求向广东省交通运输工程造价管理站进行核备，并落实核备意见。

（三）清单与控制价的审批

对于已完成委托审查的投标控制价，管理局实行内部审批流程，由主办部门、计划合同部审核通过后，报分管领导审查、局长审批。经局长批准确定的投标控制价，一般在招标文件提交截止15日前或在最后一份补遗书中公布。

三、实施效果

（一）合同价格确定

根据招标文件规定，依据审查的投标控制价，综合考虑各有效投标人的投标报价，在保持投标总价不变的情况下，与中标人谈判并对其不平衡报价进行调整，合理确定合同价格，经合同双方确认调整后的工程量清单及合同价格是工程计量支付与工程结算的依据。

截至目前，对于已招标的项目，所有签订的合同中标价均与合同价格一致。

（二）已完成招标的合同价与控制价对比

截至目前，已完成招标项目40个（不含前期招标项目），投标控制价为313.4379亿元，中标合同价为286.4061亿元，招标节余费用27.0319亿元，节余率为8.62%。已完成暂估价招标项目14个，投标控制价为43.4121亿元，中标合同价为40.5843亿元，招标节余费用2.8279亿元，节余率为6.51%。

港珠澳大桥招标期间的造价控制情况总体处于可控状态，主要是设计、监理、补偿类合同。已签订的合同金额均控制在相应的批复概算范围内。由于港珠澳大桥涉及大量的新标准、新工艺、新技术、新设备，施工周期超长，客观上存在非常多的未知领域和不可预见内外部因素，部分实际实施方案远超初始认识，因此，早在岛隧设计施工总承包招标前，管理局就联合原交通部公路工程定额站和广东省交通工程造价管理站开展港珠澳大桥主体工程外海工程资源消耗及施工功效（外海施工定额）研究，该课题项目研究依托港珠澳大桥主体工程，结合相关外海桥梁工程经验，通过大量调研、实地观测和分析论证，并经过近八年的现场测定，首次形成了外海沉管隧道、人工岛工程定额框架体系；编制了跨海通道项目桥梁、沉管隧道、人工岛工程的定额标准；系统研究了跨海通道桥、隧、岛集群工程的成本消耗；创造性解决了困难条件下复杂施工工艺定额子目的大规模测定难题。项目成果填补了沿海桥梁、沉管隧道、人工岛工程定额标准的空白，丰富和完善了我国交通建设工程造价定额标准体系。该成果有效地支撑了之后的合同费用评估调整和概算调整工作。

针对港珠澳大桥主体工程施工技术难度大、技术标准高、定额标准不完善、外海建设条件复杂、设计方案变化调整等实际情况，根据 2014 年 11 月港珠澳大桥专责小组第七次会议所确定的“遵守合同、深入评估、严格程序、合理调整”的处理资金紧张的原则，管理局在 2015 年初编制了合同费用评估调整的工作方案并上报，在三地委的指导下，结合委托审查和评估结果，参考外海定额，采取分批、分阶段的原则，成熟一项、处理一项，通过协商谈判经三地委批准后签订补偿协议并完善手续，有依有据、实事求是地处理合同费用调整事宜。

针对大桥部分土建类合同在实施期间出现超合同、超概算的情况，依据外海施工定额专题研究成果和合同费用评估结果，经专业单位评估审查，三地政府和行业主管部门审查，港珠澳大桥按程序办理概算调整手续并得到了国家有关部门的批复。

第五节 实施成效分析与持续改进

港珠澳大桥各项目招标文件的编制，一直提倡遵循持续改进的工作作风，及时结合最新的执行情况，对下一个招标项目的招标文件进行优化，上一个项目好的做法要保留，不好的做法要及时调整。特别是合同条款的编制，过于宽松，可能会为日后发生合同纠纷埋下隐患；过于严苛又导致合同难以执行。在宽松与严苛之间，该如何掌控，需要进一步分析与平衡。

一、实施八步法（DCI-AFS）

在PDCA循环理论及上述三个阶段招标文件编制工作的基础上，通过分析、归纳，持续改进，在招标文件编制中总结出港珠澳大桥“发散→收敛→迭代→逼近→聚焦→解决→反馈→提高”的“实施八步法（DCI-AFS）”，在“实施八步法”中，特别强调“反馈→提高”，就是常说的持续改进。以岛隧工程设计施工总承包招标为例，阐述“实施八步法”在招标文件编制阶段的应用。

（一）关于岛隧工程标段如何划分

岛隧工程标段如何划分成为首个“聚焦”的问题，经历了设计、施工分开招标和设计施工总承包招标不同招标模式对比的“发散→收敛→迭代→逼近→聚焦”漫长过程。在借鉴了国外超级工程如美国切萨皮克海湾大桥、丹麦—瑞典厄勒海峡大桥跨海通道、韩国巨济岛—釜山连岛大桥跨海通道项目标段划分采用设计施工总承包经验模式的基础上，并考虑到外海深埋条件下的沉管隧道在内地首次实施，设计、施工和管理均经验不足，大量的设计方案能否实施需要工艺试验和验证。如果采用设计、施工分开招标的模式，极易出现设计方案在实际实施过程中不可行而返工的情况，届时将严重影响工程造价和项目工期；加之沉管隧道基础处理、岛隧结合部暗埋段处理与沉管隧道浮运沉放的施工衔接和质量责任难以界定，沉管隧道的线形控制需要设计和施工密切衔接，海上施工的诸多不确定因素也使得项目的风险控制成为项目业主首要考虑的因素，只有选择大标段的设计施工总承包模式才能最大限度地降低项目业主的风险。

2009年5月，三地委召集会议，审查批准了岛隧工程采用设计施工总承包的招标方式，2009年7月交通运输部召集专题会议研究，批准备案了岛隧工程采用设计施工总承包的招标方式及招标文件。

（二）市场资源决定了招标方案

招标模式确定后，岛隧工程合同段的体量巨大，市场可供选择的资源有限，招标对象如何确定又成为项目业主另一“聚焦”问题，问题的解决同样经历了“发散→收敛→迭代→逼近→聚焦”的过程（见图4.2）。岛隧工程合同段的巨大体量和其所蕴含的风险需要一个拥有超级资源整合能力的单位与之相匹配。2009年9月，前期办（管理局前身）向9家直属国务院国资委管理的央企和2家省属企业共11家企业发出了市场函询文件，包含业主关心的招标机制和合同机制设计等各类问题，经各家单位反馈意见，前期办选取了最有意向的3家单位重点进行技术交流，在综合各家意见并整理消化后形成策划方案向3家单位做了推介交流，在多次“发散→收敛”的基础上，经过“迭代→逼近”形成了招标策划方案。

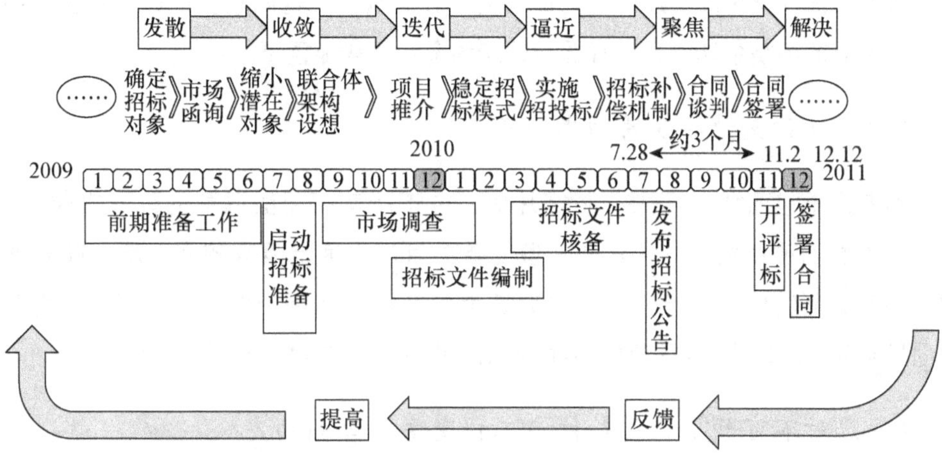

图 4.2　岛隧总包招标“实施八步法（DCI-AFS）”路径图

岛隧工程设计施工总承包招标文件在大量的调查研究基础上，按照上述方法编制完成。在后续任何一个招标项目的招标文件编制过程中，均借鉴采用了上述方法，并本着持续改进的原则，密切跟进上一个招标项目招标过程和项目实施过程中的合同执行情况，获取的经验反馈完善到后续招标文件中，由此形成PDCA循环改进。

（三）人员动态审核

在早期部分招标文件中，要求投标人在投标文件中（或在签订合同前）提供项目主要管理人员资历相关证明资料以供审核，在双方签订合同后，不得更换，否则视为违约，课以违约金。这样的做法比较生硬，在具体执行过程中，往往难以达到预期的管理效果，特别是对于施工准备期及施工期较长的项目。对此，港珠澳大桥随后的招标项目采取了施工组织设计总控、分阶段动态审核评估方式，强化项目总协调人统筹调动资源，分别在合同谈判期间，以及承包商进场前及进场后，分阶段对承包商投入的人员进行审查，并设定1～3个月的考察期。

1. 承包商根据投标文件、施工组织计划分批安排相应岗位的管理和技术人员，每批人员进场之前，必须经业主面试或审查认可，否则，由资格条件及综合能力优于或相当的人员替换投标阶段填报的人员。

2. 进场前安排的人员审查获得通过，并不代表对其工作能力或技术水平的认可。如在1～3个月的考察期间（或合同履行过程中），业主或监理人认为该人员不能胜任本职工作的，业主有权要求承包商更换该人员，直到满足合同规定为止。

综上所述，如项目合同条款制定得过于严苛，承包商不能更换人员或发生更换人员情况时需要支付巨额违约金，都会造成合同双方进退两难。因此，在合同中注意预留足够的调整余地或者设置适当的违约金，显得很重要。

（四）计量支付条款的动态修正

不考虑承包商成本压力，制定片面、过于严苛而无法调整的计量支付条款，将会严重影响项目建设，尤其是大型复杂项目，不确定因素较多，承包商要承担很大的资金周转压力，当资金压力突破承包商资金承受力的时候，招标人需要根据项目实际情况做出支付调整。显而易见，保留计量支付动态调整很重要。

（五）对不可预见物质条件与工程变更的合同约定

《标准施工招标文件》第4.11款中不利物质条件是指除专用合同条款另有约定外，承包人在施工场地遇到的不可预见的自然物质条件、非自然的物质障碍和污染物，包括地下和水文条件，但不包括气候条件。承包人遇到不利物质条件时，应采取适应不利物质条件的合理措施继续施工，并及时通知监理人。监理人应当及时发出指示，指示构成变更的，按《标准施工招标文件》第15条约定办理。监理人没有发出指示的，承包人因采取合理措施而增加的费用和（或）工期延误，由业主承担。

《标准设计施工总承包招标文件》第4.11款中规定，“不可预见物质条件，除专用合同条款另有约定外，是指承包人在施工场地遇到的不可预见的自然物质条件”，“非自然的物质障碍和污染物，包括地下和水文条件，但不包括气候条件”，“承包人遇到不可预见物质条件时，应采取适应不利物质条件的合理措施继续设计和（或）施工，并及时通知监理人，通知应载明不利物质条件的内容以及承包人认为不可预见的理由。监理人应当及时发出指示，指示构成变更的，按第15条约定执行。监理人没有发出指示的，承包人因采取合理措施而增加的费用和（或）工期延误，由发包人承担”。

综上所述，国内的范本均对不可预见物质条件保留相对公平合理的处理机制，在工程变更条款中设置相应条款与之相呼应。但是在很多基建项目中，招标人把不可预见物质条件构成变更的路径堵死，为了省事把风险全部推到承包商身上，当遇到难以处置的不利物质条件时，需要大量增加费用而导致承包商不胜重负，工程陷入困境，业主有心补偿但找不到合同依据，最终受损的是业主。在大桥的历次招标文件的合同条款编制中，已充分重视这一现象，尤其对于采用设计施工总承包的项目，对于一些未探明因素，可视为不可预见物质条件，允许其构成变更，在不可预见物质条件以及变更合同条款中，对未探明因素可能带来的影响建立补偿机制。结合以往设计施工总承包招标的经验教训，在合同价格调整以及工程变更条款中，制定稍微宽松灵活的处理机制，为日后据实调整合同价格留有余地。

二、保障体系

（一）制度保障

根据港珠澳大桥的特点制定了与造价相关的投资控制、招投标、变更、计量支付、合同等配套管理制度等，有效约束和规范各阶段造价管理行为，并以初步设计批复概算作为投资控制管理目标。高度重视造价管理工作，制定了一系列造价管理制度，包括《大桥建设项目投资控制管理纲要》《大桥建设项目变更管理办法》《大桥招投标及实施阶段造价管理办法》。

（二）定额与市场相结合

港珠澳大桥工程内容涉及多个工程领域，建设条件复杂，新工艺、新技术运用多，技术难度和建设规模大。在造价确定和控制方面，管理局注重基础调查研究工作，对缺少计价依据、新材料、新工艺等造价控制的难点和重点，采用提前、分步或同步开展调研方式，收集国内、国际同类项目的造价资料，并对相关资料及数据进行整理分析，为合理确定和有效控制工程造价积累了大量数据和资料，提供重要参考依据。同时，将文件及时整理汇编成册，以利于后续造价管理工作。

为此，在现行法律法规的规定下，尽力尊重及充分利用市场，采取了编制和审查相结合，并经管理局内部审批的形式确定投标控制价。如桥面铺装施工招标，经过大量的调研、论证及试验研究，最终确定了采用 4cm 厚 SMA＋3cm 厚浇筑式沥青混凝土组合铺装结构体系的钢桥面铺装设计方案，并在国内首次提出了 GMA 浇筑式沥青新技术。为了合理确定桥面铺装新工艺、新材料等缺少定额或计价依据的项目造价控制，管理局启动了范围最大、深度最深的调研活动（包含造价调研），利用函询等方式，对国内同类大型项目业主、施工承包商、原材料供应商（集料、沥青、防水材料、矿粉等）、专业分包商（抛丸除锈、防水层施工）、设备制造单位等进行了全方位、全覆盖的调研，为合理确定和有效控制工程造价积累了大量数据和资料，提供了重要参考依据。

（三）多体系过程监控

在工程实施中，管理局正确处理好质量、工期、造价三者关系，对施工阶段工程造价管理采取动态控制措施，建立了概算执行情况、变更、合同台账管理体系，规范了工程变更、计量支付管理。建立了造价管理台账文件，每季度进行更新，动态地反映项目造价管理情况，有效指导相关项目控制价的编审。

应三地管理需求建立多体系的造价监控，分别建立了适合内地和港澳不同管理制度下的造价管理台账：

（1）按照《广东省高速公路建设标准化管理指南（试行）》（粤交基〔2011〕158号）的要求建立了概算、预算、变更、决算等各阶段的对比台账。

（2）按照港方、澳方的要求，建立了概算与合同之间的对应关系。特别是针对设计施工总承包合同约定的单元节点季度计量支付的管理特点，与施工同步，单独对工程数量建立了招标、施工图设计、完工等阶段对比与确认管理分台账，强化造价管理措施，采取多种方式对项目造价管理进行过程动态控制，做到管理台账文件实时更新、及时和全面地反映项目造价管理基本情况。

（3）在多种方式相互印证、控制、交互中寻求动态平衡。过程中需要特别关注技术方案和造价的匹配性；关注合同界面的细致性和合理性；关注风险划分的合理性，风险划分是不是让最有条件承担的一方来承担，以达到整体成本最优的目的；关注大型临时工程是否有明确的图纸和工程量，以方便相对准确计价；市场产品通过市场调研、多家询价的方式确定成本价。

三、开展沿海定额研究

（一）超前规划

由于港珠澳大桥涉及大量的新标准、新工艺、新技术、新设备，如何合理确定招标控制价确保优质优价，行业主管部门和管理局对此有超前的预计。2009 年 10

月，经过和广东省交通运输工程造价管理站和原交通部公路工程定额站的头脑风暴，确定了外海施工定额研究专题意向。2011 年 6 月，正式签订了“港珠澳大桥主体工程外海工程资源消耗及施工功效（外海施工定额）研究技术服务合同”，由广东省交通运输工程造价管理站和原交通部公路工程定额站联合体承担外海定额专题研究任务。

依托港珠澳大桥对跨海通道项目的施工工效、海上混凝土配合比、海上临时钢结构的周转与摊销以及海中桥梁、海中沉管隧道、海中人工岛等工程定额展开研究。首先基于目前交通运输部现行公路、水工工程定额现有的测定方法研究大桥项目定额测定的关键技术（测定和编制流程、测定和编制方法、关键信息调查表格、测算方法等），再对跨海工程施工工效及结构耐久性费用进行分析，然后对海上混凝土配合比及临时钢结构的周转和摊销进行研究，在此基础上研究跨海桥梁定额、海中沉管隧道、海中人工岛等定额。

（二）定额研究方向

需求引导定额研究方向，根据跨海桥梁、海中沉管隧道及海中人工岛的施工工艺、结构特点结合内地交通运输工程造价管理的特点，围绕造价管理重点，从以下方面开展了研究：

1. 交通运输行业公路、水运工程定额测定与编制方法

（1）定额测定原理；

（2）定额测定方法；

（3）大桥项目定额测算方法；

（4）大桥项目定额测定调查表。

2. 沿海工程施工工效

（1）沿海工程施工工效降低分析；

（2）结构耐久性费用分析。

3. 沿海交通建设项目基础定额

（1）海上混凝土配合比；

（2）海上拌合混凝土；

（3）临时钢结构的周转与摊销；

（4）船舶机械艘（台）班费用。

4. 沿海梁桥工程定额

（1）桩基础工程（桩基钢管桩插打、钢筋、混凝土及桩基钻孔等）；

（2）墩（台）身预制工程（钢筋、混凝土、硅烷喷涂、存放及预应力钢筋等）；

（3）墩（台）身安装工程（钢围堰安拆、墩台运输、吊装、后浇孔钢筋及混凝土等）；

（4）墩台现浇工程（主墩承台钢套箱安装、封底混凝土、钢筋及混凝土等）；

（5）主墩索塔（索塔钢筋、混凝土及钢索塔吊装等）；

（6）支座工程；

（7）上部主体结构工程（钢箱梁架设、钢混组合梁制造、运输及架设等）；

（8）牺牲阳极防腐。

5. 沿海沉管隧道、人工岛工程定额

（1）沉管管节预制（预制管节钢筋、混凝土、预应力钢绞线、纵向顶推等）；

（2）管节接头处理（钢剪力键、端钢壳、止水带等）；

（3）管节舾装（端封门、压载水箱、预埋件安装及管内钢结构安拆等）；

（4）隧道混凝土工程（暗埋段、敞开段现浇混凝土、预制检修道等）；

（5）人工岛工程（水上振沉钢圆筒、钢副格等）；

（6）沉管隧道基础处理（水上打设挤密砂桩、水下块石基床抛石夯平、水下铺设碎石垫层、回填碎石锁定沉管等）；

（7）管节浮运安装（浮运安装系统集成调试、管节绞移出坞、浮运安装、安装船回航进坞、舾装件水下拆除运输等）。

（三）主要流程与技术路线

1. 本项目开展流程

（1）确定意向，论证外海桥梁、隧道工程定额研究的必要性和可行性，向交通运输厅申请立项；

（2）立项审批后，确定本项目任务承担单位；

（3）编制及确定外海施工定额专题研究工作大纲；

（4）完善组织架构，成立技术组、协调组和观测组；

（5）根据港珠澳大桥中海上梁桥、海中沉管隧道及人工岛的工程内容、工程设计、施工组织、施工工法、施工工艺，确定定额编制目标、编制思路和技术路线；

（6）拟订定额项目，划分定额子目；根据港珠澳大桥的特点和难点，设计调查表格；收集施工图设计、施工组织设计、合同、各级进度计划等资料；

（7）开展现场实测、同步进行施工消耗调查；

(8) 筛选有效样本，分析并编制施工定额、辅助材料摊销计算、同步研究配合比和船舶机械艘（台）班费用定额等基础定额；

(9) 在施工定额基础上分析并编制预算补充定额；

(10) 完成预算定额及施工定额专家会评审。

2. 技术路线

根据交通运输部现行交通定额的编制原则、编制方法，结合港珠澳大桥的特点，制订适合于港珠澳大桥补充定额研究技术路线，以与现行定额一致，并使之成为一个符合现行标准的可独立应用的计价库，沉管管节小节段、大节段顶推定额的测定（见图 4.3、图 4.4）。

图 4.3　管节小节段顶推定额测定

图 4.4　管节大节段顶推定额测定

（四）主要成果

经过长达 6 年多的现场测定与分析工作，于 2015 年 7 月完成《广东省沿海工程施工船舶艘（台）班费用补充定额》（中间成果）评审；2016 年 7 月，完成《广东省沿海桥梁工程预算补充定额》评审；2016 年 10 月，《广东省沿海桥梁工程预算补充定额》由广东省交通运输厅发布施行。2016 年 11 月，组织完成《广东省沿海沉管隧道、人工岛工程预算补充定额》评审；2017 年 2 月，《广东省沿海沉管隧道、人工岛工程预算补充定额》由广东省交通运输厅发布施行。2017 年 6 月，“外海桥梁、隧道工程定额研究专题”获 2017 年度中国公路学会科学技术奖二等奖。

项目成果填补了我国交通运输行业沿海离岸施工的海（江）中桥梁、沉管隧道、人工岛工程定额标准的空白，丰富和完善了我国交通建设工程造价标准体系，为我国特大型跨海（江）通道工程的方案比选、投资控制、造价管理和成本核算提供了指导和借鉴。

项目成果已成功应用到港珠澳大桥调整概算文件编制和深中通道项目初步设计概算编制工作中，有效地解决了定额缺项及现有定额水平不准的问题。港珠澳大桥桥梁工程调概编制完全采用研究专题成果，调整概算建安费与现场情况基本一致，符合各方预期。岛隧工程基本采用研究专题成果，对个别预算补充定额根据现场情况进行了适当调整，以满足港珠澳大桥项目设计特殊性、施工组织的特殊性及造价特殊性的需求。在深中跨江通道项目的概算、预算以及西人工岛先行工程的招标清单预算等造价文件编制、审核过程中套用了研究专题成果，及时解决了现行定额不全或无定额可套的难题。

第五章　精益求精

——ISO 程序化、标准化的开评标

借鉴ISO程序控制管理理念，对于程序性较强、系统性突出、能够有效实施分析的系统性问题推行标准化管控，系统构建规范化、制度化、程序化的开评标工作机制，工作走向“流水线”。推行“首件制”程序管理思路，固化流程构建各方协力工作的平台，实行阳光操作。“伙伴关系”前移，充分理解与沟通，最大限度地根据最新情况开展合同谈判，体现“专属”服务，让合同管理更具针对性。

第一节 开评标的基本准则

招标文件编制完成后，开始组织开评标、合同谈判及后续相关工作。开评标组织等工作与招标文件的编制不同，往往会被人忽视，认为只是简单重复的会务工作，未引起足够的重视。事实上，开评标的组织不能视为简单的会务组织活动，而是技术与会务相结合的严谨组织过程，其产生的后果具有不可逆转性，细小纰漏亦能引起大问题，造成严重后果。

一、开评标组织工作的特性

（一）三地合作共建共管的特殊性

港珠澳大桥作为粤港澳三地首次合作共建共管的大型交通基础设施，备受三地的关注。招投标工作更是关注重点，所有工作都接受三地委的监督，而且对于超过三千万元的A类招标项目，粤港澳三地均会同时派出评标专家参与评标工作；对于B类招标项目，粤港澳三地共同或至少一方不定期以抽查的方式派员监督，此项特殊性对开评标组织工作提出更高的要求。

（二）开评标组织工作的复杂性

开评标工作的组织并不单指开标、评标会的组织过程，还包括申请评标监督、抽取评标专家、准备开评标资料和工具、与交易中心衔接场地，以及后续的中标结果公示、办理中标通知书、合同谈判等环节，过程烦琐复杂，且具有不可逆转性，任何一个环节出现错漏都将导致招标的失败，造成不可挽回的损失。

（三）开评标组织工作的敏感性

在招标文件发售到开标前的阶段，业主和招标代理与投标人的接触相对较少，一般通过邮件或者电话形式进行沟通，而在开标及评标的阶段，工作人员需要跟投标人、监督及见证部门、评审专家全程接触，负责组织整个开评标的工作。在开标环节，对于投标人来说，通过努力完成了投标文件的编制，而且投标人也很期待能成为中标人，因此会担心出现纰漏，对业主及招标代理的行为举动也会特别的敏感，如果流程不规范很容易引起误解，引起投标人不必要的质疑和投诉。评标环节也是如此，业主及招标代理需要主持整个评标会议、对投标文件进行初步的清理、介绍项目的概况、各投标单位的基本情况、汇总评审结果等，如果过程中有不规范的行为很容易引起监督及见证单位、评委专家的误解，导致评标工作无法进行。

二、主要措施与基本准则

港珠澳大桥规模宏大，招标工作涉及勘察、设计、监理、检测、施工、材料采购等，周期非常长，为使港珠澳大桥开评标组织工作能顺利进行，形成组织制度，将相关的流程固定化尤其重要。总结长期的开评标组织工作，管理局的主要措施与做法如下：

（一）借鉴ISO程序控制做法，明确责任人，系统构建规范化、制度化、程序化的开评标工作机制

ISO质量管理体系是由国际标准化组织制定，在全球范围内得到100多个成员国家和地区认可的质量管理体系。港珠澳大桥在招标过程中充分借鉴ISO程序控制做法，构建了规范化、制度化、程序化的开评标工作机制。

在项目实施开始阶段，为了规范和完善大桥项目的招投标活动，保证工程质量和建设工期，控制工程造价，提高投资效益，保护公平竞争，管理局依据内地有关法律法规规定，同时参考香港、澳门的有关法律法规，结合本项目三地政府投资共建、技术难度高、建设条件复杂等特点，制定了《港珠澳大桥主体工程建设项目管理制度》，其中包括港珠澳大桥主体工程建设项目招标投标管理办法，明确招投标组织的责任人、实施的具体办法，将开评标组织规范化、制度化、程序化。

（二）推行“首件制”管理理念，将开评标及相关流程固定化

“首件制”管理理念指在首个招标工作开展前，管理局和华杰公司对整个开评标过程进行预演，通过预演发现问题，解决问题，并以此为标准指导后续招标工作的进行。

管理局计划合同部推行产品和管理“双首件制”的管理理念，在项目开始实施

招标阶段，编制了《港珠澳大桥招标工作指南》，明确在固定的时间节点要做的具体事项，使开评标工作走向“流水线”，避免错漏，随着招标项目的推进，以及过程中相关政策和做法的不断调整，管理局根据实际情况对工作指南不断进行调整，前后总共有五轮调整，并对每个参与开评标工作的人员按此进行培训，以指导后续招标顺利进行。

（三）采取“预演排练”方式，通过事前的预演和排练，找出问题，制定预案

在开评标组织的关键环节，例如开标会和评标会、合同谈判等过程，提前组织参与人员对相关流程进行演练，对可能遇到的问题预先拟订处理方案，确保组织流程流畅。

（四）组建三地评审团队，集中封闭评审，保障评审结果（开评标以及评审工作，由三地政府派员参加，合理明确业主需求）

如前所述，由于港珠澳大桥组织架构由“专责小组—三地委—项目法人”三个层面组成，三地共建共管，在开评标的组织环节，需要与行业主管部门、监督部门、三地政府紧密联系，组织协调工作量大。

三地政府除了负责审查招标策略、招标文件外，按照本项目建设管理制度规定，合同单项金额超过人民币三千万元的勘察设计、咨询、监理、施工、物资（设备）采购、科研、专题、养护、服务的招标项目，三地政府还需作为业主代表参与评标，合理明确业主的需求，严格按照评标办法和细则进行评审，严格把关评审结果。A类招标项目评标专家委员会采用“9＋4”模式，即从交通运输部评标专家库中随机抽取9名专家，三地政府各委派1名，管理局委派1名，共同组成专家委员会。

第二节　开评标的精细化组织

对于开评标组织的各个工作环节，都要求做到精细化，各项工作都坚持“事前计划—过程控制—事后总结”的工作原则，以组织开标会、评标会为例，具体做法如下：

一、事前计划

（1）制定开标与评标工作安排，具体包括开评标工作安排（明确业主、招标代理参与开评标人员的职责、具体分工等）、开标会议指南（告知专家、监督人员等具体开评标会议安排）等，具体详见附录 E；

（2）列出需要携带的物品清单，出发前一天备齐所需物品（包括图纸及招标文件、补遗书、所需的各种文具等）。在物品备齐后，由专人按照清单内容检查是否有遗漏，如有遗漏，及时补齐；

（3）安排专人到交易中心衔接开评标场地、安排食宿等；

（4）提前与财务部门办理借款，确保开评标所需用款；

（5）提前编制开标与评标表格资料，开标与评标表格资料由专人编制，同时由专人负责复核，确保没有错漏；

（6）提前向财务查实递交投标担保的投标人数量；

（7）预估开标和评标可能遇到的状况，提前做好预案。

以上事项细化到每个步骤，落实到每个人。同时，开标前参与开标的工作人员预先进行排练，预计开标过程中可能遇到的突发状况，提前想好应对的措施。

二、过程控制

（一）开标会的注意事项

开标会上可能出现投标人没有在规定的时间内送达投标文件，投标文件包封不符合要求，唱标时发现投标文件编制不符合招标文件规定，投标人对唱标过程、对其他投标人的文件现场提出质疑等情况。如果出现上述某种情况参与开标的工作人员应首先向负责人汇报，按照招标文件及相关规定明确处理原则后，再由项目负责人统一处理。面对投标人的现场质疑，负责人在监督人员的监督、见证下正式回应投标人，在所有投标人、监督人员对答复结果满意，没有再提出疑义后才能继续开标会；如果质疑没有解决，开标会需要等质疑解决后才能继续进行。因此负责人需要对招标文件、法律法规、程序非常熟悉，并具备迅速的现场反应能力，才能保证开评标过程的顺利进行。

从设计招标到营运期的招标，无论大小标段都对开标会、评标会过程进行全程录影、存档，图 5.1 就是岛隧工程设计施工总承包开标会现场的照片。一方面为了规范开标会、评标会的过程，另一方面如出现争议可以通过视频资料查证。

图 5.1 岛隧工程设计施工总承包开标会现场

（二）抽取专家与接送专家的注意事项

专家的抽取过程必须严格保密，避免将专家名单提前泄露。因此，必须抽选一名熟悉招标工作、政治素质高的人员作为业主代表，按行业主管部门和建设工程交易中心的有关规定抽取专家。抽取专家的人员在联系专家时，语言表达要准确、完整，不该透露的信息不能说。为了使得港珠澳大桥的工作人员在抽取专家的过程中，准确完整地向专家传递信息，同时避免泄露保密信息，管理局拟定了抽取专家的管理规定，把看似简单的工作也制定出标准化工作流程，精细化管理的理念贯穿至每个环节，具体内容详见附录 E。

按照评标专家库的管理规定和程序要求，由抽取专家的工作人员与司机一起负责评标专家的接送，避免第三人知道专家信息，并在接到专家的第一时间用密封袋保存评标专家的手机。评标完成后，由管理局安排车辆送评标专家离开。尽一切努力保证评标专家接送过程中不泄露专家信息，不泄露评标信息。

随着国家及各地区电子招投标的普及推广，进一步实现了评标专家抽取及接送的规范化管理，降低了招标人的管理风险。

（三）评标会的注意事项

准确介绍项目情况，把握清标的工作原则和提交准确的清标结果。

港珠澳评标会的组织过程，是招标团队格外重视的环节。相较于其他业主的评标工作，港珠澳大桥招标在评标工作开始前会利用45～60min的时间介绍项目概况，具体进展情况，所招标项目的特点、重点及难点，招标文件的编制思路，对招标文件的初步整理情况等。目的在于让评标专家能在短时间内了解港珠澳大桥的建设特点和招标项目的特点，在对招标文件评审时能仔细考虑各个投标人的情况，项目业主的合理需求等，对投标文件做出合理的评判。这种做法从项目开始一直坚持到招标工作结束，各个环节皆体现招标团队对于开评标组织工作的精细化组织和管理。

在评标专家到达前，按规定组成的清标工作小组已经完成了清标工作，找出投标文件中可能存在疑问或显著异常的数据，为初步评审以及详细评审提供基础，为专家的正式评审工作节约了时间。清标小组人员皆是多次参与评标工作的人员，政治觉悟高、综合素质强，能对清标结果进行详细的摘录，并向专家进行汇报。清标工作的目的是保证评标委员会顺利进行评标，减少评标委员会的工作量。但是必须要注意清标组不能代替评标委员会进行评审，只是将清标结果及存在问题提交评标委员会决策。清标工作应全面、客观、准确摘录投标文件，不得对投标文件做出具体评价。为了避免清标工作有倾向性，对于清标工作中发现存在重大偏差、可能会导致废标的情形，要求清标小组不能事先透露单位的名称，应将问题告知评标专家，由专家做出决定。

（四）评标结果公示阶段

严格按照行业主管部门要求，对中标结果进行公示。由于公示内容比较敏感，如果由于工作人员疏忽，导致公示的信息有误，将导致不必要的投诉。评标委员会完成评审后，工作人员及时做好公示的文件，并经层层复核，避免发生错漏。

由于公示时间一般都从凌晨（00:00）起算，公示文件在前一天提交相关部门后，将在凌晨（00:00）在招标文件规定的网站进行公示，管理局相关人员经常在深夜确认相关网站已经进行公示后才开始休息，以确保每个环节顺利推进。

三、事后总结

每次招标完成后，招标团队人员定期总结，对本次开评标组织中是否有不到位的地方，开展批评与自我批评，以期在下一次的招标工作中做得更好。具体如下：

（1）事前计划及准备阶段，有哪些纰漏；

（2）抽专家和接送专家环节是否严谨有序；

（3）开标与评标过程有哪些细节问题未处理好；

（4）开评标过程是否流畅，有哪些环节需要改进；

（5）与交易中心的沟通协调是否顺畅；

（6）招标工作资料是否整理与归档。

四、实施效果

港珠澳大桥招标工作中，非常重视开评标的组织工作，在项目建设的初期就制定了相关的组织保障措施，建立了完备的招投标管理工作流程和制度，有效保证开评标工作的顺利开展。

前期的港珠澳大桥招标开评标工作主要以管理局自行招标方式开展，由于实际工作的需要，后续转为全过程的招标代理。招标代理机构进场后，对港珠澳大桥招标文件的报备、文件编审、与行业主管部门及交易中心的衔接等流程尚不熟悉，在磨合阶段出现了一些小问题。由于管理局早前建立的完备的招投标管理工作流程和制度，在既定程序的引领下，招标代理很快进入角色，大大缩短了磨合期，减少了招标人大量的衔接协调工作量。

内地的大型招标项目，项目业主为引入竞争机制，一个项目往往有多个招标代理公司，每个招标代理公司都有其固定的行事方式和风格。但在大桥项目上，需要有统一的工作思路和行事风格，由于建立了完备的招投标管理流程和制度，就能对不同的招标代理或咨询顾问的工作思路和风格进行有效统一，避免出现冲突或纰漏。

正是由于有了规范的程序、精细的开评标组织管理，所以港珠澳大桥在整个招标过程中，没有收到任何有效的投诉，工作人员廉洁自律，经得起投标人、三地委、上级单位、行业主管部门等的考验，这是非常难能可贵的。

第三节　合同谈判目的与技巧

很多项目业主都很忌讳合同谈判，原因在于不懂得把握合同谈判的尺度，不知道什么内容可以谈，什么内容不可以谈，尤其是因为工程建设领域出现很多廉政方面的问题，使得项目业主更是在合同谈判上选择了回避。

港珠澳大桥在所有的招标项目中均推行合同谈判，事实证明，只要明确好合同谈判的目的、把握好合同谈判的尺度、掌握好合同谈判的技巧，合同谈判就能对于推进项目的进展，建立开放、平等、协同、互信的伙伴关系，以及实现项目管理目标起到重要的作用。

一、目的与尺度

（一）合同谈判的目的

在项目招标期间，受有关条件限制，招标人与投标人的互动较少，在通过评标委员会评审确定中标候选人并公示结束以后，招标人可与投标人就招投标阶段尚未明确的问题、双方的项目管理思路等通过合同谈判进行交流，在法律法规许可的基础上，就双方对项目的基本理解展开深入的探讨。

很多人不理解，合同的关键条款和管理措施等问题在招标阶段约定清楚即可，为什么要进行合同谈判。首先，因为港珠澳大桥的技术复杂、风险高、建设协调难度非常大，招标阶段合同文件的编制是基于招标人的设想，有些做法未必是最好的做法，管理局自主创新、集思广益、充分尊重承包人的意见，双方通过谈判，明确建设目标，确定关键的管理思路，更有利于推动项目管理工作。其次，港珠澳大桥是个非常特殊的项目，蕴含了历史使命和政治意义，需要聚集各参建单位的力量，充分调动各个单位的积极性，扬各家之长，对不确定因素、重大风险、视觉盲区能有更早的预见和准备。另外，对原则的具体细化，对需要随时间进行动态调整优化的事项，通过合同谈判把其他投标人有价值的观点、方案、方法和创意按照招标文件规定形成可能的项目思路和知识储备。为此管理局期望与各参建单位在项目建设过程中建立互相信任、互相理解、互相尊重的合作关系，合同谈判可以为推行伙伴关系打开良好的开端。

（二）合同谈判的尺度

合同谈判必须清楚哪些内容可以谈，哪些内容不可以谈。必须明确合同谈判不能改变招标文件、投标文件的实质性内容，招标人与中标人仅仅是在法律许可的范围内，将双方的项目管理理念、合作关系进一步落实，推动项目的顺利进展，达到共赢的局面。合同谈判示例如表 5.1 所示。

表 5.1 合同谈判内容示例

合同	谈判内容
岛隧工程设计施工总承包	强化目标认同及推行伙伴关系； 明确系统协调与组织架构； 资源保证体系； 明确组织管理、质量管理及 HSE 管理； 配合年底开工及节点调整； 计量支付节点的调整
钢箱梁采购与制造	强化目标认同及推行伙伴关系； 明确项目组织架构及资源保障体系； 进一步细化接口管理、首件制管理及工艺方案要求管理； 明确暂估价项目的管理要求； 施工准备期重要节点任务
桥梁土建施工	明确进场安排与年度履约检查安排； 暂估价项目的管理； 明确带案方案审查安排； 明确工作界面与接口的组织管理； 明确重要节点工期
桥面铺装施工	各重要节点工期时间和里程碑进度节点； 在维护和照管期内中标人须留置的管理技术人员和机械设备； 桥面防腐除锈及防水体系分包人（如有）； 施工管理顾问的聘用方案； 材料采购供应商； 材料加工场地（如有）、施工营地，以及配套生产、生活临时设施的建设完成时间； 施工准备期间的工作安排

二、合同谈判基本流程与技巧

为了更好地发挥合同谈判的作用，在招标策划中将合同谈判细分为合同预谈判及正式谈判两个主要环节，推行逐步递进与均衡相结合的谈判技巧。

（一）合同预谈判

（1）梳理招标文件，将招标文件中明确由合同谈判阶段明确的事宜进行清理，例如，明确中标人进场后人员的配置、进度款和预付款的支付方式。分包商与主要材料设备供应商的确定、进场时间、驻地建设等内容；

（2）梳理招标人认为在合同谈判阶段需要与中标人交流的事宜，例如，招标人的管理思路、项目实施的重点难点、工作界面划分、节点工期的进一步明确、各标段之间的统筹与协作原则等；

（3）按照招标文件规定，对可能存在的不平衡报价进行调整；

（4）制定合同谈判备忘录（初稿），将上述提到的问题在合同谈判备忘录（初稿）中进行体现；

（5）将合同谈判备忘录（初稿）发给中标人，由中标人事先进行消化，以便合同谈判能顺利开展；

（6）进行合同第一轮谈判即预谈判，由合同双方对合同谈判备忘录中提及的问题进行确认，通过第一轮谈判，双方达成一致意见的记录在案，如存在问题没有解决，双方可在会后进一步沟通落实。

（二）正式合同谈判

在第一阶段的合同谈判没有达成共识的，由双方进一步沟通，做出修改和完善后进行第二阶段的谈判，达成共识后签订谈判备忘录，合同谈判备忘录是合同条款的重要组成部分。签订合同谈判备忘录后由招标人发出中标通知书，正式签订合同。

三、实施效果

以港珠澳大桥桥面铺装施工的合同谈判为例，招标评标工作结束后，中标人已基本确定，管理局开始为双方的合同谈判做准备。

（一）开展合同谈判的工作思路

梳理招标文件中明确在合同谈判阶段解决的事项，例如，桥面铺装重要节点工期和里程碑进度节点、承包人的人员配置、进场计划、施工管理顾问聘用方案、施工期间各项准备工作等，主要将管理局关注的、存在担忧的工程实施问题，跟承包人进行探讨并协商解决，整理成合同谈判的初稿，以便承包人提前做好谈判的准备。

（二）合同谈判取得的成果

1. 管理成果

（1）通过合同谈判，进一步确认了对承包商提出的材料品牌、型号及供应商；

（2）明确了防腐除锈、防水体系施工的专业分包人；

(3) 讨论了施工管理顾问的聘用方案及其工作安排；

(4) 梳理了施工准备期工作内容及工作安排；

(5) 明确了开工时间和重要节点工期；

(6) 制定了详细的优质优价专项基金及计量与支付条款等。

以上合同谈判的成果，使双方就项目的管理思路、关键工作的开展方向做了进一步的沟通和确认，为工程的顺利开展提供了保障。

2. 双方对于管理目标认同

管理局与承包人就项目的建设目标进行了深入地谈判，通过谈判，承包人清楚地了解港珠澳大桥的历史使命和政治意义，对于港珠澳大桥的管理目标高度地赞同，并且承诺整合最优的资源，为港珠澳大桥的建设提供保障。

3. 为建立伙伴关系打开良好的局面

通过合同谈判，双方本着诚信、透明的原则，建立伙伴关系，共同为达成项目建设目标而竭尽全力。正是通过构建这种以契约精神为基础又愿意为共同目标付出的情感，管理局和各参建单位在港珠澳大桥建设过程中克服重重困难，保证了港珠澳大桥的顺利实施。

经过合同双方多次磋商与谈判，主要就以下问题达成一致意见：

(1) 甲方在合同实施期间全力推行合作伙伴关系理念，双方认同在严格履约合同的基础上，建立开放、平等、协同、互信的伙伴关系至关重要；

(2) 对承包商提出的主要材料品牌、型号及供应商做进一步确认，并对承包商配置自动化加工生产线自行生产碎石集料表示赞同与支持；

(3) 对防腐除锈、防水体系施工专业分包人选做进一步确认，并提出有关专业设备的到位和使用要求；

(4) 对施工管理顾问的聘用方案及其工作安排做出补充要求；

(5) 对承包商机械设备配置情况及进场安排做进一步确认；

(6) 对施工准备期工作内容及安排进一步梳理；

(7) 对工程维护和照管期留置的管理技术人员和机械设备进一步明确；

(8) 对开工时间和重要节点工期安排进行修订和最终确认；

(9) 对不平衡单价做出调整；

(10) 制定了详细的优质优价专项基金及计量与支付条款。

综上所述，在招标投标活动中采用合同谈判，并且置于社会的公开监督之下，不仅可以防止不正当的交易行为，而且可以保证合同签订的规范化、程序化、合法化，为项目的实施提供保障。目前，《中华人民共和国招标投标法》（以下简称《招标投标法》）、《招标投标法实施条例》正在修订，在政府和社会资本合作项目选择社会资源的招标，无论是国家发展改革委还是财政部的规定都设置了确定中标人之前的合同谈判程序，希望相关法规在修订后，将合同谈判合法化、程序化，让合同谈判不再处于灰色地带。

第四节　招标资料的系统管理

港珠澳大桥的招标工作非常重视过程资料的整理归档，特别对于招标文件编审及开评标的资料管理方面，要求每完成一个招标项目，同步形成有关招标工作资料的汇编，并按照管理制度的有关规定，及时与合同文件一并报送三地委备案。

一、目的与意义

港珠澳大桥的社会关注度高，特别是三地政府共建共管，有关招标工作更是备受关注。《港珠澳大桥主体工程建设项目管理制度》明确规定，招标完成后应向三地委提交招投标情况的书面报告，同时，提交招标工作资料汇编供其备案。

招标工作资料汇编是对项目招标过程中的重要资料的汇总，为国内类似招标项目提供宝贵的经验，为国内外后续招标项目提供参考和借鉴，并且作为竣工资料的一个组成部分，为上级管理单位、审计和行业主管部门提供备查资料。

二、主要内容

招标工作资料汇编包括两方面：第一方面是主要方面，包括从招标文件编制开始至开标完成为止，汇总整个过程中的相关文件资料；第二方面是针对市场调查及部分特殊事项，视情况同步形成内部的资料汇编。现主要对前者进行介绍，主要内容有：工作进展情况、招标工作计划与完成时间对照表、管理局向三地委上报招标文件、三地委关于招标文件的回复意见、行业主管部门关于招标文件的核备意见、招标申请表、招标公告及认刊书、招标文件发售表、投标预备会签到表、招标文件补遗书、申请评标监督及抽取专家的函、开标会签到表、中标候选人公示、管理局上报评标报告的函、行业主管部门出具的评标报告核备意见、中标通知书等。

招标项目类型不同，招标工作资料汇编会有部分差异，但总体内容基本一致。

三、实施效果

目前，管理局已对所有招标完成的项目的过程资料进行了收集和归档，包括纸质版本文件和电子版本文件，所有文件均有专人负责，进行统筹管理。由于有关招标工作资料及时归档形成汇编，整个招标文件编制及开评标过程得到详细的梳理、"还原"，有效、清晰地展现了招标文件编制及开评标工作的全过程。

平时的资料收集与归档的及时性，有助于行业主管部门迅速解决有关无效投诉。如在港珠澳大桥某一项目招标完成后，行业主管部门收到投标人对该项目的匿名投诉，行业主管部门非常重视，迅速组织人员对该项目的招标情况进行突击检查，要求管理局在3天之内准备所有的招标过程资料备查。由于平时在招标过程中注重资料的归档和收集，管理局在未接到任何通知、不清楚调查问题和没有任何准备的前提下，迎接行业主管部门纪检人员和专家团队的质询与突击调查，管理局拿出资料汇编及相关文件，并在现场做了有关介绍陈述，经纪检人员和专家进行认真核查后，得出了该起投诉无效的结论。同时，行业主管部门也通过招标工作资料汇编详细掌握到管理局的招标工作情况，并对招标工作资料汇编的有关做法予以充分肯定并进行了表扬。

第二篇　实施篇

第六章　国际合作

——引进国外优质资源

他山之石，可以攻玉。咨询工作贯穿于港珠澳大桥主体工程的工程可行性研究、初步设计、施工图设计、施工以及运营等全寿命期各阶段。港珠澳大桥工程规模大、技术标准高且界面复杂，涉及大量的新技术、新工艺，需充分吸收和借鉴国外类似项目经验，整合全球优质资源，控制工程风险，提升细节品质，保障工程质量，确保实现项目建设目标。如何整合最优质的资源是设计及咨询招标的核心挑战。

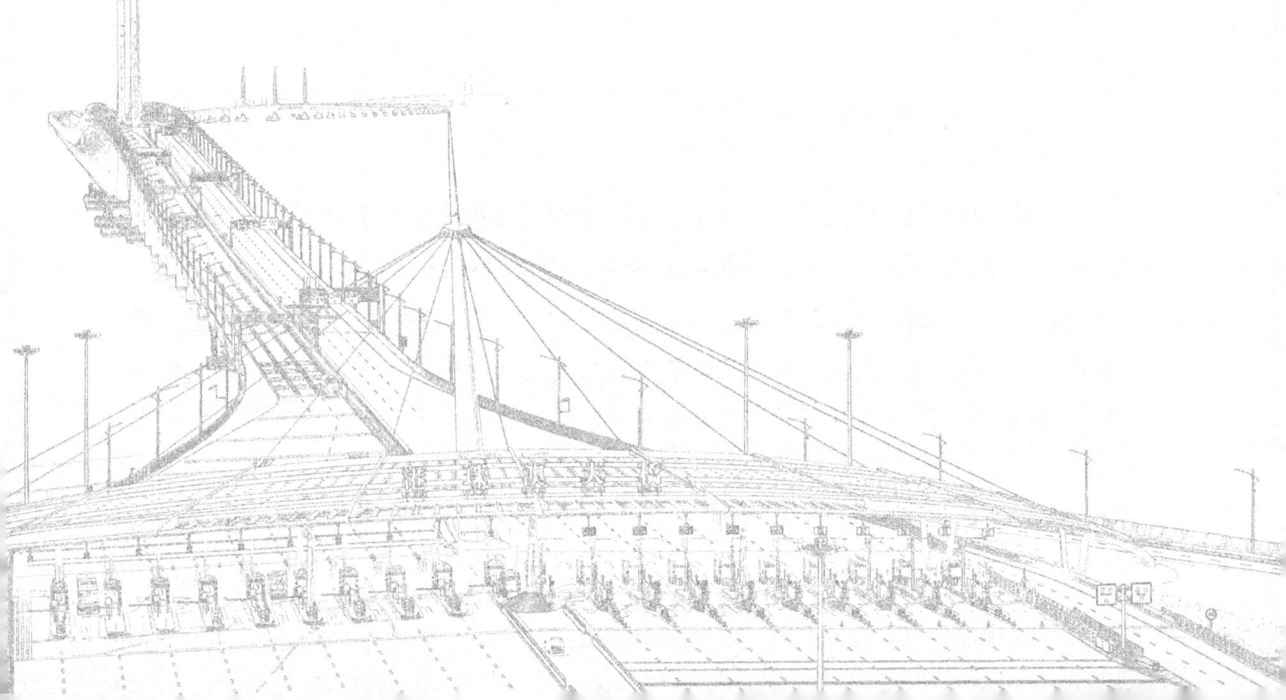

第一节　面临的问题与挑战

一、国内关键环节资源不足及择优的驱动

2009年12月16日，港珠澳大桥专责小组第二次会议审议通过了《港珠澳大桥海中桥隧主体工程建设方案规划》，确定了港珠澳大桥“建设世界级跨海通道、为用户提供优质服务、成为地标性建筑”的建设目标。同时，港珠澳大桥属于开创性工程，涉及大量的新技术、新工艺，非常迫切需要集中全国乃至全球的优质资源，有效保障建设目标的实现。

但招标人需要面对国内在某些关键环节存在资源不足的现实情况，如国内缺乏外海深埋沉管隧道方面的经验，1993年建成的广州珠江隧道是国内第一条沉管隧道，2000年后陆续建成宁波甬江常洪隧道、上海外环隧道、广州洲头咀隧道等，但主要都是在内河上的沉管隧道。外海深埋沉管隧道建造经验和技术储备严重缺乏，无成熟的经验可以借鉴。而国际上外海深埋沉管隧道经验更为丰富，如荷兰隧道工程咨询公司、丹麦科威国际咨询公司是世界领先的沉管隧道工程设计、咨询与项目管理公司，参与了诸如丹麦—瑞典厄勒海峡大桥、韩国巨济岛—釜山连岛大桥等沉管隧道项目。

因此，面临择优的驱动，以及国内关键环节的资源不足，招标人必须设法引入国外优秀设计及咨询资源，以辅助业主在关键环节的决策和系统性的管控工作。

二、三地共建共管的挑战

由于大桥项目三地共建共管，相较于内地项目有更明显的资源优势，如浇筑式沥青技术在青马大桥、昂船洲大桥、深港西部通道等项目上均取得了良好的效果，且香港地区与大桥项目地理位置接近，其过往项目的成功经验对本项目具有重要借鉴意义。香港、澳门在国际市场选择资源，也有更多与国外优秀设计及咨询资源合作的经历，因此充分利用三地共建共管的资源平台也是引入国外优质资源的重要出发点。

三、内地法律的要求

按照内地法律法规规定，国外部分优秀的勘察设计、咨询企业不具备相应的资质，无法直接承担相应的勘察设计或咨询业务，让港珠澳大桥直接引入国外优质资源受到限制。对于内地企业而言，依据《建筑法》《建设工程勘察设计管理条例》《建设工程勘察设计资质管理规定》等规定，承揽设计业务需要经资质审查合格，取得相应等级的资质证书后，方可在其资质等级许可的范围内从事建筑活动。对于国外企业而言，为中国境内建设项目提供设计服务的途径包括跨境交付或商业存在，跨境交付指境外投资者直接向中国境内建设项目提供工程服务；商业存在是指通过在中国境内投资设立的独资、合资或合作企业提供工程服务。对于商业存在，需要按内地资质管理的规定取得内地建设主管部门颁发的设计资质并在资质等级许可的范围内承担设计业务。

通过对内地相关规定的梳理，管理局委托的全过程法律咨询机构君信所提供的建议是：如果在概念设计或方案设计阶段，国外企业通过跨境交付的方式可以直接提供设计服务，不需要专门就此设立机构，也不需要与中方的设计企业合作。但到了初步设计及施工图设计阶段，国外企业参与境内设计项目的途径有两个：一是需要在中国境内设立商业存在，二是必须与中国的设计企业合作，且应在所选择的中方设计企业资质许可范围内承接设计业务。在实践中，考虑到在中国境内设立商业存在的时间及经济税务成本，国外企业更多选择第二种方式。同时，香港、澳门的设计机构在内地从事建设工程设计活动也参照该规定执行，台湾的设计机构在大陆从事建设工程设计活动亦是如此。

四、中外合作的现实窘境与挑战

虽然我国在建设领域有引入国外设计及设计咨询的经验，但是部分项目还是面临中外融合程度不足的现实窘境。一方面是当由外方主导和设计时，国外设计及咨询的先进理念，需要适应中国国情，在具体落地方面存在一些挑战。另一方面是存在挂靠国外合作方，但实际操作仍是国内企业执行的情况。这些现实窘境与挑战要求港珠澳大桥项目引入中外合作需要进行针对性的调整和模式设计。

对此，为了既能满足内地法律法规的有关规定，又能有效引入国外的优质资源，实现有机融合，需要合理、合规地设计中外合作模式。

第二节　招标策划与模式构建

一、国际合作模式

港珠澳大桥在我国超大型基础设施项目首次开展设计及施工咨询项目全过程咨询；采用了全阶段、全覆盖的咨询，比如法律顾问咨询、招标代理咨询、工程造价咨询等；重点专业领域的专项咨询，比如质量管理顾问、环保顾问、职业健康及安全顾问等。港珠澳大桥的国际合作在系统风险和重大风险控制上提供支撑，在细节设计和制造环节等方面提供了优化和把关作用。港珠澳大桥全寿命周期各阶段的业主咨询如图 6.1 所示。

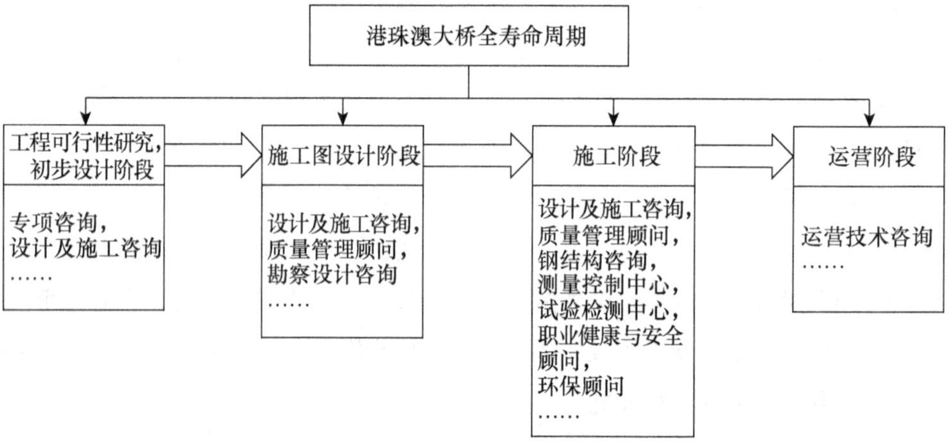

图 6.1　港珠澳大桥全寿命周期各阶段的业主咨询

在设计工作中，为引入港澳台及国外的优质资源以及满足内地法律法规的规定，招标人主要是通过联合体（由国内企业牵头）和港澳台及国外顾问的形式。其中在初步设计、桥梁施工图设计、岛隧工程设计施工总承包的设计部分等均采用了联合体形式。

针对施工业务，采用港澳台及国外顾问的模式，如岛隧工程设计施工总承包的施工联合体和桥面铺装等都设置了施工管理顾问。关键标段的合作模式见表 6.1。

表 6.1　关键标段的中外合作模式

标段	合作模式	内地企业	港澳台及国外企业
初步设计（DP01标）	联合体	中交公路规划设计院有限公司（主办人） 上海市隧道工程轨道交通设计研究院 中交第一航务工程勘察设计院有限公司	丹麦科威国际咨询公司 英国奥雅纳工程顾问公司
桥梁工程施工图设计（DB01标）	联合体	中交公路规划设计院有限公司（主办人）	日本长大株式会社 香港安达臣沥青有限公司
桥梁工程施工图设计（DB02标）	联合体	中铁大桥勘察设计院（主办人）	英国合乐集团有限公司
设计及施工咨询（SC01标）	联合体	上海市政工程设计研究总院（主办人） 广州地铁设计研究院	荷兰隧道工程咨询公司 林同棪国际集团
桥梁钢箱梁制造监理（SB01标、SB02标）	港澳台及国外顾问、联合体	中国船级社实业（SB01标） 武汉桥梁建筑工程监理（SB02标）	台湾世曦工程顾问有限公司
岛隧工程设计施工总承包（CT01标）	港澳台及国外顾问、联合体	中交建设股份有限公司（总牵头人） 中交公路规划设计院有限公司（设计人牵头） 上海城建（集团）公司 上海市隧道工程轨道交通设计研究院 中交第四航务工程勘察设计院有限公司	艾奕康有限公司（施工管理顾问） 丹麦科威国际咨询公司（参与隧道施工图总体设计，后调整为日本土木工程咨询公司） 德国PERI模板公司 特瑞堡集团 日本东洋建设工机 日本三清公司 德国威克诺森公司 德国大象公司
桥面铺装施工（CB06标、CB07标）	国外顾问	重庆市智翔铺道技术工程有限公司（CB06标） 广东长大公路工程有限公司（CB07标）	瑞士埃施利曼沥青工程公司
质量管理顾问	港澳台及国外顾问		英国麦克唐纳咨询公司
运营管理技术咨询	港澳台及国外顾问		香港交通基建管理公司

这些优质资源的引入，让港珠澳大桥勘察设计不但能有效借鉴、引入国外优秀的经验与理念，而且通过中外强强合作加快了港珠澳大桥管理与技术难题的有效解决，保证了港珠澳大桥各项工作有效推进，有效规避了工程风险。

虽然模式上存在较大的相似性，但是每个标段的推进过程中却面临着不同的棘手的问题，本小节以初步设计、桥梁施工图设计、设计及施工咨询、岛隧的设计部分的国际合作等案例介绍业主在招标环节的国际合作策划历程。

二、初步设计和桥梁施工图设计的中外联合体

（一）初步设计的中外联合团队

如前所述，国外的设计企业没有国内的设计资质，如何解决国外优秀企业参与的问题，是招标阶段的一大难题。在初步设计招标方案设计过程中，招标人曾提出一个方案，就是招标文件中要求投标人必须是由中外设计单位合作组成的联合体。这一方案的初衷是让国外优质资源参与到项目的初步设计工作中。然而，按照法律咨询机构君信所的结论，根据《招标投标法》，投标人可以基于增强投标竞争能力、弥补自身技术力量的相对不足等目的组成联合体投标，但是否组成联合体是投标人的权利，投标人既可以独自投标，也可以组成联合体投标，招标人对此不得干涉，不得强制投标人必须进行联合体投标，不得限制投标人之间的竞争。因此，要求投标人组成中外联合体的方案在法律上行不通，招标人只能调整招标方案，从投标人的资格条件入手。

招标文件最终提出：投标人可以以中外合作设计联合体形式投标，联合体所有成员数量不超过 5 家，联合体主办人为中国国内设计企业，联合体国外设计、咨询企业可为多家，但至少应包括具有跨海特大桥梁、沉管/盾构隧道设计/设计咨询经验的咨询公司。

联合体工程设计资质要求包括：

（1）工程设计综合资质甲级或公路行业（特大桥梁）甲级，以及公路行业（特大隧道）甲级；

（2）具有工程勘察综合类甲级资质；

（3）工程咨询资质：公路专业甲级。

联合体经验要求包括：

（1）近 10 年内在国内和国外应至少成功完成过 2 座以上（含 2 座）海洋环境下桥梁（其中一座跨海长度要求超过 10km）的设计或设计咨询工作；

（2）近 10 年内在国内和国外应至少成功完成过 2 座以上（含 2 座）主跨 800m

以上（含 800m）悬索桥或 400m 以上（含 400m）斜拉桥的设计或设计咨询工作；

（3）近 10 年内在国内和国外应至少成功完成过 2 座以上（含 2 座）长度在 2km 以上沉管/盾构隧道（双向四车道及以上，跨江或跨海，其中一座要求在海洋环境下）的设计或设计咨询工作；

（4）拥有国际及内地桥梁和隧道设计经验。

最终方案不仅是允许而且是非强制性要求投标人以中外合作设计单位组成联合体形式投标，同时，也明确联合体主办人应为中国国内的设计企业，符合《招标投标法》及内地法律对于国外企业参与内地建设工程设计工作的法律要求。此外，为适应港珠澳大桥主体工程在技术方面的需求，招标人又提出投标人需要海洋环境下桥梁的设计或设计咨询经验的要求。由于国内设计单位在外海深埋沉管隧道工程方面的经验缺乏，投标人要满足招标文件的资质要求，将不可避免地需要联合国外具有丰富经验的设计单位联合投标。由于港珠澳大桥主体工程涉及外海桥梁及沉管隧道工程，最终方案所提出的业绩经验方案的要求是合理的，也不属于《招标投标法》所禁止的“以不合理的条件限制或者排斥潜在投标人”的情形。最终方案是在法律条件限制下依据项目特征而做出的最佳风险控制招标方案。

港珠澳大桥初步设计最终引入了中交公路规划设计院有限公司为联合体主办人，丹麦科威国际咨询公司、英国奥雅纳工程顾问、上海市隧道工程轨道交通设计研究院、中交第一航务工程勘察设计院有限公司为联合体成员。

荷兰 TEC 公司执行总裁、首席隧道专家提道：“请国外公司［TEC、COWI（设计公司）和 Trelleborg（沉管隧道重要的止水带供应商）］参与初步设计是有道理的，因为这些公司都曾经参与过连接丹麦和瑞典的厄勒海峡大桥跨海通道工程和韩国巨济岛—釜山连岛大桥跨海通道工程这些已经完工并和港珠澳大桥类似的重大跨海工程项目。另外，TEC 和 COWI 是全球最为知名的沉管隧道设计公司，和这些已经完工的大型跨海通道工程的业主及参与工程的承包商都有很好的联系。”

（二）桥梁施工图设计的中外联合团队

与初步设计相类似的中外联合体模式，为填补国内钢箱梁、钢混组合梁方面的经验，有效解决国外优秀企业参与的问题，采取了联合体方式，由一家主办人联合一家具有钢箱梁（DB01 标）/钢混组合梁（DB02 标）设计经验的国际设计咨询机构，联合体所有成员数量不得超过 2 家。最终，在桥梁工程施工图设计招标中引入日本长大株式会社、英国合乐集团公司参与了钢箱梁结构设计、钢混组合梁结构设计等。

三、全过程的设计及施工咨询

设计及施工咨询工作涵盖设计、招标、造价咨询、施工过程、竣工验收、运营维护全寿命周期。咨询主要分为两个阶段，第一阶段为初步设计和招标期间咨询；第二阶段为施工图设计和施工期间咨询，如图 6.2 所示。咨询工作包括对设计标准、设计文件及其中间成果、专题研究、专业分包成果、设计关键技术等的独立审核和咨询；协助招标并编制招标文件；编制施工及质量验收标准、营运及维护手册；对施工期间的设计变更、各标段总体施工组织设计和专项施工方案的独立审核和咨询；为业主开展培训服务以及后续服务等。同时，在补遗书中将珠澳口岸人工岛填海工程设计（含初步设计、施工图设计）的咨询纳入合同范围内。

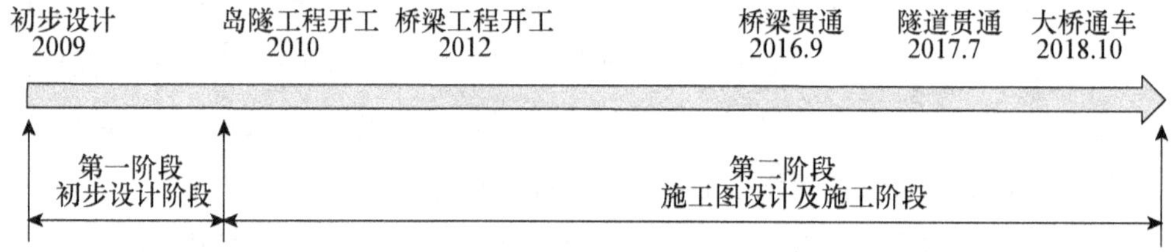

图 6.2　设计及施工咨询工作的两阶段划分

（一）确定采用国际招标模式的缘由及过程

2008 年 8 月，决策层已决定港珠澳大桥不迟于 2010 年开工建设，且已确定由三地政府共同出资兴建。根据总体工作计划安排，初步设计工作最迟于 2009 年 3 月底前开展。考虑到三地政府越早注资启动初步设计，越有利于对港珠澳大桥建设目标与功能的把握，同时尽早带动各种重大或关键技术的深入研究，降低工程建设风险，以确保工程品质，港珠澳大桥前期工作协调小组办公室专函上报港珠澳大桥前期工作协调小组建议尽快启动初步设计招标工作，并制订了招标工作方案，供协调小组审议。招标工作方案提出初步设计阶段工作应包括与之同步的设计咨询，并建议按照国内惯例做法，由第二中标候选人承担初步设计阶段咨询工作。2008 年 9 月 16 日，协调小组召集人（港方）对港珠澳办函〔2008〕32 号文进行了回复，认为应聘请独立国际顾问进行设计审查。2008 年 9 月 19 日，前期办就此进行了进一步解释，认为可按国内惯例，由初步设计第二中标候选人直接与甲方签订合同，作为独立咨询顾问开展设计审查工作。2008 年 10 月 4 日，召集人香港方回函，要求办公室采用国际做法，将初步设计和咨询分为两个合同段分别招标，但可不同时启动两个投标程序。

综合三地政府意见，一方面办公室于 2008 年 12 月 1 日发布初步设计招标公告，2009 年 3 月签订初步设计合同，实现了协调小组确定的 2009 年 3 月底前正式启动初步设计的目标；另一方面借鉴类似国际工程的咨询工作方式，并在此基础上结合项目实际优化，开拓性策划，使本次咨询工作的范围涵盖至设计、招标及施工阶段，按合同段和资格后审的方式进行国际竞争性公开招标，在参考香港昂船洲大桥和广州地铁等项目的咨询招标文件的基础上，于 2009 年 2 月 13 日编制完成主体工程设计及施工咨询招标文件（送审稿），报请广东省交通运输厅核备。2009 年 3 月 2 日，广东省交通运输厅出具了招标文件的核备意见，同意采用资格后审方式进行国际公开招标，并上报交通运输部备案（交通运输部未提出不同意见）。

（二）招标相关策略

前期办借助各类信息化手段，广泛调研，并分类汇总国内外类似项目的设计及施工咨询单位业绩（主要针对隧道），通过全球类似业绩情况分析潜在投标人数量，进一步综合分析得出资格条件等核心招标策略。考虑到国外单位在国内的资质认定方面存在一定阻碍，招标文件规定投标人可以采用中外合作咨询联合体形式投标，联合体所有成员数量不得超过 4 家。同时，要求联合体具备国内工程设计及咨询相应资质。

设计及施工咨询工作的核心关键在“人”，拥有类似项目丰富经验的设计或咨询经验的人员是本项目合同履行的最重要保障。因而，在招标文件资格条件强制性要求中着重对投标人的主要负责人员（项目咨询总负责人、桥梁专业咨询负责人、隧道专业咨询负责人，共 3 名）、非强制性常驻现场主要咨询人员（按工程专业分为国内、国外人员分别进行要求，共 21 名）、常驻现场主要咨询人员（按工程专业分别要求，共 8 名）设置最低资格条件要求，确保后续关键因素的落实到位。

考虑到后续初步设计周期、施工图设计周期和施工期的不确定性，而相关工作周期恰恰是投标人最为关注和投标报价的最大影响因素，为此，在招标文件及补遗书中明确在投标期间初步设计周期、施工图设计周期和施工期分别暂按 9 个月、8 个月和 6 年的时间周期进行考虑及报价。并特别强调，施工图设计较大可能采用岛隧工程和桥梁工程 2 个（或多个）标段招标的方式，单个标段的施工图设计周期基本在 8 个月左右，但项目的总的施工图设计时间跨度预计将超过 8 个月，咨询人应根据业主的要求，视需要分别派岛隧工程和桥梁工程专家，按要求组织咨询工作，业主并不因此另外增加费用。

考虑到大桥项目建设规模大、建设条件复杂、技术标准要求高，相关可借鉴的施工及管理经验较少，因而采用国际公开招标，目的是引入国外有丰富设计或咨询经验的单位，与此同时，也给招标人出了难题——国外单位及人员的业绩审查。同时，广东省交通运输厅在对港珠澳大桥项目招标文件核备意见中特别指出，考虑到投标人不乏国际咨询单位，强调应严格加强对项目负责人和分项负责人的业绩审查，特别是国外业绩审查，并做好相应准备措施。

为此，在补遗书中，要求各联合体主办人于规定时间内将各联合体成员组成名单（中英文对照）及对应单位官方网址（如果有），以书面形式函复办公室，以利于后续资格条件的审查。同时，前期办经多途径查询，提前制定潜在投标单位业绩说明表（见表 6.2）。

表 6.2　潜在投标单位业绩说明表

潜在投标单位	编号	项目名称	竣工时间项目进展	施工形式	车道类型	跨江/跨海	项目总投资	设计标准	设计咨询公司/合作单位	承担的工作
荷兰TEC公司	1	丹麦—瑞典厄勒海峡大桥跨海通道工程	2000	沉管	双向四车道+两条铁道	跨海	20 亿欧元	Euro code/BS	荷兰TEC公司	
	…									
参考网站：https://www.tec-tunnel.com										
……										
参考网站：…										

因为国际招标的不确定性因素较大、潜在投标人不多，还应着重考虑投标人少于 3 家时的评标办法及推荐投标人原则。为此在招标文件中规定："由评标委员会依据对投标人综合得分结果的排序高低推荐 2 名中标候选人，并考虑若出现投标人少于 3 家或评标时有效投标人不足 3 家的情况时，评标委员会宜参考香港、澳门的有关做法，继续组织评标，推荐中标候选人，并清晰说明理由。评标委员会有权对评标过程中出现的意外情况进行处理。"

四、岛隧工程设计施工总承包的国际设计合作方和施工管理顾问

岛隧的设计和施工面临着众多国内首创的关键性技术环节，外海深埋沉管隧道

核心技术一直掌握在少数几家国外公司手里，内地没有经验可以借鉴。如何在岛隧工程中引入国外资源解决关键问题是一项巨大挑战。

招标人提出投标联合体及设计施工总承包联合体成员均不得超过7家，其中最多包括总牵头人、设计牵头人、2家施工合作方、1家施工管理顾问（如有，不得超过1家）、1家国际设计合作方（如有，不得超过1家）、1家内地设计合作方。如果总牵头人和设计牵头人自身条件能够胜任全部工作（隧道等主要工程和人工岛等主要工程），并且满足本章第三节规定的施工管理顾问和国际设计合作方相应的资格条件要求，则不需要选择任何合作方。但如果总牵头人和设计牵头人自身条件不能胜任全部工作（隧道等主要工程和人工岛等主要工程），或者总牵头人或设计牵头人不具备施工管理顾问或国际设计合作方相应的资格条件，则需要选择合作方，并对合作方有强制性要求，如表6.3所示。

表6.3　强制性要求条件

合作方	强制性要求条件
国际设计合作方	1. 具有国内独立法人资格或所在国/地区政府主管部门核发的企业注册登记证明； 2. 近15年内在国外应至少成功完成过2座以上（含2座）长度不小于2km的沉管隧道（双向四车道及以上）的设计工作，且至少完成过其中1座的详细设计工作； 3. 具有国际认可的ISO9000系列质量标准认证证书； 4. 人员要求： 设计负责人1人：具有所在国/地区的隧道或相关专业设计执业资格；15年及以上隧道工程施工、设计或咨询经验；具有不少于2座跨江或跨海沉管隧道的施工、设计或咨询工作经验。 其他主要设计人员6人：具有所在国/地区工程设计执业资格；具有跨江或跨海沉管隧道的施工、设计或咨询工作经验；或具有海洋环境下造地及软土地基处理项目施工、设计或设计咨询工作经验；其中，类似水运专业（港口与航道工程或水运工程、疏浚等）工程人员不得少于2人；沉管隧道专业工程人员不少于2人
施工管理顾问	1. 具有国内独立法人资格或所在国/地区政府主管部门核发的企业注册登记证明； 2. 近15年内在国外应至少成功完成过1座长度不小于2km的沉管隧道（双向四车道及以上）的设计或施工工作，或完成过2个单个面积不小于50万m^2的海洋环境下造地及软土地基处理项目的设计或施工工作； 3. 具有国际认可的ISO9000系列质量标准认证证书； 4. 人员要求： 顾问组长1人：具有所在国/地区的隧道或相关专业设计执业资格；15年及以上隧道工程施工、设计或咨询经验，具有不少于1座跨江或跨海沉管隧道的施工、设计或咨询工作经验；或10年及以上水运工程施工、设计或咨询经验，具有不少于1座建安费不低于5亿元人民币的人工岛的施工、设计或咨询工作经验。 专业工程人员4人：具有所在国/地区工程技术人员资格或设计执业资格；具有跨江或跨海沉管隧道的施工、设计或咨询工作经验；或具有海洋环境下造地及软土地基处理项目施工、设计或设计咨询工作经验；其中，沉管隧道专业工程人员不少于2人

国际设计合作方除按联合体内分工承担部分设计任务外，还应按发包人要求对全部设计进行独立审查。施工管理顾问应按建设项目管理制度和发包人要求负责联合体项目管理咨询、质量管理，重大施工组织设计以及技术方案的审查等。在岛隧工程设计施工总承包招标中成功引入了国外沉管隧道设计咨询复核团队，引入丹麦科威国际咨询公司及日本土木工程咨询公司参与了沉管隧道设计，并引入了艾奕康有限公司作为施工管理顾问。

第三节　设计及施工咨询工作做法

一、设计的总体统筹

港珠澳大桥设计面临极为复杂的接口管理和界面协调工作，如宏观层面粤、港、澳三方政府之间的合作，中观层面消防、公安、电力、航道、海事、水利、环保、口岸等相关政府部门的协调，以及项目层面各标段之间及为数众多的参建单位和利益相关方之间的协调等，特别是做好设计的总体统筹，因为这项工作对整个工程的有序推进极为关键。

2008 年 8 月 5 日，粤港澳合作联席会议第十一次会议就港珠澳大桥的融资达成共识，三地政府共同承担港珠澳大桥主体建设的资本金。港珠澳大桥技术复杂，在世界上可以参考借鉴的案例不多，在国内缺乏类似工程设计经验的情况下，决策层经过慎重思考，决定首先开展初步设计的招标，待初步设计、相关的专题研究工作完成，初步设计方案确定后，再启动岛隧工程设计施工总承包和其他部分的施工图设计的招标。

整个设计分为五个标段，包括初步设计（DP01 标）、桥梁施工图设计（DB01 标）、桥梁施工图设计（DB02 标）、交通工程施工图设计（DA01 标）、房建工程施工图设计（DA02 标）。为了保证设计的总体协调，几个施工图设计标段基本上是同步完成招标的，从而确保设计的系统控制和整体衔接，特别是在交通工程跟土建过程的预留预埋，大量管线走位等方面的提前衔接，表 6.4 是各设计标段的招标时间。

表 6.4 各设计标段招标时间总览

标段	招标时间
初步设计（DP01 标）	2008 年 11 月—2009 年 3 月
桥梁施工图设计（DB01 标）	2010 年 12 月—2011 年 1 月
桥梁施工图设计（DB02 标）	2010 年 12 月—2011 年 1 月
交通工程施工图设计（DA01 标）	2010 年 10 月—2011 年 1 月
房建工程施工图设计（DA02 标）	2011 年 11 月—2012 年 1 月

在初步设计阶段，依据《港珠澳大桥主体工程初步设计勘察设计合同文件》第一章合同谈判备忘录附件《初步设计管理办法》第十二条规定，需要初步设计联合体编制提交《港珠澳大桥主体工程初步设计总体工作大纲》，该工作大纲较好地统筹、协调了项目各分部工程的初步设计。

在 2010 年岛隧工程设计施工总承包招标完成后，主体工程总体设计单位为岛隧工程设计施工总承包的设计牵头人，负责主体工程的总体、线形设计管理；负责各勘察设计合同段设计人、桥岛隧各专业之间的协调管理和技术接口等管理工作，需保证与侧接线、珠澳口岸人工岛工程的配合与协调；负责主体工程结构孔洞总图、预留和预埋件总图、综合管线图、设备基础总图的编制工作；制定主体工程设计文件的统一规定和要求；负责协调统一本项目设计原则、技术标准、设计文件的编制，并编写总说明和汇编总预算等。

在后续的所有招标文件中都明确提出了专业工程之间应有明确的界面和合理的搭接。如招标文件提出各标段都明确设计人应统一考虑内部和外部的接口管理和协调要求，设置专职的接口管理协调组和专职的接口管理协调人员，负责对内和对外的接口管理和协调，编制《技术接口表》《接口管理实施细则》等接口管理文件，并在设计初期全面清理各个接口，编制《接口控制手册》，并且定期更新。

承担交通工程施工图设计的北京交科公路勘察设计研究院有限公司的负责人在总结中提道："港珠澳一气呵成的项目实施，得益于各项工程界面的细致清晰，这离不开管理局和设计驻场项目经理部 6 年多极其艰难痛苦的沟通协调。接口之多，协调工作的开展之难，实属我院设计首例，而今破茧成蝶，大大丰富了我院在与国内其他一流设计单位、检验单位等的沟通方式、谈判技巧和应对策略，为后续大型项目的设计接口工作积累了宝贵经验……我部编纂《港珠澳大桥主体工程交通工程施工图设计接口界面手册》，详细归纳总结的交通工程相关的所有接口，并进行了科学的编号整理，对后续的施工图设计起到了极大支撑作用。这种管理方式是我国高速公路建设项目中的首创。”

二、现场设计＋总部支持

（一）初步设计的“现场设计＋总部支持”

考虑初步设计任务繁重，国内设计企业所承接的任务较多，为了保证设计人员集中精力投入到本项目的设计工作中，在设计周期内对设计人集中在现场办公进行明确规定：①项目总负责人、桥梁设计负责人、隧道设计负责人必须长驻现场办公；②联合体国内参加设计的全体人员和设备必须集中在现场办公；③联合体国外设计、咨询成员应根据设计进度需要派员进驻现场办公，采用“现场设计＋总部支持”的模式。

在标后谈判阶段，招标人明确项目组织架构及资源保障体系。在设计人提交的投标文件基础上，在珠海成立现场设计项目经理部，对拟投入的主要管理和技术人员，以及国外团队名单进行确认，组织对中外合作协议进行了确认。招标人明确主要人员实名架构图、主要人员进场安排表。设计人保证按照投标文件承诺及上述要求投入设计人员，配备设计团队的各层级人员，满足各阶段工作需要。其中，景观设计工作人员及试桩工作联合小组成员严格按要求进驻现场并开展工作。

（二）桥梁施工图设计的“现场设计＋总部支持”

设计人应在珠海设立现场设计项目部，配备相应的办公设施和交通工具。施工图设计期间：①项目总负责人、各分项负责人（主办人）、各主要设计人员（主办人）必须常驻现场办公；②参与设计的设计人或联合体国内设计人员（如以联合体形式参与投标）全体人员和设备必须常驻现场，在现场集中办公；③如以联合体形式参与投标，联合体国外设计成员应根据设计进度需要派员进驻现场办公，采用“现场设计＋总部支持”的模式，但其分项负责人每月驻现场时间总和不得少于22天。设计综合服务期间：DB01标常驻施工现场的设计代表至少为5人，DB02标至少为3人，其中设计代表总负责人1人（由本标段项目总负责人担任），其余人员为参加本合同标段施工图设计的主要设计人员。设计人可根据施工进展情况选派不同驻地代表，但为保持工作的连续性，必须至少安排1人全过程专职常驻施工现场。如项目业主书面要求，设计代表总负责人应及时赴施工现场，协助业主处理重大技术问题或参与重大技术会议。

（三）岛隧工程设计的“现场设计＋总部支持”

国际合作方应根据设计进度需要派员进驻现场办公，采用“现场设计＋总部支持”的模式。中交公规院牵头的设计联合体自 2010 年 11 月进驻珠海市港珠澳大桥施工总营地，一直持续到 2017 年 12 月底项目完工，前后历时 7 年。项目设计总负责人、分项负责人等主要设计人员均长期坚守在施工一线，开展技术方案研究、施工图设计及现场配合等各种技术工作。在整个建设过程中，设计与施工建立联动机制，总体方案稳定后，分批供图、分段施工，平行推进，及时解决问题。对现场出现的各种技术问题，基本做到了 24～48 小时内答复。

设计人员在现场设计及施工配合期间，及时、高效、深入地进行现场服务，长期巡视工地，重视细节，及时与咨询和业主等参建各方无缝隙紧密配合，持续优化设计，为安全、高质量、快速地推进工程提供了强有力的技术支撑。在工程交工之后的缺陷责任期内，定期组织原班设计团队成员进行设计回访，与运营方沟通相关情况，了解工程各部分的监控与运行情况，及时解决相关问题，为用户提供优质服务。

（四）设计及施工咨询的“现场咨询＋总部支持”

管理局对设计及施工咨询联合体及各阶段的咨询工作都提出了明确的驻场和总部支持要求。在初步设计咨询阶段，联合体应至少派出包括项目总咨询负责人在内不少于 8 人专职设计咨询人员常驻现场。其中国外联合体成员单位应根据工作计划，至少派出桥梁、隧道、海工工程（人工岛）或交通工程咨询专家不少于 4 人进驻现场办公，咨询采用“现场咨询＋总部支持”的模式。

在招标工作咨询阶段，联合体应至少派出包括项目总咨询负责人在内的专职设计咨询人员不少于 3 人常驻现场，国内公司可采用“现场咨询＋总部支持”的模式，国外公司可采用总部支持模式。

在施工图设计咨询阶段，联合体应至少派出包括项目总咨询负责人在内的专职设计咨询人员不少于 8 人常驻现场。其中国外联合体成员单位应根据工作计划，至少派出桥梁、隧道、海工工程（人工岛）或交通工程咨询专家不少于 4 人进驻现场办公，咨询采用“现场咨询＋总部支持”的模式。

在施工期间的咨询阶段：联合体应至少派出包括项目总咨询负责人在内的专职

设计咨询人员，桥梁、隧道、海工工程（人工岛）、交通工程各 1 人常驻现场。其中国外联合体成员单位应根据施工进度需要及投标承诺情况派员进驻现场办公，采用“现场咨询＋总部支持”的模式，一般作业期现场办公人员不得少于 5 人工作日/月，高峰作业期不得少于 10 人工作日/月。

实施过程中，根据工程进展等现场实际进行了微调。

（五）效果分析

通过“现场咨询”的方式充分发挥了设计与施工联动的机制，施工遇到问题可以及时向设计方告知，而设计方案也能够快速传递给施工方；“总部支持”保证了设计的技术可靠性和专业性。同时，“现场咨询”也能够让各参与方充分沟通和了解，大家基于共同目标成为“战友”，营造良好的工作氛围和联动环境，有助于整体工作的推进。

三、强强合作的专业分工

引入国外的优质资源旨在借鉴国际先进经验，对重要环节增加复核把关保障，也可弥补国内设计及咨询方面的能力和资源的不足，特别是针对核心关键环节引入了国外优质资源，因此，在合作分工上必须有明确的规定和说明。在投标文件中，需要投标人对工作范围及各方承担的分工合作方式做详细说明，表 6.5 是联合体各成员分工表。

表 6.5　联合体各成员分工表

专业类别	工作内容		联合体成员参与方式				备注
	专项工作	分项工作	主办人	成员 1	成员 2	……	

工作结构分解包含三个层级：

（1）专业类别：桥梁设计、隧道设计、人工岛设计、专题研究等。

（2）专项工作：以桥梁设计为例，指斜拉桥、非通航孔桥、连续刚构等工作。

（3）分项工作：由各专项工作分解出的具体工作内容，以斜拉桥设计为例，指基础、桥墩、桥塔等具体设计内容。完整的工作结构分解保证了工作范围的全覆盖。

分工合作方式包括独立完成、主要完成、协助完成、不参加四种形式：

（1）独立完成是指由该单位独立完成该分项工作的全部设计/专题研究工作，并提交所有相关成果资料；

（2）主要完成是指负责该分项工作内容的主要方案构思、完成关键部位结构计算分析并提供关键设计图纸；

（3）协助完成是指在主要完成方完成主要方案构思及关键部位结构计算分析后，协助完成图形绘制及提供相关辅助图纸设计，或是对主要完成方的方案构思提交咨询意见、对主要完成方的设计图纸进行复核、验算，并提交咨询意见等；

（4）不参加是指未曾参与该部分设计工作。

（一）初步设计的分工合作

招标人鼓励中外设计企业强强联合，联合体中国国内设计成员之间应在专业、经验方面互补，国外设计、咨询成员之间也应体现上述要求。联合体成员之间分工相同的，以资质等级低的单位业务许可范围核定资格；分工不同的，按各自业务许可范围核定资格。对于存在专业分工雷同或某一成员缺乏承担其义务之应有经验的联合体，业主将在评标时根据评标细则予以扣分处理。鉴于国外联合体成员没有国内设计资质的问题，要求联合体成员的设计成果需由国内的主办人签署确认，有效地解决国外企业在中国从事设计的资质问题。

（二）设计及施工咨询的分工合作

模式构建中明确了由国内企业牵头、国外优质企业参与，充分兼顾项目多专业、复杂的特性。联合体成员承担不同的分工和合作。对于该咨询工作，项目专职的专家、咨询师、设计师和工程师来自中国、美国和荷兰。国内团队中很少的成员精通专业英语，国外专家基本不懂中文，为了使技术细节讨论得以进行，特别要求联合体为团队配备专业翻译助手，在此过程中中英双语专业人才发挥了至关重要的作用。此外，项目地点和林同棪国际集团总部旧金山约 16 小时时差，和荷兰 TEC 公司总部的时差是 6 小时，时差因素限制了团队的工作时间。上述因素要求成立相关的子团队，如桥梁团队、人工岛团队、隧道团队和支持团队。每个团队都有核心的国内外专家，同时也有国内外专家和其他工作人员的支持。中外咨询联合体的组织架构如图 6.3 所示，其中桥梁团队包括上海市政院和林同棪国际集团的成员，人工岛团队包括荷兰 TEC 公司和上海九船设计院；隧道团队包括荷兰 TEC 公司和广州地铁院。支持团队包括每个参与联合体成员总部、国内公司的专家和人员。

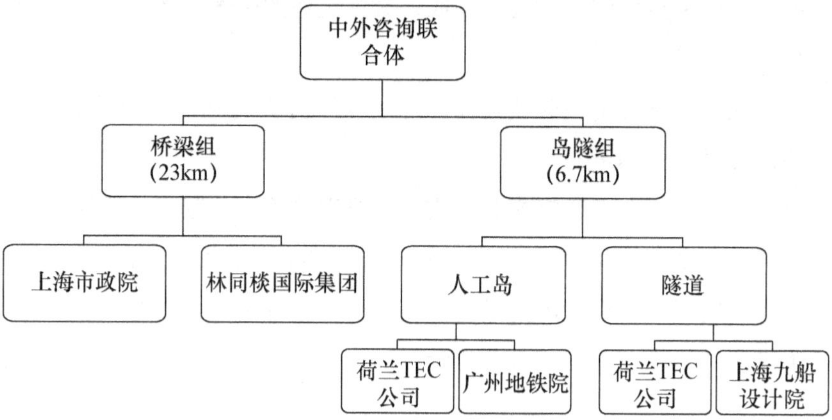

图 6.3 中外咨询联合体组织架构

四、专题研究的支撑

专题研究是成功设计的重要基础，专题研究与设计紧密联系，真正实现对设计文件的指导和支撑。专题研究支撑设计和施工各个环节。专题研究重点解决建设和管理的关键技术问题，国外先进技术引进、吸收问题，以及原创性技术问题。

针对港珠澳大桥工程技术、基础建设条件、口岸布设及项目管理等内容，工程可行性研究阶段共计开展了 24 项专题研究。

（一）初步设计

招标文件提出初步设计开展 27 项专题研究。如投标人不具备实施本项目某些专题研究的资质，或者虽然具备资质但为保证研究质量需引入其他专业队伍，经业主同意后，投标人可将本项目的某些专题研究工作进行分包。投标人应根据本工程的特点和初步设计阶段勘察设计工作需要，自行补充其为完成港珠澳大桥主体工程初步设计阶段勘察设计工作所需增加的专题研究。初步设计阶段专题研究工作应满足初步设计及后续项目建设管理的需要。

投标文件中应对每一项专题编写一个简要的工作大纲（包括工作安排及技术要求），同时，作为初步设计阶段工作的一部分，应对所有专题研究工作的进度计划安排进行说明。设计人在开展专题研究之前，应针对专题研究的具体内容提交详细的工作大纲，报业主审核后实施，并作为勘察设计合同文件的组成部分。

如在主体工程初步设计阶段，勘察设计招标文件要求对工程各部分进行耐久性评估及耐久性混凝土试验专题研究。由于港珠澳大桥所处的海洋环境对混凝土结构及钢结构具有腐蚀性，为保证结构耐久性，达到大桥项目 120 年的设计使用寿命，管理局主要对桥址周围自然环境进行调查，对港珠澳大桥各部分结构进行初步的耐久性评估。对于需要选择对耐久性有重要影响的设计方案或材料的地方，必须征求业主的意见。根据国际耐久性设计规范，结合初步设计阶段确定的方案，提出结构各部分需采取的耐久性措施，进行耐久性设计，为设计及施工提供指导意见。

（二）桥梁工程施工图设计

招标文件提出了 13 项专题研究。考虑到港珠澳大桥的技术难度，为保证设计质量和深度要求，并超前考虑施工等需要，按照“内容满足要求、时间适当超前、技术必须领先”的原则遴选确定了专题研究。

坚持专题研究服务于施工图设计的原则，满足施工图设计及后续项目建设管理的需要。涉及加工制作、模型试验、土建施工等的专题，拟邀请实力强劲的制造厂家、科研院所、施工单位等参加。尽早吸纳业主、设计和咨询的意见。提出并执行合理的专题工作进度计划。

为提高科研成果质量，在设计策划阶段设计就对科研工作进行了全面规划、提出了研究内容和技术要求。在项目实施阶段设计项目组对各项目进行全过程的质量管理，包括：通过议标确定项目承担单位；直接参与项目管理、指导与配合；对实施大纲、实施细则、外业工作、中间成果、正式成果实行严格的审查验收制度等。通过上述措施，对提高科研成果质量起到较好的控制作用和效果。

如在桥梁工程施工图设计阶段勘察设计（DB01 标）中，中交公路规划设计院有限公司联合日本长大株式会社进行了钢箱连续梁合理构造系统和设计标准专题研究，形成了港珠澳大桥钢箱连续梁一系列研究分析报告及设计技术标准。在钢箱连续梁制造及安装关键技术研究中采用全过程控制的理念，对港珠澳大桥从构件制造到大节段拼装的施工全过程进行控制，并应用空间三维虚拟预拼装方法为港珠澳大桥梁段制造、安装及施工控制调整提供决策依据。采用仿真分析方法对于港珠澳大桥深水区非通航孔桥和跨崖 13－1 气田管线桥的施工全过程结构受力特性进行了系统研究，确定了结构及关键部位的最不利工况。

根据研究成果报告，施工图设计确定了钢箱梁合理的制造和安装方案，并据此优化设计了结构及关键部位的构造，确保钢箱梁在制造和安装过程的受力性能安全可靠。比如对悬臂横肋和主梁腹板的焊接连接部的疲劳耐久性进行了验算，在钢箱梁大悬臂结构构造、改善 U 形肋板与横隔板结合部位的坡口形式以改善抗疲劳性能等细节构造优化上，提出了宝贵的意见。

施工完成后，日本长大株式会社的沈赤博士在写给我们的新年贺卡中自豪地写道："这次你们（港珠澳大桥）的钢结构加工无疑是世界上最高水准，其重大意义今后会更加明显。"

（三）岛隧工程设计

鉴于岛隧工程的许多问题在世界范围内也是首次遇到，尤其是沉管隧道工法存在高风险性，设计联合体在施工图设计中极其谨慎。在交通运输部和技术专家组的指导下，遵照"对于一些没有把握的、还需要实验验证的方案、前人没有做过的工艺，要坚持实验先导。在经过多次实验、充分积累数据、认真论证和比选的基础上有把握地逐步推进"的指导思想，对初步设计的全部方案都进行了全面的审视和再评估，并为此开展了近百项的实验、验证和研究工作。采用现场集中设计模式，配备了坚强有力的设计团队，组织国内外科研团队进行技术攻关和专题研究，参与研究人员达数百人，工程一直在"认识、研究、实验、实施"中推进。

相比于初步设计，沉管隧道施工图设计阶段通过专题研究进行了大量的优化、深化、细化，涉及沉管结构、基础、沉管预制工艺、最终接头、管内附属设施等各方面。

如在岛头管顶防护专题研究中，将原初步设计的岛头处露出海床沉管的防撞措施中防撞墩方案优化为防撞护坦方案。优化后的防撞护坦方案防护范围广、防撞能力更加均衡，在保障失控撞击防护结构的船舶及人员方面安全度高。同时，优化后的方案可修复性更强，远期可方便地将护坦加宽，以增强抗船撞能力，更好保护隧道。

E29 和 E30 沉管之间的最终接头，是港珠澳大桥沉管隧道贯通的控制性枢纽。最开始构思最终接头方案是在 2012 年，港珠澳大桥岛隧工程总经理部项目总经理带队去日本调研考察后，带回了两个思路，一个是用传统的海底现浇的方式，另一个是创新的整体式结构。为验证采用何种方案，三年开展了 10 余次专家咨询会、50 多项专题研究、百余次攻关会议、数十次验证试验和调试演练。考虑到提高施工质量、降低工期风险，在推翻了十几个方案后，最终将初步设计中的止水板方案改为整体预制安装方案。

从 20 世纪 90 年代起，随着日本大量沉管隧道的建设，最终接头施工相关技术得到了丰富和发展，已经拥有 3 种最具代表性的工法。但港珠澳大桥最终接头没有沿用日本传统的现成施工工艺，而是独辟蹊径、走自主研发的道路。

2016 年 8 月初，最终接头施工图设计通过技术专家组审查。创新研究、方案优化、环境分析、技术深化、特殊设备研制，变水下施工为工厂预制和管内干施工，减少了水下作业时间，实现了窗口期可控、安全可控。有着 30 多年隧道工程经验，曾参与过厄勒海峡、博斯普鲁斯以及釜山海底隧道施工的日本技术顾问这样评价："我认为这是非常难的。从最初的现浇混凝土到整体预制的方式，采用了一个非常先进的工艺，这是技术的创新和进步，值得称赞。"

岛隧工程沉管隧道的初步设计方案是经浅埋隧道检验过的柔性结构，柔性结构覆土厚度一般在 3m 左右。但隧道工程实为深埋隧道，沉放最大水深为水下 40 多米，覆土厚度最大将超过 20m，故采用柔性结构可能存在安全隐患。因此，权威专家提出"深埋浅做"方案，通过在沉管顶部回填与水密度相近的轻质填料或在 120 年运营期开展维护性疏浚来控制顶部回淤厚度，需要多花数十亿元人民币。基于此背景，经过专题研究和探索后，半刚性结构应运而生。项目经理部完成了《半刚性沉管结构方案设计与研究报告》，并在 2012 年底至 2013 年 8 月，邀请国内外 6 个专业机构进行"背对背"的分析计算，从模型试验及原理上证明了半刚性的可行性。2013 年 8 月中旬，6 个实验团队的数据在管理局组织的专家论证会上通过，半刚性方案得以最终落实。

第四节 效果与评价

一、实施效果

在设计及施工咨询项目招标前期策划阶段，借鉴港澳台及国外的经验，引入第三方独立的设计及施工咨询，采用国际化的眼光和思维，集思广益，在缺乏类似工程设计经验的情况下，通过对有关法律、法规的梳理，通过构建国内设计咨询企业牵头，联合国内外优质企业参与的招标模式，使得设计及咨询联合体能充分兼顾到本项目多专业、复杂的特点，更能有效与设计团队、施工团队匹配。

全过程的设计及施工咨询的优势包括：

(1) 采用全过程咨询方式，与设计单位及时沟通，在关键问题的把握上对设计起到了积极的推动作用，有效提高了设计、咨询的效率，缩短工作周期；

(2) 将咨询方的审查意见提供给评审会专家，在各种评审会上进行充分汇报，为评审会提供有价值的意见参考；

(3) 咨询报告采用表格形式，列明意见及回复情况，报告直观清晰明了；

(4) 设计及施工咨询需要在施工过程中对重点结构、关键技术进行第三方独立的平行复核计算，提供多重保障。经统计，设计及施工阶段咨询单位参加技术会议982次，提交咨询成果共计716份。

如在设计人工岛阶段，从2008年底到2011年9月，咨询方荷兰TEC公司先后6次提交咨询审查意见，强调隧道水淹的风险评估，这又和人工岛的设防标准紧密相关，坚持指出人工岛潮位与波浪的设计标准偏低，需要考虑气候变化导致海平面上升所带来的影响。岛隧工程总承包项目部综合评估后提出提高人工岛设防标准的要求，管理局于2014年6月召开了专项设计变更咨询会，咨询方经过独立核算支持岛隧工程项目总经理部设计单位提出的设计变更要求，建议人工岛挡浪墙在原设计基础上增高。最终批复实施的结果是：西人工岛岛头防浪块体由5t调整为8t。其中，东岛北侧6.2m调为8m，南侧7m调为8.5m；西岛北侧6.5m调为8m，南侧8m调为9.5m。经过调整后的人工岛经受住了2017年“天鸽”、2018年“山竹”双超强台风考验，人工岛越浪及隧道防淹风险得到有效控制。

在初步设计阶段，港珠澳大桥岛隧工程项目总经理部提出了“半刚性”隧道纵向结构设计方案。于是，“柔性”与“半刚性”方案展开了全方位较量，荷兰TEC公司从类似项目经验、计算方法、创新设计、加强措施等多方面进行综合考量。参与各方保持着“争议、僵局、合作、信任”的开放心态。几经波折，在港珠澳大桥技术专家组第五次会议上解决了相关分歧。历时达1年，“半刚性”方案尘埃落定。

“最终接头”阶段，是整个港珠澳大桥的施工风险控制之极。“最终接头”阶段历时3年，岛隧工程总承包项目部研发方案，开展多达40余项专题研究。在从方案准备、培训、施工图设计、演练准备、施工等环节，各方密切合作，共克难关。在实际施工现场，历时96小时持续作业，实现毫米级精度控制，完成“海底穿针”这一世界难题与伟大创举。

在初步设计、桥梁工程施工图设计，以及岛隧工程设计施工总承包中的施工图设计等招标前期策划阶段，在国内缺乏类似工程设计经验的情况下，招标人通过对有关法律、法规的梳理，找出可充分借助境外设计资源的法律、法规支持点，构建中外合作的设计模式，构建国内设计、国际咨询的合作设计模式，达到引入国外优质勘察设计资源参与大桥项目的勘察设计工作的目的。

在初步设计、桥梁工程施工图设计任务繁重的情况下，考虑到国内设计企业所承接的任务较多，以及加强国内设计团队与国外设计团队之间的有效交流与互动，保证设计人员集中精力投入本项目的设计工作中，明确规定在设计周期内推广实施“现场咨询＋总部支持”的模式。通过现场咨询的方式充分发挥了设计与施工联动的机制，施工遇到问题可以及时向设计方告知，而设计方案也能够快速传递给施工方；总部支持保证了设计的技术可靠性和专业性。

二、总结与评价

港珠澳大桥引入国外优质资源和国际合作，不是漫无目的的，更不是自发形成的，是基于港珠澳大桥团队系统调研国内外超大型项目后针对大桥的实际情况进行项目推演、整体设计形成的。按照“控制重大风险、提升项目品质、改善细节质量、提供技术支持”的需求导向构建了不同阶段、不同环节、不同层次的国外单位参与机制，立足“自主创新，以我为主，为我所用”的工作理念，并在招标实践和合同实施中不断践行。大桥工程规模大、技术标准高且界面复杂，涉及大量的新技术、新工艺，需要整合全球资源、控制工程风险、提升项目品质，最终实现项目建设目标。国际合作伙伴带来了新的理念、新的技术、新的施工工艺，也带来了新的管理理念和视野，与项目实际相结合，形成了在“一国两制”框架下的港珠澳大桥的独特的管理体系和管理模式。当然，在与国际公司合作的过程中，难免产生冲突和矛盾。对此，在管理局的协调下，参建各方始终坚持以项目目标导向，构建合作伙伴关系，坦诚相待，尊重个性差异，化解冲突，积极寻求矛盾出口，攻克了一个又一个技术难题，规避了一次又一次的风险。在此过程中展示了这些公司的专业精神和独立精神。例如以荷兰 TEC 公司、日本长大株式会社、德国 PERI 模板公司等国际公司为代表的国外公司，为管理局成功控制重大风险、不断提升项目品质、不断改善细节质量发挥了积极的、重要的作用。港珠澳大桥的成功建设，为“一带一路”倡议实施、“中国标准”推广、跨文化沟通等探索了方向。

在招标人的精心策划之下，大桥项目所有的招标工作环节均按预定的计划达到预期效果，全程处于高度可控状态。但是，根据内地法律法规的规定，设计责任的主体仍为国内设计企业，国外设计企业的参与力度、深度尚需进一步加强。比如设计及施工咨询采用两阶段的设置模式，即第一阶段考核达标后，续签第二阶段的委托任务。在具体实施过程中，由于部分国外企业对内地法律法规不熟悉，其间就部分任务进行调整和分包，国内设计企业牵头的作用有待加强，国外设计企业的参与力度、深度尚需进一步加强。

第七章　市场培育

——岛隧设计施工总承包

港珠澳大桥沉管隧道是目前世界范围内综合难度最大的沉管隧道之一，亦是国内首条外海深埋沉管隧道和目前世界上规模最大的公路沉管隧道，被称为港珠澳大桥皇冠上的明珠。

岛隧工程是整个港珠澳大桥的关键性和控制性工程，在前期做好岛隧工程的招标工作对整个工程的成败具有关键性作用。

第一节　面临的问题与挑战

港珠澳大桥主体工程桥位、桥型和岛隧方案的落定经历了重重论证过程。在海底隧道方案方面，原本除了考虑沉管隧道方案外，招标人与初步设计单位还研究过盾构暗挖掘进的方案，并在工程可行性研究阶段做过同等深度比较，考虑到地质条件、珠江口阻水比要求等综合因素，最终选择了沉管隧道方案。

岛隧工程是整个港珠澳大桥的关键性和控制性工程，工程极具复杂性，建设条件恶劣，存在众多未知领域，且国内相应技术储备薄弱导致该工程面临诸多前所未有的管理风险，对港珠澳大桥能否顺利建成起决定作用。这样的技术难题直接给业主带来招标的困难，国内现有的标准招标文本很难满足这样的超级工程，业主必须在前期引入优秀的咨询团队来共同进行招标策划。同时，香港有过沉管隧道的经验，国外的沉管隧道技术又比较成熟，因此，港珠澳大桥沉管隧道项目备受瞩目，承受着巨大压力。然而，有压力才能有动力，在前期做好岛隧工程的招标工作对整个工程的成败具有关键性作用。

一、“成与不成”的挑战

岛隧工程（本章以下简称“本工程”）处于关键路线，属于控制性工程。当时中国沉管隧道与中国桥梁的建设水平在世界上的地位并不一样，简单地说，如果桥梁工程建设水平是“由好到更好”，那么，外海深埋沉管隧道建设便是“成与不成”。当时世界范围内已建成的沉管隧道工程仅 100 多个，超大型海底沉管隧道工程更是寥寥无几，表 7.1 是相关岛隧工程规模对比。

岛隧工程隧址穿越伶仃西航道，该航道规划通行 30 万 t 油轮。岛隧工程采用沉管隧道与海中人工岛方案，长约 6.7km，其中东、西人工岛上段各长 625m（按人工岛挡浪墙外边线计算），海中沉管段总长 5664m，沉管段共 33 节，标准管节长度 180m，采用节段式管节，基础采用“复合地基＋组合基床”方案。人工岛采用直径 22m 钢圆筒插打形成止水岛壁，通过回填砂并采用塑料排水板联合形成降水预压方案。

其中外海深埋的 6.7km 的沉管隧道设计和施工是国内首创工程。长距离通风及安全设计、超大管节的预制、复杂海洋条件下管节的浮运和沉放、高水压条件下管节的对接以及接头的水密性及耐久性、隧道软土地基不均匀沉降控制等均达到目前世界最高水准。沉管隧道东、西人工岛的深厚软土的加固处理、人工岛各部分差异沉降的控制以及沉管隧道的连接，岛、隧运营阶段的可靠性及耐久性等技术，也都具有世界级挑战性。岛隧工程规模体量大、施工难度极大，世界范围内无太多类似项目的招标经验可借鉴（如表 7.1 所示）。

表 7.1　相关的岛隧工程规模对比

工程	海上人工岛	海底沉管隧道
美国切萨皮克海湾大桥跨海工程	面积：3.2 万 m^2/个 水深：9～13.7m 基础：岩基	长度：1662m+1749m 规模：7.3m×4.12m×87m，4.6 万 t 槽深：15m
丹麦—瑞典厄勒海峡大桥跨海工程	长度：4055m 水深：约 10m 基础：岩基	长度：4050m 规模：38.8m×8.6m×175m，5.6 万 t 槽深：10m
韩国巨济岛—釜山连岛大桥跨海工程	利用自然岛	长度：3700m 规模：26.46m×9.97m×180m，5.4 万 t 槽深：10m
港珠澳大桥主体岛隧工程	面积：10 万 m^2 水深：10m 基础：厚软基	长度：6700m 规模：37.95m×11.4m×180m，8 万 t 槽深：33m

二、市场资源和技术储备不足

在此之前，国内的沉管隧道发展相对滞后，第一条沉管隧道是 1993 年建成的广州珠江隧道，之后在 2000 年陆续建成宁波甬江常洪隧道、上海外环隧道、广州洲头咀隧道等，主要都是在内河上建设的沉管隧道。外海深埋沉管隧道建造经验和技术储备更是严重缺乏，无成熟的经验可以借鉴，存在众多未知领域，面临众多有待探索、发现、认识的新问题。重大、核心装备基本上是空白，大量的工法、工艺需要创新，大部分是尝试性的、开创性的，需要边试验、边总结、边施工，依靠集中优势资源进行集中攻关。

面对市场资源不足，招标人需重点考虑以下问题：

（1）国内企业是否能掌握如此复杂的施工技术；

（2）国内企业在资质、业绩、技术储备、财务等方面，是否具备相应条件；

（3）能否具备强大的抗风险能力；

（4）国内是否有足够数量的潜在投标人形成有效竞争；

(5) 是否需要引进国外企业参与等。

在市场资源不足的情况下，保证有效竞争仍是招标策划需解决的关键问题。

三、缺乏可供借鉴的先例

面临岛隧工程的世界级挑战，国内外均没有可供借鉴的先例。具体情况如下：

(1) 技术的复杂。由于涉及大量的新标准、新工艺、新技术、新设备，施工周期超长，客观上存在非常多的未知领域及大量不可预见内外部因素。

(2) 设计施工界面复杂。沉管隧道的线形控制需要设计和施工密切衔接，设计方案的可实施性需要和施工密切联动，需要工艺试验和验证，但面临着设计、施工和管理均经验不足的困境。此外，设计与施工的质量责任难以清晰界定，界面复杂，如沉管隧道基础处理、岛隧结合部暗埋段处理与沉管隧道浮运沉放等。

(3) 造价数据的缺乏。由于岛隧工程建设条件复杂，新工艺、新技术运用多，技术难度和建设规模大，在造价确定和控制方面缺少计价依据。如何合理确定招标控制价、确保优质优价更是难题。

为应对诸多挑战，亟须科学、合理的招标模式和合同机制设计。

四、建设目标要求高

港珠澳大桥是国家“十三五”规划的重大工程，具有重要的政治与经济意义，采用三地政府合作共建模式，工程规模超大，具有世界级挑战难度，国内外社会关注度高、影响力大，确立了“建设世界级跨海通道、为用户提供优质服务、成为地标性建筑”的建设目标。同时，在“一国两制”框架下，三地政府首次合作共建共管，存在制度、管理程序及文化之间的差异，招标工作需协调统一的管理事项较多，协调工作量大。

五、处在关键线路上，影响总工期

根据交通运输部批复的初步设计文件，大桥项目工期为 75 个月。而本工程处于关键线路上，且工程区域水文条件极为复杂，地质条件差，气象条件恶劣，环保要求高，如不采取有效的工期加快措施，很可能无法在批复的工期内完成。经调研发现，国外同规模项目的合理工期约为120个月，紧张的工期给招标工作带来了巨大压力。

第二节　招标策划与模式构建

一、设计施工总承包模式的优势及国内的现状

在招标策划前期，经历了设计施工分开招标和设计施工总承包招标两种模式对比过程。招标人对国外海峡通道的考察后发现设计施工总承包盛行，比如丹麦—瑞典厄勒海峡大桥跨海通道工程、韩国巨济岛—釜山连岛大桥跨海通道工程等均采用了设计施工总承包模式。综合本工程的特征与国际实践，招标人提出岛隧工程以交通运输部批复的初步设计为基础，采用施工图设计施工总承包模式的构想。

（一）设计施工总承包的主要优势和潜力

（1）面临技术挑战，统筹整合设计和施工资源，有利于技术创新及攻克难题；

（2）总承包联合体对岛隧工程整体功能负责，从而保证项目责任体系完备，应急能力和抗风险能力强有助于项目顺利推进；

（3）减少发包人的管理界面，发挥总承包联合体的积极性、主动性；

（4）充分发挥设计、施工的潜能，设计与施工联动、施工驱动设计，有利于控制不确定性和复杂性因素；

（5）期望在控制施工成本、减少设计变更方面发挥优势。

在初步确定采用设计施工总承包的构想之后，招标人进行了大量的论证，特别是对内地实施设计施工总承包的交通基建项目进行了调研。内地的公路工程设计施工总承包真正起步是在2000年以后，2006年12月交通运输部颁布《关于开展公路工程设计施工总承包试点工作的通知》。在此通知发布前后几年时间，有些省份曾率先在一些项目上开展了设计施工总承包模式的自主尝试。据统计，到港珠澳大桥岛隧工程设计施工总承包模式策划定案时（2009年），内地交通行业实行设计施工总承包的项目有10余个。调研发现其优势并不明显，也未达到预期效果。

（二）国内当时存在的典型问题

（1）制度和法律层面问题。虽然我国交通建设领域积极尝试总承包模式，但当

时法律和制度尚不完善，难以对设计施工总承包模式的有效运作提供有力支撑。

（2）国内设计施工总承包管理经验不足。交通建设项目采用总承包的案例相对较少，甲乙双方经验均相对缺乏。

（3）发包人在总承包招标前，完成的基础性技术、管理要求不具体，或深度不够。发包人强控程度高，让渡权力有限，习惯于按传统模式进行管理，发包人和总承包的管理、风险划分不够合理，发包人介入程度深，未发挥设计施工总承包的潜在优势。

（4）设计施工联动性差，甚至相互扯皮、制约。如设计方案的可施工性、经济性差；施工方对工程的功能目标理解不深，对设计方案的把控能力弱；联合体主办人的专业水平和统筹能力不足以服众等。

二、本工程拟解决的关键问题

根据大桥项目的特点及建设目标需要，同时考虑到对行业发展的推动作用，岛隧工程最终选择设计施工总承包模式。同时，经过招标人和当时招标咨询顾问的讨论分析，吸取国内已有经验教训，提出岛隧工程推行设计施工总承包模式设计需解决以下关键问题：

（一）界定发包人的管控重点

（1）充分的信任。将项目法人承担的部分管理职能转移给总承包人，并重点对联合体组织管理。充分体现强化项目总经理部的统筹、控制、互动及动态管理、设计与施工之间的联动机制、项目总经理部各职能部门的管控能力。避免用施工承包合同的思维去管理设计施工总承包。

（2）合理的风险分担。设计施工总承包合同仍脱离不了国内合同偏袒甲方的现象，招标人起草的格式合同倾向于把风险推给乙方，把合同写得相当“严谨”，当发生不可预见的事件时，会导致乙方实际上无法承受巨额损失。即便是甲方认为客观上应该给予补偿，但找不到合同依据，使得项目陷入困局。

（二）设计施工的联动

（1）承包人应积极发挥优势，负责或协助设计人完成勘察设计对外协调工作（包括但不限于：勘察外业阶段有关海上生产作业许可证办理、海上生产安全管理等）；承包人应对勘察设计内部协调工作提供力所能及的协助，为勘察设计营造优良的外部环境，为加快勘察设计进度营造有利条件。

（2）承包人应根据本合同工期要求，合理进行各单元工期分析及安排，要求设计人配合总体计划分批提交图纸，督导设计人按期完成施工图设计，并保证设计人合理的设计及报审周期。

（3）承包人应全程参与施工图设计，从施工角度与设计人互动，确保设计方案综合最优。承包人应尊重设计人向发包人提交的勘察设计成果，并深刻理解施工图设计成果。

（4）承包人应保证在设计文件编制过程中，与设计人保持充分沟通和交流。承包人对设计人向发包人提交的所有勘察设计成果（包括勘察报告、施工图设计文件、专题研究报告、设计变更文件等）以及设计人的所有勘察设计过程资料进行研究、校核、讨论等一切工作所需的时间，均被视为联合体内部的管理流程。

（5）承包人对设计人的协调督导，不得影响设计人对工程结构安全设计和耐久性设计的独立性。

（6）承包人对设计人的协调督导，应做到管理流程清晰，应由总牵头人或其授权人统一直接与设计牵头人或其授权人开展协调督导。

（7）设计人向发包人提交的各项勘察设计成果被认为已综合满足设计人和承包人的各项需求，承包人和设计人无权以设计施工总承包联合体内部未达成一致为由，要求发包人延长合同工期或者勘察设计周期，更不能成为任何费用索赔的理由。

（三）建立基于信任、公平、利益攸关的合作伙伴关系

合同双方是一个利益共同体，具有相对平等的合同地位，做到风险分担、互利共赢、充分信任。

2009年3月16日，前期办经深思熟虑后向协调小组三方提交了《关于上报港珠澳大桥2009年底开工建议及建设方案初步规划的函》，提交了港珠澳大桥总体建设管理思路和建设方案，其中明确提出岛隧工程“拟采用设计施工总承包的方式按一个合同段组织招标”，协调小组三方未有不同意见。2009年12月16日，港珠澳大桥专责小组第二次会议“原则上同意港珠澳大桥前期工作协调小组提出的港珠澳大桥主体工程计划和项目管理思路”。针对招标模式具体内容进行了分析对比（详见表7.2），基于大桥建设目标驱动，以“设计施工联动，施工驱动设计”为核心理念，构建了中外合作设计、施工联合体模式。至此，岛隧工程采用设计施工总承包模式决策形成定案，下一步亟须解决的是面向谁招标、标段如何划分以及如何设置合同机制的难题。

表 7.2　招标模式对比分析

<table>
<tr><th rowspan="2">序号</th><th rowspan="2" colspan="2">构思策略</th><th colspan="4">具体内容与对比分析</th></tr>
<tr><th colspan="2">招标边界条件</th><th colspan="2">联合体组建</th></tr>
<tr><td rowspan="2">1</td><td rowspan="2" colspan="2">模式定位</td><td rowspan="2">采用业主提供经批复的初步设计文件，综合上述A和B模式</td><td>边界条件A：业主仅提供使用功能要求的设计施工总承包模式</td><td rowspan="2">施工总牵头，分设施工、设计牵头人，中外合作联合体，综合上述A和B模式</td><td>组建模式A：依据项目需求设计或施工做牵头人，并独自组建联合体模式</td></tr>
<tr><td>边界条件B：提供初步设计方案，投标人完成施工图设计后报价模式</td><td>组建模式B：独立法人单独承担整个项目的设计施工总承包模式</td></tr>
<tr><td rowspan="2">2</td><td rowspan="2">特定要求</td><td>投标阶段</td><td colspan="2">依据初步设计方案：制订施工图勘察、设计方案并进行投标报价，提出施工图设计阶段研究、验证计划，提出优化设计方案</td><td colspan="2">总牵头人、设计牵头人：分别为综合实力和业绩优异的大型施工、设计企业，成员包括一家国际设计合作方及一家国际施工管理顾问</td></tr>
<tr><td>实施阶段</td><td colspan="2">依据合同文件：进行施工图设计，设计施工联动、完善、优化、增值，完成项目施工并交验</td><td colspan="2">保证设计的相对独立性，国际设计合作方对施工图进行审核，施工管理顾问对施工方案进行审核</td></tr>
<tr><td rowspan="2">3</td><td rowspan="2">风险特征</td><td>业主风险</td><td colspan="2">降低了由于结构和功能要求不全面导致实施期间产生歧义、大量索赔等风险，转移了初步设计到施工图设计阶段的风险</td><td colspan="2">降低了总承包人过失或总承包人无力承担损失给业主带来的风险，降低了业主管理失误的风险</td></tr>
<tr><td>投标人风险</td><td colspan="2">承担无施工图条件下投标报价的风险，承担初步设计到施工图设计阶段的风险</td><td colspan="2">利益共享、风险分担，分散了风险，优势互补、科学管理，消减了风险</td></tr>
<tr><td rowspan="2">4</td><td rowspan="2">对比分析优势</td><td>与模式A对比</td><td colspan="2">对结构和功能的要求更为明确和具体，更适应港珠澳大桥项目的复杂性和目标控制</td><td colspan="2">联合体实力更强、国际化，更适应港珠澳大桥项目的高要求</td></tr>
<tr><td>与模式B对比</td><td colspan="2">港珠澳大桥的实际开工时间提前，更有助于施工驱动设计、设计施工联动</td><td colspan="2">强强联合、优势互补，提升综合能力和抗风险能力，有助于解决港珠澳大桥存在的难题</td></tr>
<tr><td>5</td><td colspan="2">核心合同条款设计</td><td colspan="4">对联合体组织管理（包括一般规定、承包人对设计人的协调督导责任、设计人对承包人的配合责任、承包人和设计人的沟通协调机制、承包人和设计人的责任划分、总牵头人的统筹职责、设计牵头人的统筹职责等）进行了明确界定，明确了联合体内部各方设计的责任以及合作模式，对界面管理进行了界定和划分</td></tr>
<tr><td>6</td><td colspan="2">专用标准体系文件</td><td colspan="4">包括《专用技术标准与要求》和《建设项目管理制度》两套体系文件，纳入招标文件中；《专用技术标准及要求》包括《发包人要求》《系统与工程单元要求》《港珠澳大桥专用营运及维护准则》《港珠澳大桥项目设计指导准则》《港珠澳大桥施工及质量验收标准》共五册《建设项目管理制度》包括总纲要（1项），纲要（6项），管理办法（48项）</td></tr>
</table>

三、发包模式

采用大标段的发包模式有助于引起大型优秀企业的注意力，激发参与建设的热情，从而有效集中国内优质的资源。此外，大标段发包还具有以下优势：降低发包人的协调工作，承包人集中力量，充分发挥资源配置的优势，有利于发挥专业规模作用。如通过标准化措施，实现规模经济效应。同时招标人调研发现，国内大型基建类央企在大标段发包、水下沉管施工技术等方面已有先例，积累了一定技术基础。

（一）标段大小确定过程中综合考虑的因素

1. 风险的可控性。标段划分要能够最大限度地减小项目风险，或者能够将风险有效地控制。风险具体划分时，原则上应让最有能力承担风险的一方来承担大部分风险，这是总成本最优解决方案。

2. 市场资源的充分性。标段太小不利于吸引最优质资源，标段太大容易造成市场资源不足，面临流标的风险。因此需重点考虑标段大小与市场资源的配置，以及资格条件的设置，要与市场既有资源或引导培育市场资源相匹配。

3. 标段界面的清晰性。特别是质量界面要清晰，施工衔接便利，责任清晰，交验工序清爽，有利于施工组织。

4. 资源整合能力要求和专业规模保持协调性。该工程体量大，专业多，除了考虑充分发挥专业规模作用外，还需要综合考虑投标人有超强的资源整合能力，两者之间要平衡考虑。

早期明确的标段范围主要包括东、西人工岛和沉管隧道等，不包含与总体有关的部分交通工程及附属设施。后续实施过程，为了更有效明确工作界面，有效减少交叉作业的协调工作量，将人工岛两侧的岛隧结合部桥梁、岛隧建筑的主体结构部分纳入本次招标范围。

（二）最终确定的招标范围包括以下两个主要工程

1. 永久工程

东人工岛结合部非通航孔桥、东人工岛、隧道、西人工岛、西人工岛结合部非通航孔桥（除机电工程、交通标志标线、绿化和房建的装修外）所有工程的施工图设计与施工；港珠澳大桥全线总体设计。

2. 临时工程

临建工程：完成上述永久工程所需要的全部临建工程的规划、土地使用、勘察、设计、施工、管理与维护，施工完成后的移走、拆除、复绿或恢复原状等。营地建设：主体工程施工总营地的规划、土地使用、勘察、设计、施工、管理与维护，施工完成后的移走、拆除、复绿或恢复原状等。

四、市场培育及联合体组建

（一）市场培育

面临市场资源不足的难题，需要保证充分的竞争，招标人在充分的市场调研基础上做了大量工作来培育市场。

1. 市场调查

通过全面的市场调查，招标人综合分析岛隧工程的市场资源分配、市场主体的实力信誉、市场竞争态势等，了解市场信息、掌握潜在投标人数量及其投标意愿，以及了解潜在投标人的资质、业绩、财务指标、人员资历、设备储备等情况。基于此，初步制定了资格条件和评审标准，避免偏离市场实际，导致流标。

2. 聚焦潜在投标人

首先通过同类项目的调查、网络等方式收集国内大型施工企业集团名单。第一轮考察的企业共有直属国资委管理的 9 家央企和 2 家地方国企。通过函件将有关招标模式选择、存在问题以及设想等相关文件发给相关单位征询意见。

一个多月后回收反馈中，多家企业反馈信息，其中 3 家央企反馈最积极，对岛隧工程的研究也最深，其他大部分表态不参与。基于第一轮的反馈意见，招标团队评估其业绩及水工方面的经验，最后从 11 家聚焦到 3 家企业。

3. 主动推介

招投标法规定必须要有 3 家以上企业参与投标，如果其中有一家不参与将面临流标。对此，前期办专程登门拜访 3 家央企，主动推介。以问题和目标为导向，深入交流岛隧工程设计施工总承包模式，以及岛隧工程面临的技术难关等问题，并定期向企业反馈本工程的进展情况及相关工作安排，确保能全面、准确、有效、公平公正地掌握工程的相关信息。通过与调研对象的沟通互动，明确发包人的需求，介绍项目情况，提高项目影响力和吸引力，调动潜在投标人积极参与投标，形成有效竞争。

3 家央企中，A 集团在海洋工程市场一家独大，B 集团和 C 集团在海洋工程力量比较薄弱。为培育市场竞争性，招标人采取了两方面措施：

(1) 支持鼓励B集团和C集团借助岛隧工程投标整合国内资源进行产业并购重组。随后，两家企业均迅速采取行动，一方面加快企业并购重组，如B集团和C集团后续都收购了相关港口水工企业，成立了下属港航局集团，另一方面加快和境外一流海洋工程企业的合作谈判。

(2) 在招投标机制设计上，对无法及时通过并购重组整合资源的企业，还可以整合国际资源，用施工顾问咨询服务、设备租赁、劳务合作的方式弥补海上施工的短板，且符合境外单位没有资质不得承接内地施工的法律限制。

通过培养市场竞争，创造条件让所有的潜在投标人处于同一起跑线上，同时向调研对象以行动表明招标人一视同仁、公平公正的立场，使得潜在投标人打消顾虑，增加信心。

4. 收集潜在投标人的反馈和诉求

通过了解调研对象在以往项目上碰到的问题和经验总结，从调研对象的角度探讨在本项目中有哪些合理诉求，从而为后续制定公平合理的合同机制和招标策略提供指导意见。此外，收集各潜在投标人对本次招标项目有关施工方案、工期安排的建议，以及关键施工设备等情况，以利于确定技术方案。

5. 投标补偿

为了充分调动潜在投标人对项目的积极性，也预防流标，设置了投标补偿，招标文件中约定对第2个信封技术得分位于前3名的投标人给予一定的费用补偿，分别为600万元、400万元、200万元不等（中标单位补偿金含在中标合同价格中），能够部分覆盖投标的成本。

同时，提供大量的港珠澳大桥前期完成的成果，包括目前行业最前沿的设计专题、科研研究专题及标准等，充分调动几大潜在一流央企的积极性和技术力量，让它们通过投标提出一些风险控制的建设性意见和建议，作为知识成果的贡献，后来都服务于港珠澳大桥的建设目标。

6. 匿名评审、技术标暗标

为了增强项目的竞争性和公平性，本招标项目采用匿名评审、技术标暗标的形式，打消潜在投标人的疑虑，让投标人积极筹备技术方案及投标文件。

（二）引入施工管理顾问和国际设计合作方

国内缺乏沉管隧道同类项目经验，招标人通过对全世界已建成和在建的著名跨海通道工程的调研发现国外已具有先进专业技术和管理经验。基于这一现状，招标人提出岛隧工程需借鉴国外经验或引入国外的优质资源，以保证项目顺利实施及项目质量。

然而根据内地法律法规，国外优秀的施工企业不具备相应的资质，无法直接承担相应施工任务，无法直接引入国外优质资源。招标人在前期调研中也发现国内大型基建类央企，在大标段发包、水下沉管施工技术等方面积累了一定技术基础，具备强大的财务和技术能力，抗风险能力较强，其下属子公司专业齐全、资源整合能力较强。

综合考虑，决策层提出依托国内的建设资源为主、借鉴国际先进技术资源为辅的指导思想，并期望通过岛隧工程来提高国内总承包企业的实力和国际影响力。在这一思想指导下，决策层放弃了国际招标，而采用国内招标，但采取类似于初步设计的中外联合体的做法，明确要求联合体必须包括具备国际影响力的施工管理顾问和国际设计合作方，以加强联合体在超大型跨海通道（尤其是沉管隧道）方面的技术力量，控制项目总体风险。

按建设项目管理制度和发包人要求，施工管理顾问负责联合体项目管理咨询、质量管理、重大施工组织设计以及技术方案的审查等。通过设置施工管理顾问，利用培训及现场指导等手段，间接引入了国外先进、优质的施工经验、技术与理念。

国际设计合作方除按联合体内分工承担部分设计任务外，还应按发包人要求对全部设计进行独立审查。最终，中标单位的国际设计合作方引入了国外沉管隧道设计咨询与复核团队丹麦科威国际咨询公司和日本土木工程咨询公司，施工管理顾问团队艾奕康有限公司等。

（三）联合体的组建路径

按照规划，岛隧工程应由一个庞大的联合体（包括施工、设计、顾问、若干合作及分包企业）实施完成，如何组建联合体是招标策划的一大挑战。

基于确定的招标模式和标段划分，联合体的架构主要考虑谁为总牵头人，如何组建联合体，如何设置资格条件三方面的问题。

1. 以施工牵头人为总牵头人

以施工牵头人为总牵头人有以下考虑：①现场经验丰富，了解施工工法、设备、自身的施工优势及劣势，制订合理的技术方案。②资金雄厚，抗风险能力比一般设计单位强，如设计单位体量一年20亿元营业收入，施工企业体量一年营业收入超过7000亿元。③海洋工程中设备起决定性作用，但设计方普遍不具备设备方面的能力。因此确定由施工牵头人担任总牵头人，并由其选定设计牵头人。

2. 联合体组建路径

本次招标选择的投标联合体包括1家总牵头人（施工牵头人）、1家设计牵头人及其他联合体成员（如有），联合体成员总数不超过 7 家（总牵头人作为具体承包队伍的直属子公司不作为联合体成员计算）（图 7.1）。

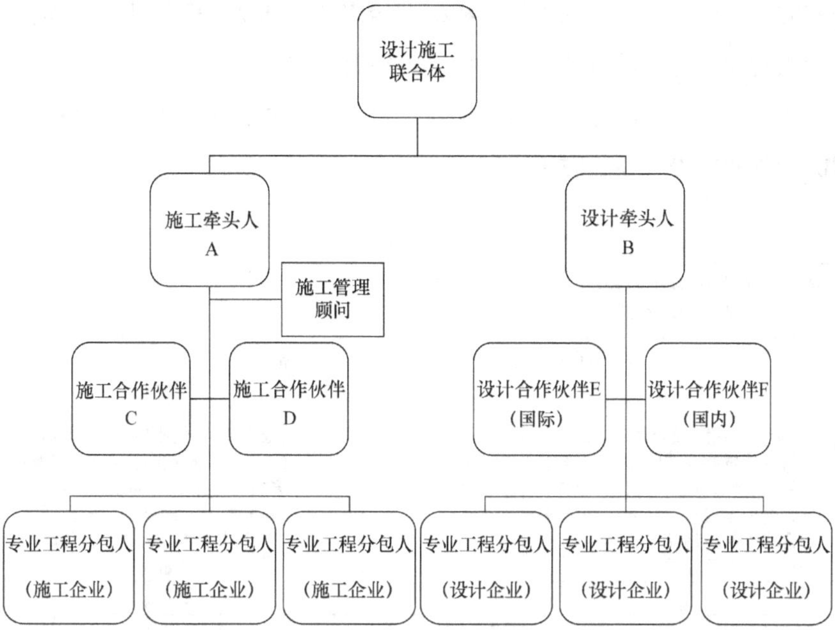

图 7.1　岛隧工程设计施工联合体组织架构示意图（招标期间构思）

由于市场资源的限制，庞大的联合体架构可能难以通过一次性招标组建完毕，招标人设计了两种组建路径，确保一次招标成功。

（1）一次组建。

如总牵头人和设计牵头人自身条件能够承担全部工程或者能够找到符合资格要求的施工（设计）合作方，按图 7.2 路径 A 完成合作团队的组建。招标人鼓励投标人按照路径 A 完成合作团队组建。

（2）两阶段组建。

如总牵头人和设计牵头人自身条件不能够承担全部工程且在投标阶段未能找齐满足资格要求的施工（设计）合作方，可在递交了投标文件，经评标委员会评定并经招标人确认获得中标人资格后在合同谈判开始前，按图 7.2 路径 B 完成合作团队的组建。

第一阶段：通过公开招标选定以隧道或人工岛为承接业务的设计牵头人和施工牵头人，签订设计施工总承包合同，完成第一层次牵头人、牵头模块组建。

第二阶段：在第二中标候选人（第三中标候选人）的投标文件投标函附录 B 中明确的具体承包队伍中直接选择合作方，第二中标候选人（第三中标候选人）必须予以积极配合支持。在按路径 B 选择合作方的过程中，如果由于第二、第三中标候选人的原因造成合作方无法直接在第二、第三中标候选人中产生，中标人可通过比选方式另行选择合作方，比选文件作为第一阶段招标文件的组成部分，已编入招标文件的相应章节中，要求中标人按照招标人给定的比选文件开展比选工作。

招标人对比选过程进行监管，并拥有最终否决权。

通过本次招标，一次性完成设计团队、施工团队的配置，可以尽快启动施工工作（如沉管预制场等大型临时工程）。

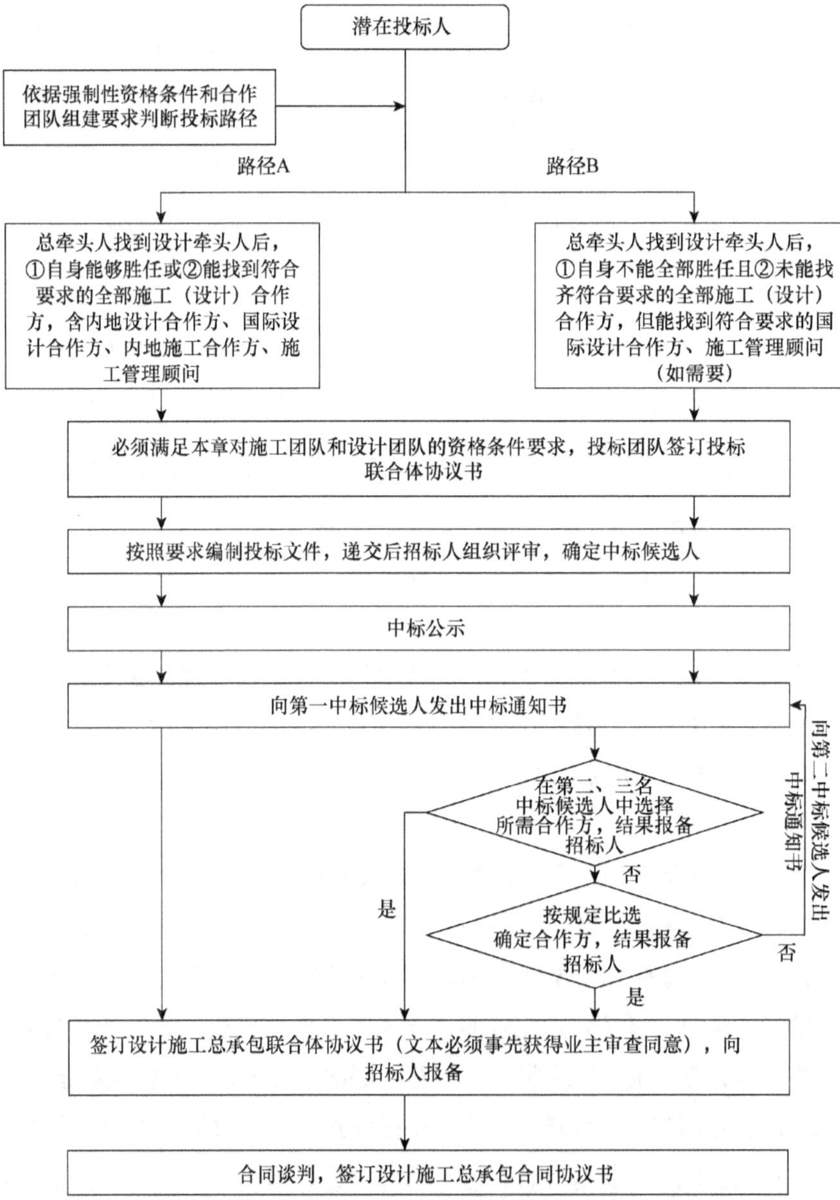

图 7.2　岛隧工程设计施工总承包联合体组建路径

3. 资格条件设置

根据内地法规、资质管理要求以及工程的实际情况，对联合体的组成提出了原则性、框架性意见。总牵头人和设计牵头方要求为国内具备相应资质的大型施工、设计单位。同时为确保项目设计及建造达至国际一流水准，要求联合体必须引入国外施工管理顾问和沉管设计复核单位。

招标人在招标文件中对施工管理顾问和国际设计合作方均提出了具体的资格要求。其中施工管理顾问强制性资格条件包括近15年内在国外应至少成功完成过1座长度不小于2km的沉管隧道（双向四车道及以上）的设计或施工工作，或完成过2个单个面积不小于50万m^2的海洋环境下造地及软土地基处理项目的设计或施工工作。国际设计合作方强制性资格条件包括近15年内在国外应至少成功完成过2座以上（含2座）长度不小于2km的沉管隧道（双向四车道及以上）的设计工作，且至少完成过其中1座的详细设计工作。

结合市场情况分别对总牵头人、设计牵头人，以及主要负责人员、财务条件等，综合设定投标人的资格条件。强制性资格条件对以往工程业绩采用类似比较法。如国内当时只有9条沉管隧道，并且规模都很小，作为业绩条件考虑并不具备可参考性。但由于沉管隧道需要的混凝土预制量较大，是考核的必要条件之一。国内缺乏同类沉管隧道经验，招标人从个性之中探索共性，将沉管隧道的技术要点分为沉管预制、水工基槽的开挖和浮运沉放。因此，沉管预制首先要解决的就是混凝土工艺即大体积混凝土预制的问题，招标人由此转而考虑混凝土的体量。国内虽然没有做过外海深埋沉管隧道，但在高铁、核电站和水坝工程中均需要使用大体积混凝土，从高铁中混凝土体量设置的经验延伸，从而进行资格条件的设置。

鉴于内地交通行业设计施工总承包市场尚未真正发育，优秀的总承包人及其项目总经理极其稀缺，在招标过程中强化了对总承包人和项目总经理信誉及能力的要求和评估。

五、合作伙伴关系

怀着把港珠澳大桥建好的初心，管理局团结各方一起建成了新世纪的超级工程。也正是基于责任，才能互相信任、互相理解、互相尊重。这种以契约精神为基础又愿意为共同目标付出的情感，也是港珠澳大桥得以实施以及成功建造的关键所在。正如时任管理局局长在总结中提道：“伙伴关系理念是构建港珠澳大桥管理制度体系的基石，港珠澳大桥的建设、设计、施工、监理、咨询、科研、试验检测、材料供应方通过合同关系形成了工程共同体，大家角色不同，发挥作用不同，但共同的目标是把港珠澳大桥建成建好。一荣俱荣、一损俱损，所有参建单位实际上构成了一个命运共同体。”

（一）合作伙伴关系的理念

在合同谈判备忘录中强调和明确：双方认同在严格履约合同基础上，建立开放、平等、协同、互信的伙伴关系，在岛隧工程设计施工总承包勘察设计期、施工期及缺陷责任期内，双方将加强信息沟通机制，本着诚信、透明的原则，建立伙伴关系，共同达成项目建设目标。以伙伴关系为核心理念，构建并协调项目业主、承包人之间，承包人各联合体成员之间，承包人与咨询人、监理人、测量控制中心、试验检测中心等之间的关系。通过彼此之间精诚合作，以持续的努力和改进建立、完善伙伴关系。

（二）风险分担

1．设置风险包干基金

岛隧工程设计施工总承包招标文件在对联合体进行明确界定的基础上，专门设置风险包干基金，按照报价清单“2．勘察设计”和“3．施工”部分各单元报价之合计金额不低于3%计列，用于合同条款中明示和暗示的所有由联合体应承担的全部风险。

2．相对合理的合同变更调整范围和变更估价原则

合同约定的可变更范围：对经行业主管部门正式批复的初步设计确定的建设标准，发包人以书面方式明确要求、指令或批复要求联合体执行的提高或降低该建设标准引起的变更设计的增减费用；对于行业主管部门正式批复的初步设计确定的建设规模，发包人以书面方式明确要求、指令或批复要求联合体执行的提高或降低该建设规模引起的增减费用；由于投入工程施工的材料价格涨落超过指定幅度而造成的合同价格调整；由于基准日期以后法律（本款所指法律仅包括中华人民共和国法律、行政法规、部委规章以及广东省政府的地方法规）改变而造成的合同价格的调整；由于合同条款约定的技术标准或规范发生变化而引起的费用增减；由于不可抗力原因造成工程费用的增加。

合同约定可变更的内容包括：取消合同中任何一项工作，但被取消的工作不能

转由发包人或其他人实施，由于联合体违约造成的情况除外；原则改变合同中任一工程单元的定义（主要功能、范围）及功能要求；为完成工程需要追加的额外工作。

物价波动引起的价格调整，主要针对永久工程中的水泥、钢筋、钢绞线。

岛隧工程项目进入后期时，承包人曾多次向管理局反映资金紧张问题。管理局没有将成本上涨的全部风险转嫁给承包商，而是根据实际情况与承包商共担风险。为解决资金缺口困境，管理局严格按照港珠澳大桥专责小组第七次会议精神“遵守合同、深入评估、严格程序、合理调整”组织开展合同费用评估工作（人工、地材、船机、措施），并上报三地委、广东省交通运输厅审批同意，在保证总体资金安全的前提下，对合同费用评估调整费用进行暂计量，以及调整细化合同计量支付节点、质量保证金置换等措施，有效缓解了承包人资金紧张，为工程顺利推进提供了有力保障。

港珠澳大桥主体工程为国内首个外海桥岛隧集群工程，建设条件十分复杂，施工技术难度大，缺少可借鉴的设计及施工经验，极具挑战性和开创性，无论政府、业主及总包单位，均难以仅凭自身经验对港珠澳大桥项目的风险及造价做出准确的预估。根据港珠澳大桥专责小组第七次会议精神及“实事求是、风险共担”的原则，管理局已编制岛隧工程结算总体方案并上报三地委，拟按公平原则和情势变更、重大误解等法律规定进行处理，根据批复的调整概算、经评审的施工图，采用定额测算、成本分析、类似项目比较分析等方法，深入评估施工调整等费用后，通过合同协商谈判确定最终结算并按程序上报和提交审计。

（三）责任划分

联合体建立两层级管理体系，第一层级为施工牵头人和设计牵头人，第二层级为施工合作方和设计合作方、设计施工咨询顾问、分包商及设备租赁商。

发包人与第一层级的施工牵头人（乙方）和设计牵头人（丙方）签订合同并发生管理接口。设计和施工牵头人分别负责各自的管理。第二层级由施工牵头人按照与发包人签订合同的规定分别与施工合作方、设计施工咨询顾问、分包商及设备租赁商（如有）签订合同，由设计牵头人按照与发包人签订合同的规定分别与设计合作方、分包商及专题研究单位签订合同。

发包人对第二层级不直接管理，只按照合同的规定进行合同签订前核备、合同执行监管等。

1. 发包人的管理职能转移

将原由项目法人承担的部分管理职能转移给总承包人，其中包括一般规定、承包人对设计人的协调督导责任、设计人对承包人的配合责任、承包人和设计人的沟通协调机制、承包人和设计人的责任划分、总牵头人的统筹职责、设计牵头人的统筹职责等。

2. 牵头人的职责

总牵头人作为联合体的总负责人，负责组织、管理联合体各成员全面履行合同，应具体负责施工团队组织、统筹协调管理工作。设计牵头人在总牵头人的督导下，具体负责设计团队组织、统筹协调管理工作。

要求联合体充分发挥设计施工总承包模式、联合体合作模式的优势和特长，解决沟通困难、低效率、信息不畅等问题，建立高凝聚力、高效率的组织管理机构。

3. 合作方的职责

联合体内部建立完善的奖惩管理制度，明晰各成员各自的职责，任何事情或工作都有对应的清晰责任主体。总牵头人和设计牵头人应采取切实有效的措施，确保团队各成员对项目信息能有效掌握与了解，保证各成员与发包人沟通渠道的畅通，以及充分表达意见的自由。团队成员内部的矛盾、分歧与争端，应在团队内或联合体内化解，确保各项工作的有效推进。

施工管理顾问应按约定负责联合体项目管理咨询、质量管理、重大施工组织设计以及技术方案的审查等。国际设计合作方除按联合体内分工承担部分设计任务外，还应按约定对全部设计进行独立审查。

（四）合同谈判

合同谈判环节既是合同双方建立“伙伴关系”的良好开端，也是双方在正式履行合同之前减少合同隐患、建立互信的极好机会。岛隧工程设计施工总承包谈判的主要内容包括：①强化目标认同及推行伙伴关系；②明确项目组织架构及资源保障体系；③明确组织管理、质量管理及健康、安全与环境管理（HSE）；④配合年底开工及节点调整；⑤计量支付节点的调整等。双方都高度重视，前后进行了四次合同谈判才正式签订合同。

（五）激励与约束相融的机制

一方面，围绕建设目标，为综合考评并激励岛隧工程总承包联合体的质量、健康、安全与环境管理（HSE）、计划进度、投资、信息和创新管理履约行为，建立专用标准体系和项目管理制度体系，制定了《港珠澳大桥主体工程建设项目承包人信誉评价管理办法》并将之纳入合同，强化和落实激励与约束相容的合同机制，并在实施中持续改进。以《承包人项目管理不良记录及扣分标准一览表》为根据编制信誉评价综合考评表格、分项考评表格和不良行为记录表，对联合体的履约行为进行约束。同时，合同中设立优质优价专项基金来加强对联合体（承包人）的绩效考核（含质量、进度、资金使用、HSE、信息管理、科技创新等），以激励承包人加强管理。实现进场普查、重点抽查、年度比较、高层互访等。每年都有高层的对接，对项目做一个整理，包括在干部提拔、资源倾斜、资金支持等方面，进而形成隐形约束。

正如管理局在过程检视中提到的："伙伴关系理念让大家产生了一种相互信任、理解、相互尊重的情感，并共同享受项目带给我们的荣耀与满足，建设者有了荣誉感、自豪感和成就感，最终世人在港珠澳大桥上看到的高效的组织、文明的施工、创新的成果、可靠的质量便是伙伴关系带来的结果，港珠澳大桥实现了参建各方的多赢、共赢。"

六、设计与施工的联动与配合

如前所述，目前国内实施设计施工总承包的交通基建项目优势并不明显，也未实现预期效果，特别是设计施工的联动性不足。针对该问题，招标针对性地提出了设计与施工联动与配合的措施。

（一）承包人和设计人的沟通协调机制

施工承包人和设计人在发包人制定的《港珠澳大桥建设项目管理制度》的基础上，共同编制岛隧工程设计施工总承包管理制度，明确设计和施工两者之间沟通的形式、内部文件的流转程序、明确设计施工总承包联合体各成员分别承担工作任务的清晰界面等内容。

设计人和承包人在合同执行期间紧密合作，对现场设计和施工效果进行全过程把控，最终保证施工达到最佳的设计效果。原则上，设计人成果提交发包人审查前，应取得施工总牵头人同意，如承包人要求的优化设计方案与设计人无法达成统一意见，设计人应及时报告发包人，承包人必须无条件接受发包人的协调意见，但不能因此就免除或减少联合体所应承担责任。

（二）承包人对设计人的协调督导责任

施工承包人应对设计人的全部勘察设计工作进行协调督导。承包人全过程参与施工图设计，从施工角度与设计人互动，确保设计方案综合最优，承包人应尊重设计人向发包人提交的勘察设计成果，并深刻理解施工图设计成果。

（三）设计人对承包人配合责任

设计人应全面配合承包人的施工全过程。设计人在施工图设计前及设计中应充分征求并听取施工承包人意见，结合承包人的施工组织要求，使设计方案在符合有关法律法规、技术规范、标准和发包人要求的前提下，尽量便于施工。施工图设计启动至获得行业主管部门批准阶段，设计人应主动、及时向承包人准确传达与设计目标及意图有关的一切情况，所有的勘察设计资料（包括过程资料）应全面、系统地向承包人开放，使承包人与设计人同步获得全部的勘察设计信息（包括过程信息）。

事实证明，设计与施工的联动配合为岛隧工程的建成提供了诸多便利。经过前期调研，沉管隧道管节预制厂采用的布置及生产工艺借鉴了厄勒海峡的经验。但是厄勒海峡的深坞、浅坞、预制厂房的布置是呈一条直线的，由于港珠澳大桥施工场地的限制无法实现直线形方案。于是设计和施工团队花了大量时间琢磨工厂到底该如何布置才能够保证按照工厂化的方式来施工。在大家都焦头烂额之时，最终由岛隧工程项目总经理部项目总经理提出，是否能换一个思维，将直线形转变成 L 形？问题由此迎刃而解！然而，如此独具匠心的生产线布置可谓来之不易，这个方案是经过了设计施工人员间的反复沟通才形成的。最终，桂山沉管预制厂深浅坞采用 L 形布局，较原方案减少石方开挖量 300 万 m^3，省去 827m 长的坞口外侧管节寄放区的防波堤结构，减少预制模板 4 套，综合造价节约近 3 亿元。

同样，钢筋笼绑扎方案也经历了持续改进的过程。港珠澳大桥沉管管节每节的体量相当于一座 60 层的高楼，是目前世界上最大的沉管管节。单个节段钢筋笼总重量大，钢筋笼绑扎工艺复杂，所有方案只能依靠设计人员、施工技术人员和现场作业技术人员一点一滴地研究、推敲、试验、优化和集成，不断地调整设计方案以达到施工要求和精度要求。最终在确保质量的前提下，完成一个节段钢筋笼绑扎的时间从近 1 个月缩短到 7 天左右，创造了沉管钢筋绑扎施工的奇迹。倘若采取设计、施工分离的方式，只能提高表面上的效率，最终却可能造成设计施工扯皮，导致投资、工期的不可控，给业主带来巨大的损失。

七、系统与工程单元要求

在构思岛隧工程招标文件的技术规范和计量支付相关章节时，招标工作小组又遇到一个棘手的问题：在沉管隧道、岛隧结合部位，国内没有成熟的可供参考的技术规范和计量支付规则。当时国内公路工程标准招标文件的技术规范和计量支付条款内容，主要是基于传统的陆地隧道工程进行编写，不适用于海中岛隧工程。而且参照国内标准范本的计量支付划分体系，所划分出来的岛隧工程计量支付规则一直存在内容烦琐、计量困难、界面不清晰、系统性不强等问题，这部分内容的构思陷入瓶颈。招标工作小组决定寻求更佳解决方案，与多家设计和咨询机构交流之后了解到，北欧地区的沉管隧道技术比较成熟，或许能提供较好的解决方案。经进一步调研，招标工作小组从荷兰 TEC 公司技术团队处获得了灵感和思路，荷兰 TEC 公司提出了一种基于系统和工程单元的计量支付规则。

系统与工程单元要求方便了施工过程的节点验收和计量。与国内常用的公路工程标准招标文件工程量清单中的计量支付子目相比，本次招标文件制定的“工程单元”涵盖的内容和范围更大，更接近于国内通用的“分项工程”，或是介于分项工程与传统清单计量子目之间的一种独立工程单元，以“界面相对清晰、工艺关联紧密、功能和物理特性相对完整、便于辨识和区分”为基本划分准则。

招标团队联合荷兰 TEC 公司对本工程的各项工程内容进行了分解，形成了“工程单元分解结构”，并建立了与国内通用的单位、分部、分项工程之间的对应关系。

例如：

E3——主体工程（项目）

E3.2——隧道（子项目）

E3.2.5——沉管隧道（单位工程）

E3.2.5.1——隧道基槽（子单位工程）

E3.2.5.2——隧道管节（子单位工程）

E3.2.5.2.1——混凝土（分部工程）

E3.2.5.2.2——钢筋（分部工程）

E3.2.5.2.4——防水（分部工程）

E3.2.5.2.10——永久压重（分部工程）

E3.2.5.2.12——节段接头（分部工程）

E3.2.5.2.12.1——钢端壳（子分部工程）

E3.2.5.2.12.2——止水带（子分部工程）

E3.2.5.2.12.4——钢剪力键（子分部工程）

从上述工程单元分解来看，沉管隧道可以看成由隧道基槽、隧道管节等子单元组成的“系统”，而隧道管节工程单元又可以看成由混凝土、钢筋、防水、永久压重、节段接头等子单元组成的“系统”，系统与单元的定义是相对的。

各工程单元要求的组成架构如下：

（1）系统/工程单元定义，包括系统/工程单元的主要功能，系统/工程单元的空间范围，主要技术设计和设计条件。

（2）功能要求，包括设计要求、耐久性要求、接口界面要求、其他要求。

（3）施工要求，包括特殊施工要求、环境和安全要求。

（4）质量验收标准。

（5）运营和维护要求，包括监控要求、维护要求。

招标文件《施工及质量验收标准》给出了每个工程单元的最低施工及质量验收标准。承包商结合系统与工程单元要求对相关标准进行审查。施工前，承包商根据经批准的施工图设计文件修改完善《施工及质量验收标准》，经发包人审批后执行。

在《系统与工程单元要求》中对岛隧设计施工总承包合同中属于永久工程的共60个单元提出了空间范围、功能、设计、施工、质量验收标准、运营与维护、计量与支付方面相对等的要求，其中，53个属于独立支付单元（含E3.2.7隧道内装），E3.2.7隧道内装项下的7个单元均为非独立支付单元，其支付包含在E3.2.7中。53个独立支付单元中，与桥梁工程相关的单元7个，与隧道工程相关的单元25个，与人工岛工程相关的单元18个，与交通工程及附属设施相关的单元3个。

岛隧设计施工总承包合同为大系统E3.0主体工程中的一部分，进一步划分如下：

E3.1——桥梁

E3.2——隧道

E3.3——东人工岛

E3.4——西人工岛

E3.6——交通工程及附属设施

E3.10——临时工程

每个独立的工程单元为一个独立的支付子目，以合同清单中该子目合价为准，实行工程单元合价包干。发包人设置计量支付要求，主要以实现工程单元的空间范围和功能要求为目的，促使承包商在总价包干的前提下，充分发挥其主观能动性，不断优化设计及施工方案。同时以合理的代价达到系统与单位工程要求约定的空间范围和功能为前提，开展施工图设计及施工，并获得合同约定的费用。

岛隧工程合同工程量清单中的单元支付子目数量均为“1”或“总额”，每个计量周期只对已达到合同约定支付条件的工程单元按比率予以计量。合同执行过程中，因部分单元施工图设计方案与招标图纸方案有较大的调整，发包人根据工程实际情况，对部分单元支付节点进行调整，按照设计及施工方案重新确定支付节点，并根据施工图预算测算支付比率。调整后的支付办法以签订补充协议的形式完善相关合同手续。例如，东、西人工岛格形钢板桩围堰方案改为大型钢圆筒围堰方案后，原合同定义的地基处理、岛壁结构、冲刷防护、小岛基坑等单元工作内容发生改变，各单元计量支付办法已不适用，为解决进度款支付问题，发包人将4个工程单元合并为一个支付单元，根据审批的人工岛设计图纸，重新确定计量支付节点及支付比例。

通过分阶段、分步骤合理确定、调整工程单元的计量支付办法，简化项目进度款支付流程，有效解决了项目合同管理中单元计量支付条款争议多、边界条件变化快、确认难度大、审查周期长、进度款支付滞后等难题。

八、招标文件的系统集成

正如前文所提及，岛隧工程经过缜密的调研和论证，初步形成了以设计施工总承包模式为基础，以联合体架构为组建路径，并结合招标工作小组提出的合作伙伴关系、设计与施工联动配合、系统与工程单元要求等要素，组成一个复杂庞大的招标文件体系。如何把这个招标文件体系高质量地搭建起来，亦是一项难度颇大的工作，构思者最后发现，这个文件如此庞大，国内的标准招标文件、其他工程的招标文件模板，都已经远远容纳不下这些内容。招标工作小组内部讨论后得出结论：没有捷径可走，即使工作量如此庞大也只能另行起草招标文件。

招标工作小组在前期构思招标方案时，就明显感觉到与招标相关的工作会纷繁复杂，仅凭港珠澳大桥管理局计划合同部已有的人员编制，恐难以胜任。港珠澳大桥需要引进全国乃至全球最优秀的咨询和技术团队，为了确保招标工作万无一失，招标工作小组把目光投向了国内公路工程标准招标文件的编写单位——华杰公司，借助华杰公司深厚的行业影响力和技术储备，共同打造出经得起考验的招标文件。

在招标团队的共同努力下，历经前期漫长的筹划和构思阶段、废寝忘食地起草和痛苦煎熬地反复修改阶段，港珠澳大桥岛隧工程招标文件终于成型，把招标工作小组当初设想的架构、问题和思路逐项落实，原创性的内容占到80%以上。但原创性过多的文件在报备行业主管部门时，反而带来一些意想不到的困扰。行业主管部门习惯了基于国内标准招标文件为蓝本编写的招标文件，对照标准招标文件，核备人员可以轻易掌握文件的思路和框架，也便于寻找和确认招标文件是否存在不合法不合规的内容。而港珠澳大桥岛隧工程庞大的文件架构和创新内容，以及巨大的标的金额和潜在影响力，让核备人员倍感压力，不敢轻易出具核备意见。

例如，岛隧工程提出的联合体架构以及联合体的组建路径，涵盖的内容和牵涉范畴如此之广，导致这份招标文件需要围绕一个主线条再延伸扩展出若干条支线进行编排，主招标文件对不同层级的联合体成员分门别类地提出筛选条件，并嵌入若干个二次招标（比选）文件，以便于实现联合体不同组建路径之需求。为确保万无一失，管理者手中需要有方案 A 和一个备用的方案 B。

另外，一个特别创新点在于评标办法中的报价分数计算原则，本次招标评标采用综合评估法，管理者希望着重从企业各方面的综合实力、技术储备、业绩信誉、抵抗风险能力等方面对投标人进行评审，所以招标人希望适当淡化报价影响因素，提出了一个曲线公式，设置投标价上限，报价得分 N_i 与评标价 A_i 之间的关系呈二次曲线，具体计算方法如下：

$$N_i = 45 - 18 \times (10 \times A_i / A - 9)^2 \qquad \text{(式 7.1)}$$

式中：N_i——报价得分；

A_i——评标价；

A——最高限价。

从以上计算公式可以看出，评标价 $A_i = 0.9A$ 时，报价得分是最大值，A_i 高于或低于 $0.9A$ 时，报价得分都以二次曲线快速下降，迫使投标人围绕着 $0.9A$ 这个价格水平进行报价。这种报价得分计算方式存在一定的争议，争议点有两个：第一个是引导投标人的报价都集中在一个水平上，显现不出市场价格竞争的优势；第二个争议点是 A 值的确定，直接关系到中标价是否合理，而 A 值是由招标人发布的，给招标人的造价团队带来极大压力。但招标人认为这个标段的成败取决于中标单位的技术方案和实力，而不取决于报价竞争。当然，这给招标人带来很大压力，对报价测算提出了更高的要求，但也突出了招标人希望坚持“优质优价，质量优先”的原则，经过多方沟通协调，最终坚持采用此种计算方式。

以上所列的两个典型创新点，都使得行业主管部门核备招标文件时难以拿捏分寸，为慎重起见，并考虑到本工程涉及粤港澳三地，广东省交通运输厅经请示交通运输部公路局，2010 年 7 月 12 日，交通运输部召集了唯一一次针对国内单一项目、招标文件评审会议，以交通运输部公路局名义对港珠澳大桥岛隧工程招标文件出具核备意见。

第三节　效果与评价

一、实施效果

经过公开招标，2010 年 12 月 21 日，业主与中标单位联合体（以下简称联合体）签订岛隧工程设计施工总承包合同。根据联合体协议，由联合体各单位领导组成联合体指挥部，该指挥部为项目最高决策机构，负责对项目实施中的重大问题进行决策；统筹协调各成员间的资源保证；协商联合体运行中出现的问题等。联合体指挥部授权项目总经理具体负责项目组织实施，项目总经理由牵头人（在职高管）担任，授予足够的统筹管理权力。以中交公司为联合体牵头人，公司在职高管担任项目总经理，具有广泛的资源统筹及超强的管理能力；中交的设计子公司作为联合体内主要设计人，施工主要由中交的施工子公司承担，总项目部内的协调管理兼备市场合同及行政协调的措施，利于设计、施工统筹，既符合中国国情，又能体现总承包管理优势。

2017 年 7 月 7 日，港珠澳大桥沉管隧道贯通仪式上，设计施工咨询国外合作方、荷兰 TEC 公司隧道专业负责人和首席隧道专家这样评价港珠澳大桥的沉管隧道技术："港珠澳大桥沉管隧道超越了之前任何沉管隧道的技术极限。因为港珠澳大桥沉管隧道的建成，中国从一个沉管隧道建设技术的相对小国发展成为国际沉管隧道技术的领军国家之一。"倘若岛隧工程没有采用设计施工总承包模式，那就不一定能达到目前的实施效果。简单列举有关案例，如

（1）招标环节所有工作均达到预期效果，全程处于高度可控状态。

（2）有效保障总体工期要求。如在岛隧工程的东、西人工岛成岛，按常规的工艺将需要 2～3 年才能形成陆域，但是岛隧工程处在关键线路上，特别是西人工岛需

要快速成岛进行地基处理，并抓紧开展首节沉管对接的岛上暗埋段。面对总体工期压力，通过设计、施工的有效联动与配合，在上海振华港机基地工厂内完成了钢圆筒制造，通过大型远洋货轮远程运输，集合全球资源，专项制造组装八锤联动系统，最终实现当年开工当年快速成岛的工期节点。

管理局主要领导在港珠澳大桥岛隧工程暨“第四战役”总结表彰大会上所总结的：“从 2010 年 12 月 28 日打响沉管预制厂建设的第一炮，到 2012 年 2 月 2 日建成全球最先进的沉管预制工厂，历时不到 14 个月，效率之高，在世界上是罕见的；从 2011 年 5 月 15 日西人工岛打下第一个钢圆筒，到 2011 年 12 月 7 日东人工岛第 120 个钢圆筒振沉完毕，用时不足 7 个月，创造了‘当年动工、当年成岛’的人间奇迹；从 2012 年 5 月 7 日管节预制开工，到 2016 年 12 月 26 日完成全部 28 个直线管节和 5 个曲线管节制造，53 个月的昼夜奋战，取得了浇筑百万方混凝土无裂缝的傲人成绩；从 2013 年 5 月 2 日首节沉管浮运出坞，到 2017 年 5 月 2 日最终接头沉放完毕，整整 4 年时间，每一节沉管都孕育了独特的故事。96 个小时的鏖战考验着我们的生理极限和心理极限，坚持让我们没有留下遗憾；E15 沉管三次浮运两次返航的危机化解考验了我们的应急处置能力，彰显了社会主义制度的优越性；最终接头的精调成功更考验了我们的责任担当，对自主创新技术的自信。东、西人工岛房建工程，在初步设计考虑不周、施工招标后又遭遇消防法规变化、防风标准提升、施工图预算大幅飙升而导致设计变更的审批一波三折，工期一再延误的情况下，岛隧项目部通过发动‘百日冲刺’和‘奋战四十天’专项劳动竞赛活动，硬是把耽搁的工期抢了回来，于 2017 年底完成了全部施工任务，东、西人工岛成了伶仃洋上两颗璀璨的明珠，大家用心浇筑的清水混凝土成就了岛上房建工程的建筑传奇。”E15 沉管浮运沉放实况见图 7.3。

图 7.3 E15 沉管浮运沉放实况图片

3. 支持技术创新

总承包模式合同大力支持技术创新，史无前例仅用 7 个月完成深海筑岛，较计划工期提前一年半；建立了世界第二例、国内首例沉管预制“超级工厂”，突破传统实现巨型沉管的流水线生产；形成了外海沉管安装施工成套技术和管理体系，完成了在强回淤、深水深槽环境下的 33 节沉管浮运安装；采用目前世界最大的 12000 t 起重船完成了国内首例“三明治”结构的沉管最终接头安装。在建设过程中，先后开展了 100 余项验证试验和专题研究，制造了具有国际水平的 10 余项大型专用装备，建立了外海超长沉管隧道施工监控和风险管理系统，攻克了“快速成岛”“工厂法”“复合地基”“半刚性”等 10 余项世界级技术难题，形成专利 400 多项。

4. 采用设计施工总承包模式是合理的

超复杂、巨系统的集群工程采用设计施工总承包模式是合理的，采用这种模式能充分发挥总承包商全产业链优势，完成了钢圆筒制造和远程运输，集合全球资源，专项制造组装八锤联动系统，实现深插钢圆筒快速成岛工艺。特别是在 E15 沉管发生“突然回淤”问题后，为了保证工程的质量，港珠澳大桥岛隧工程项目总经理部曾三次浮云、两次返航，“两进三出”的施工现场安装，充分显示了央企的责任感、对风险的把控能力以及快速调动资源的整合能力，也证明管理局的选择是完全正确的。

正如岛隧工程项目总经理部项目总经理在港珠澳大桥岛隧工程景观设计暨工程美学研讨会上的致辞中提到的：“没有‘岛隧工程设计施工总承包’这一伟大的构想，中国工程就少了一个辉煌的舞台。”

二、评价与思考

（一）岛隧设计施工总承包招标再认识

1. 实现招标策划与项目管理规划的协调统一

招标本质的目的是确保项目管理的成功，决策层把招标策划与项目管理的整体策划紧密结合，将其作为项目顶层设计的核心内容。招标策划工作被提到前所未有的高度，招标环节不再是一个程序性的流程和工具，而是回归招标活动本质，以招标策划驱动项目管理和技术创新的顶层设计。

2. 设计施工总承包模式设计

岛隧工程的设计施工总承包模式体现出以下特征：

(1) 设计施工总承包模式内涵界定。其中包括重新定位发包人的管控重点，转移发包人的部分管理职能，避免用施工承包合同管理的思维管理设计施工总承包合同；建立设计与施工联动机制，施工驱动设计；建立基于信任、公平、利益相关的合作伙伴关系。

(2) 市场培育和联合体的组建。针对市场资源的不足以及保持投标竞争性的矛盾，招标人需要针对性地进行培育市场，市场培育过程与资格条件设置、评标办法等紧密相连。在联合体的组建中引入施工管理顾问和国际设计合作方，从而引入国际优质资源。

(二) 存在的问题评价与思考

港珠澳大桥岛隧工程的成功得益于设计施工总承包的模式选择，其质量、安全环保、工期过程控制和最终交付成果都是世界一流水平，项目合同总价虽然按程序根据批准对概算做了有关调整，但也是依法依规和实事求是的合理调整。和国际同类工程相比，港珠澳大桥具有很大的“性价比”优势，是名副其实的价值工程。

港珠澳大桥管理局确立的“严格履行合同下的伙伴关系”为克服项目难题、凝聚各方共识、始终确保项目不因为现实困难和矛盾冲突而偏离建设目标，发挥了重要的作用。在这个过程中管理局主要领导者的胸怀、远见、领导力等都发挥了至关重要的作用。通过这种业主的领导力，把参建利益相关各方紧紧地团结在一起，形成了项目总体领导力和执行力。

项目在风险划分上按“最有能力管理和最大程度降低风险的一方应承担特定风险”的原则是可行的，但具体的风险分配是工作的关键，要予以特别的重视。在具体风险排查梳理和风险分析中，须对合同双方之间的风险分配事先做出更加深入细致的评估，结合合同模式、方案的变化、新技术的引入、工程经验等做出更加科学的划分和分配。对于重大工程，这一点尤其重要。一般而言，项目实施过程中出现的客观因素超过承包商可承受的风险时，让一个企业承担巨额亏损去完成工程，并不是很容易实现的。对于无法预计的、超越一个正常承包商能够承担的风险，合同要有更均衡和更有弹性的适应性处理机制，否则容易导致项目陷入困境，最后的结果可能是各方损失都加大，项目总体成本更高。在关注风险的同时也要善于发现其中蕴含的机会。

港珠澳大桥是三地共建共管的首次合作和尝试，对于在“一国两制”框架下首次实施的超级工程的技术复杂性、法律复杂性、社会复杂性、组织复杂性、投融资复杂性和超长周期带来的时间复杂性，招标和合同编制阶段难以准确认识到位，各方都是在过程中逐步加深认识的。三地政府从各自的规则、需求和经验角度都提出了各自要求，适应三地要求和经法务审查合同的文件非常严谨，少有谈判空间。合同的弹性和适应性需要提高，需要在“控制”和“动态调整”之间实现更好的平衡，以保留足够的弹性应对不确定性。甚至这种弹性和适应性需要放到项目全寿命周期中做更大范围的考量。

合同和工作界面需要得到良好的管理，需要事先引起更大的重视和做更加细致的评估。同样的任务，在不同合同中执行，带来的成本和工期影响的差异是非常悬殊的。要详细分析不同合同之间的界面和相互影响，了解可能存在影响成本的重大因素、导致项目延期的因素及这些因素之间的相互影响，尽可能结合设计和工程经验做出合理的划分。

对于港珠澳大桥这样的重大工程，建设过程不会是一帆风顺的，会遇到很多困难，其中冲突几乎是不可避免的。面对冲突，要尽可能保持更多的耐心，有时候需要更多“迂回”而不是“直接”的方式来解决问题。要更加关注利益相关方的诉求，更加积极地面对，更有耐心地疏导，始终保持沟通和对话，合作远远比冲突重要。除了“管理利益相关者”，还需要适当关注“利益相关者参与”。

工程是实践的科学，要善于向其他项目学习。仅基于理论知识的自上而下地空想在实践中很少能够成功，要突出理论和实践结合交互。需要通过理论来指导和理解实践，但单纯的管理理论肯定与真正的项目经历会有所不同，因此需要从经验中学习。每个项目的实践始终需要适合项目的特定目标和环境，把学来的知识变成“活知识”才能够解决问题，简单地复制其他项目的经验也不可能取得重大项目的成功。此外，项目是和人打交道并由人完成的，无论是理论还是实践，工程管理都不能脱离人而存在，重大工程更需要对人的因素，包括对关键人物和对人的复杂性予以特别的关注。

如今，重大工程在管理的复杂性方面已经让项目管理和建设者面临重大挑战。未来趋势表明，这些挑战正在加剧。在新的重大工程建设的同时，旧有的重大工程的调整、升级、翻新和改造也在持续增加。在新基建的背景下，随着 BIM、大数据、云计算、人工智能等新技术的引入，不仅对产业生态体系形成新的冲击，还将演变形成新的技术管理生态系统。与传统土木工程设计相比，新技术的系统复杂性更高，而容错率更低，与新技术的融合也增加了项目工程的复杂性。随着社会的发展，重大工程对社会价值的关注不断提升，对利益相关者的关注不断加强，对环境保护更加注重，使得项目的目标变得更加综合。未来的重大工程不仅是实现工程本身的功能，还需在适应自然，保护环境，满足发展、商业和实现更大的社会价值和可持续性方面的需求方面增加更多地考虑。这些都对重大项目的项目管理者和建设者提出了更高的要求。

目前国内重大工程之间知识交流和分享较少，多局限于国内项目之间，以简单调研为主，深度不够也不系统。缺少重大项目之间的比较研究，也缺少跨行业的重大项目之间的比较研究和国内重大工程和国际工程的全寿命周期的比较研究，更加缺少对重大工程失败案例或失败教训的深度剖析，事实上，有时候教训比经验更加重要。港珠澳大桥以需求和问题为导向的针对世界范围内重大工程的知识学习，为解决制约港珠澳大桥成功建设的难题提供了创新方案。但港珠澳大桥知识交换、传播和转化还需要提高，对教训的总结和反思还很缺乏，以一个项目之力也难以形成全面的、可持续的研究成果。在交通强国、“一带一路”、新基建等背景下，需要结合中国实际成立用以传播有关重大工程项目组织管理的知识网络，系统性总结项目管理的成功经验和失败教训，促使形成结构化学习体系，帮助将要实施的项目做出监控和评估，并辅助决策。鼓励国内高校以及研究机构以港珠澳大桥项目为例，形成对跨行业的重大工程的实践做法的专业研究，在专业教育的同时，更加注重培养学生的管理思维和集成管理的能力。着力推动重大工程知识管理和知识分享，真正促进重大工程可持续发展和高质量发展，为推动交通强国目标的实现做出贡献。

第八章　产业升级

——钢箱梁采购与制造施工

港珠澳大桥主体工程单座桥梁的钢箱梁采购与制造规模达 42.5 万 t，而国内主要钢箱梁制造厂家以往所承接的单个合同供应量常见的是几万吨左右，10 倍数量级的供货体量，在供货时间相差不大的情况下，如何保证按时按量地完成供货任务，是摆在大桥建设者和潜在供应商面前的一大难题。解决这一难题的唯一途径是推动供应商进行产业升级。供需双方通过前期调研和论证，最终达成共识，确立了推动钢箱梁制造产业升级的宏伟目标，并通过合同驱动来实现。这是港珠澳大桥主体工程钢箱梁采购与制造施工招标创下的一个经典案例。

第一节 面临的问题与挑战

根据初步设计，主体工程桥梁部分包括组合梁和钢箱梁两部分，涉及基础下部、钢箱梁/组合梁的制造及桥面铺装。为了满足阻水比的要求、配合国家战略性资源储备和钢结构行业的政策导向，桥梁工程放弃了原来的混凝土结构设计方案，2010 年底率先开始基础下部、钢箱梁/组合梁制造两个部分的招标工作，2012 年底开始桥面铺装招标工作。图 8.1 是桥梁工程的标段划分。

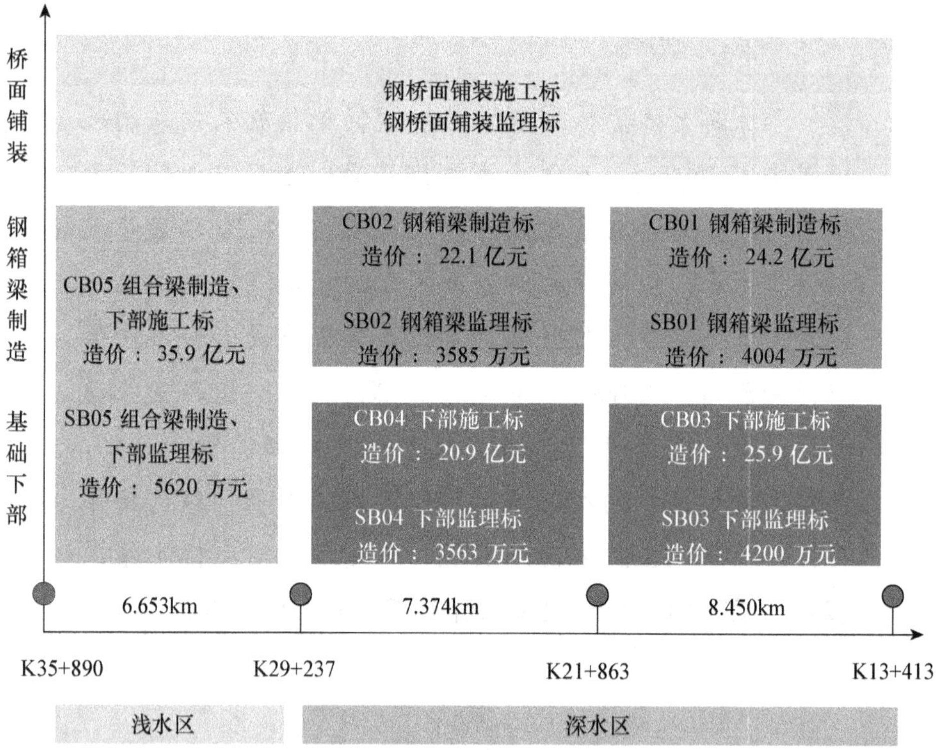

图 8.1 桥梁工程的标段划分

一、世界级质量标准

港珠澳大桥设计使用寿命长达 120 年，可以抗击 8 级地震、抵御 16 级台风，设计上对钢结构抗疲劳性能提出了更高要求。钢结构制造标准高，对桥梁工程的耐久性、钢桥面板的抗疲劳性能要求更高。如 U 形肋角焊缝质量要求高，其熔深不得低于 U 形肋板厚的80%，且不得焊漏，质量控制难度大。交通运输部领导曾提出对如何解决钢结构疲劳问题的担忧："这个问题不解决，钢结构大桥将成为'水中月、镜中花'。"

二、三年工期完成42.5万t钢结构加工制造

苏通长江公路大桥钢梁用钢量为5万t；美国加州旧金山新海湾大桥钢结构总量4万多t，制造时间约4年；香港昂船洲大桥用钢量3.6万t，制造时间约3年。港珠澳大桥主体桥梁工程上部结构钢结构制造量达42.5万t，大桥钢结构制作3年的工作量相当于这些国际上类似钢结构制造项目16～18年的工作量。如何按时保质保量完成钢结构制造并达到建设目标要求的世界级质量水平，是港珠澳大桥面临的一项巨大挑战。

三、产业滞后

市场上的钢结构制造企业，在生产产能、供应保障、合同履约、工期保障、基地部署等资源方面都无法满足港珠澳大桥的要求。初步调研发现，国内大型桥梁钢结构制造企业境况不佳，过去国内对钢结构需求量不大，当时大部分被调研企业厂房陈旧、设备落后，平均工装及技术水平较低、产品质量及稳定性受人为因素影响较大、年产能有限。在当时国内市场上，与港珠澳大桥钢结构制造相匹配的市场资源几乎没有。如国内最强的4家钢桥制造企业年均产能不超过8万t；将当期国内所有的优秀的钢箱梁相关的焊接工人加起来都不足以满足该项目的资源需求等。资源有限性和整个产业的落后状况是招标人面临的巨大挑战。

四、钢材价格起伏不定

作为钢箱梁的原材料供应商，钢厂也是招标过程中至关重要的一环。在钢板轧制厂考察中，发现以下情况：国内炼钢技术、钢板的轧制装备和能力都有很大提升，实现了自动化的流水生产线，产品质量得到了保证，正由传统的线材生产逐步向板材扩张发展；面对铁矿石等原材料价格上涨，钢厂受上游资源和下游产业的挤压，利润空间越来越小；源于生产线、管理水平的差异，国内各厂所生产的产品品质亦存在一定的差异；当时钢材价格时起时落，价格波动幅度越来越大，波动周期越来越短。因此，如何制订一个对各方风险合理分担的钢材价格采购方案，是需要招标

人解决的一个重要问题。

五、与下游产业的匹配

钢结构制造产业的上游面临着钢板供应的问题，下游也面临着分包管理的挑战。下游产业主要包括涂料供应、防腐涂装、除湿机制造、检查车制造等。

23km的钢箱梁桥对外部涂料的要求相当严格，如何保证涂料颜色效果的一致性？如何保证涂装的设计使用寿命？当时国内桥梁钢结构防腐涂装总体技术水平较低，产品质量稳定性受气候条件、人为因素影响较大。在完全外海施工的条件下，单纯依靠人工进行按时保质的涂装工作，几乎是不可能的。面对以往工人在施工现场进行涂装的施工方法，如何进行“大型化、车间化、标准化、自动化”的创新，如何在工期要求内完成如此超大规模的钢结构制造任务，并保证质量稳定可靠，不仅仅对港珠澳大桥，甚至对整个钢结构制造行业都提出了严峻的挑战。

第二节　招标策划与模式构建

从20世纪50年代德国库法尔茨大桥（Kurpfalz）建成开始，欧洲已有1000多座各种形式的钢箱梁桥，日本有250余座钢箱梁桥，北美有100余座钢箱梁桥。我国钢箱梁桥的研究和应用起步较晚，直到20世纪70年代初才建成第一座钢桥面板桥——潼关黄河铁路大桥。改革开放以来，国内正交异型钢桥面板钢箱梁桥呈现出迅猛发展势头，迄今为止，我国已建成钢箱梁桥梁100余座，如西陵长江公路大桥，润扬长江公路大桥，南京第二、第三长江公路大桥，苏通长江公路大桥、香港昂船洲大桥、鄂东长江公路大桥等。经过几十年的发展，我国公路钢箱梁制造技术有了长足的进步，但与国外相比，钢箱梁制造技术还相对落后，主要体现在制造装备的差距上，我国钢箱梁制造基本上是一种劳动密集型产业，传统的钢桥面板加工组装及焊接多采用半自动化和人工操作，质量控制风险大、工效低。

一、产业升级的目标驱动

2011年1—4月，招标小组通过对国内钢结构制造行业开展深度考察及调研，对市场可用资源进行深入了解。为全面提升我国钢箱梁制造技术，实现港珠澳大桥提出“大型化、车间化、标准化、自动化”和“推动行业技术进步”的总体要求。在2011年5月12日的技术交流会上，时任港珠澳大桥钢箱梁采购与制造招标小组组长提出，港珠澳大桥钢箱梁制造提出要实现“板单元100%自动化”生产的构想和“板单元人最少，采用工厂全自动流水线制造”“总拼厂人最好，变工地化施工为工厂法制造”的制造与管理理念。图8.2是钢箱梁制造的技术-管理综合体系图。在工厂化、自动化和智能化的流水线上完成所有钢箱梁板单元的制作，要求“人最少”。板单元拼装成钢箱梁也必须在工厂内完成，所使用的焊接设备要用最好的设备，上岗的焊工必须是最好的焊工，这就是“人最好”。张劲文总监解释道：“钢梁基本构件的板单元体量小，型式标准，利用汽车制造业流水线生产模式可行；钢梁体量大，整体拼装参考港珠澳大桥沉管工厂法预制思路，采用车间内工厂法制造可行”。此外，港珠澳大桥总共约42.5万t的板单元，其制造数量巨大，同类构件数量多，设计标准化程度高，亦非常适合进行自动化生产。港珠澳大桥设计使用寿命为120年，钢结构制造标准高，对桥梁工程的耐久性、钢桥面板的抗疲劳性能要求更高，实现板单元制造的标准化和自动化，有利于减少不确定因素对质量稳定性的影响。

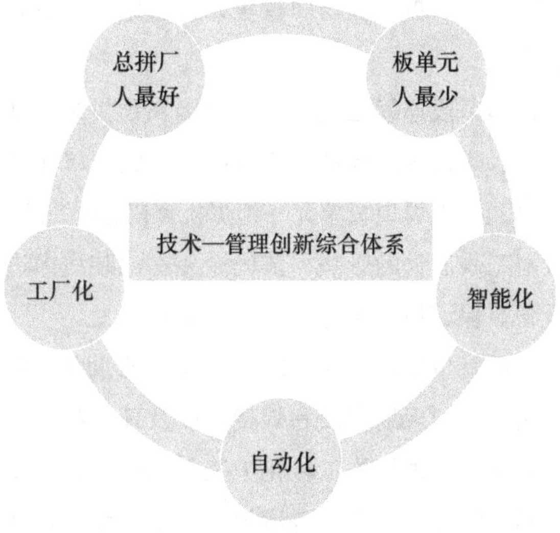

图8.2　钢箱梁制造的技术-管理综合体系

为了进一步落实和验证此构想，2011年7月，管理局组织设计、施工等单位，前往日本考察钢箱梁制造设备和工艺水平。日本是钢结构制造的强国，但考察小组发现，日本的钢箱梁在板单元制造上主要采用“机器人＋人工”生产方式，即部分工序采用机器人焊接，部分工序采用人工焊接，总体上并没有实现钢箱梁的流水线制造。这让考察小组意识到，中国钢箱梁的制造水准有可能通过生产方式的变革，发挥优势超越日本。

通过对国际国内市场产能和技术现状的深入调研，招标文件对产业格局提出了具体要求："全新厂房、尖端设备、一流技术、科学管理"。发包人要求承包人必须采购先进的设备，全面实现板单元加工的自动化与智能化，必须全面实现所有梁段拼装的车间化与工厂化。招标文件中对自动化设备提出强制性资格审查要求，设置独立的自动化水平评分项，以此激励投标人在投标阶段就周密部署、加大资源投入，引进自动化技术和设备，最大限度地缓解中标后的工期压力和项目风险。

钢结构制造按工序可分三个阶段，即板单元制造、梁段拼装和现场连接。板单元在承包人总部完成，梁段拼装在中山基地完成，桥位连接在架设现场节段吊装就位后完成。

（1）板单元制造遵循"钢板赶平及预处理→数控精切下料→零件加工（含U形肋板制造）→自动组装机床组装→多头门式自动焊机＋双向反变形胎焊接"的顺序进行。组装、焊接均采用自动化设备，不仅可以提高生产效率，还能稳定产品质量，消除质量隐患。港珠澳大桥钢结构制造单位与专业机器人公司联合设计研制了U形肋板单元自动组装定位系统、板式加劲肋板单元自动组装定位系统，并首次在钢结构板单元制造中成功应用。

（2）梁段拼装采用多节段连续匹配组装、焊接和预拼装一次完成的方案，基本工序为"底板单元定位、焊接→组焊挑臂隔板单元→底板单元定位→组焊中腹板单元→组焊横隔横肋板单元→组焊顶板单元→组焊挑臂隔板单元"。拼装在封闭厂房内进行，避免恶劣天气对工程质量的影响。节段涂装在涂装房内进行，涂装房内安装除湿、加热和通风设备，保证环境符合涂装工艺要求。

（3）现场连接。梁段就位后，完成节段间顶板U形肋板栓接，顶板、腹板、底板环缝的焊接、桥面附属件的现场安装和焊接，以及环缝补涂等作业内容。港珠澳大桥采用大节段拼装，将大量现场施工转化为工厂制造，大幅度减少现场作业时间并缩短工期。但大型结构构件现场安装也增加了施工难度和挑战性，要求装备更现代化的大型吊装设备、大型陆上和海上转运设施，进行更精细化的施工计划和操作管理以及采取风险控制和安全防护措施。

港珠澳大桥管理局工程总监回忆道："后来经过非常痛苦的思考以后，决定把整个钢箱梁板单元在流水线上生产，就像是造汽车零部件一样生产，方案出来后当然有很多反对的声音，因为行业里没人这么做过，国际上也没这么做过。但后来事实证明，这种做钢箱梁的方式真正推动了全球钢结构的进步"。

二、招标模式的策划

在桥梁工程初步设计阶段，管理局与设计单位就对国内钢箱梁采购与制造、监理市场进行过初步调研，在此基础上，管理局提出了初步方案。鉴于所面临的技术和管理难度，按照 2010 年 12 月 3 日第五次局务会议要求，2010 年 12 月 15 日成立了钢箱梁采购与制造招标工作小组，举全管理局之力，全力推进本次招标工作。随即开展了系统的资料收集整理工作，工作小组收集整理了包括香港昂船洲大桥、美国奥克兰海湾桥在内的近 20 个国内外典型项目招标文件或合同文件，进行了消化学习。同时，为准确把握市场，统筹优质资源，制定科学的项目管理模式，管理局正式发函，邀请国内最具实力的钢箱梁制造、监理、钢厂企业共计 27 家单位参与本次招标的市场调查，全面、深入地掌握企业信息、热点问题、技术建议书等多方面情况。此外，还开展了两轮市场调研和项目考察。招标模式确定过程关键时间点如图 8.3 所示，调研和技术交流过程如表 8.1 所示。

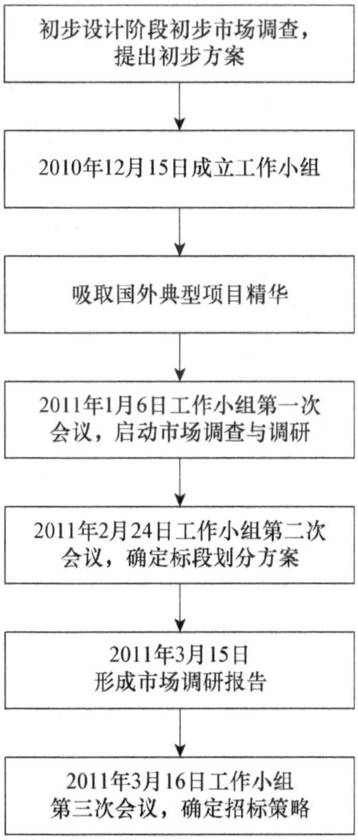

图 8.3 招标模式确定过程关键时间点

表 8.1 钢箱梁采购与制造调研和技术交流过程

时间	形式	活动	主要内容
2010.12.3	会议	管理局2010年第五次局务会议	要求成立钢箱梁采购与制造招标工作小组
2010.12.15	会议	—	钢箱梁采购与制造招标工作小组成立
2010.12.15—2010.12.30	资料	收集整理国内外典型项目招标文件	—
2011.1.5	会议	召开了第一次工作小组会议	讨论确定调研对象，讨论并完善市场调查方案、边界条件、招标思路，讨论确定了本次招标的工作计划、任务安排等
2011.1.6	函调	市场调研	邀请14家单位参与钢箱梁采购与制造招标市场调查，邀请7家单位参与钢材采购招标市场调查，邀请6家单位参与钢箱梁监理招标市场调查
2011.1.6	问卷	第一轮市场调研	邀请6家单位参与钢箱梁采购与制造、监理招标
2011.1.10—2011.1.15	座谈	第一轮市场调研	与参与大型桥梁钢箱梁采购与制造的6家单位座谈
2011.1.15	问卷	收到17家单位市场调查反馈材料	—
2011.2.22	问卷	第二轮市场调研	邀请6家单位参与钢箱梁采购与制造、监理招标
2011.2.24	会议	第二次工作小组会议	介绍第二轮市场调研的有关安排，讨论确定桥梁工程招标标段划分方案；讨论确定技术文件的编制工作安排
2011.2.28—3.6	座谈	第二轮市场调研	与参与大型桥梁钢箱梁采购与制造、监理、钢板供应商等6家单位座谈
2011.3.16	会议	第三次工作小组会议	讨论并确定钢箱梁采购与制造招标策略，钢箱梁监理标段划分方案及招标工作计划，钢箱梁采购与制造、监理招标文件编制工作方案
2011.3.31	问卷	收到18家单位市场调查反馈材料	—

续表 8.1

时间	形式	活动	主要内容
2011.4.7	座谈	第三轮市场调研	2家单位与参与钢箱梁采购与制造、监理招标的座谈
2011.7.16	调研	组织设计等开展在日本的调研	钢箱梁制造技术及设备的调研及技术交流
2011.8.24	文件	《港珠澳大桥主体工程桥梁工程钢箱梁采购与制造（CB01标、CB02标合同段）招标文件（送审稿）》，上报三地委、三地政府审查	—
2011.10.11	文件	管理局根据三地委、三地政府审查意见修改招标文件，并上报广东省交通运输厅办理核备	—
2011.11.17	文件	广东省交通运输厅向交通运输部上报了招标文件备案的报告	—
2011.12.13	文件	发布招标公告	—

通过网络查询、收集整理相关设计资料、宣传资料、电话及电邮沟通等方式，对12家内地知名钢箱梁制造企业、12家内地知名钢厂企业进行了市场信息的前期收集。综合考虑资质条件、财务状况、生产能力、业绩、配套设施（制造、存放场地能力情况）、运输能力、拼装基地、人员情况、质量保证体系等指标，统计初步调查发现7家钢箱梁制造企业具有与本项目匹配的、相对较强的桥梁钢箱梁制造业绩，随后向这7家企业发出书面调研函。

综合考虑钢箱梁制造企业及钢铁生产企业之间的地缘优势、空间优势、运杂费最低、综合费率最优等原则，以及考虑钢厂在大型桥梁用中厚板材供货的业绩，统计初步的调查数据发现有7家内地钢厂具有相对较强的桥梁钢板供货业绩，随后向这7家钢厂发出书面调研函。

结合前期信息收集情况，综合考虑时间的限制，在上述大名单中，依据公路桥梁钢箱梁加工制造的业绩及财务指标等综合实力选择其中4家制造企业，进行实地考察、座谈、回访。依据公路桥梁用钢板供应业绩情况及财务指标、公路桥梁钢箱梁加工制造等综合实力择优选择其中4家钢厂，进行实地考察、座谈、回访。

与其他合同的招标类似，市场调查过程中一方面推介项目，另一方面也收集了大量过往经验和潜在投标人的建议，从而促进了招标模式的确定。

桥梁钢箱梁和下部结构施工标段划分，就“分开划分”和“集中划分”进行了深入的比较、分析。考虑到大桥钢箱梁约 42.5 万 t 的巨大体量，上、下部费用相当，甚至上部制造费用略超过下部结构施工费用。加之前期市场调查已经掌握国内钢箱梁制造企业产能状况，需要实施产能升级才能完成巨大体量工程。为了便于业主推动产业升级，最终在深水区桥梁段选择了钢箱梁和下部结构标段分开划分实施方案。此外，在内地类似大型项目，如珠江黄埔大桥、杭州湾跨海大桥、苏通长江公路大桥、泰州长江大桥、润扬长江公路大桥、南京长江公路第三桥、青岛海湾大桥等也均采用下部结构和钢箱梁分开招标的方式。

组合梁的采购与制造采用施工总承包，其中下部结构也包含在合同中。内地类似大型项目如武汉二七长江大桥、上海—崇明岛大桥、安徽芜湖长江大桥、上海东海大桥（颗珠山大桥）、武汉天兴洲长江大桥、重庆江津观音岩长江大桥和云南澜沧江特大桥等也均采用这种加强的施工总承包模式。

港珠澳大桥主体钢箱梁采购与制造是指箱梁、索塔钢结构塔身（或混凝土塔中钢锚箱及索塔钢结形撑）及附属设施的材料采购、加工制造、保管、运输及工地连接。42.5 万 t 钢结构可以分为两大部分：一是钢箱梁，包括约 130 个钢箱梁大节段（包括 1424 个小节段），148 个组合梁大节段，总用钢量为 40.6 万 t，占整个钢结构的 95.5%；二是钢塔，包括江海桥 3 个海豚塔、九洲桥 2 个风帆塔，以及青州桥上 2 个中国结钢结构形撑及钢锚箱，总用钢量约为 1.9 万 t，占整个钢结构的 4.5%。钢箱梁形状规则，有利于标准化生产，而钢塔形状不规则，属于个性化订制的产品。

三、甲控模式的改进

钢箱梁的采购与制造中主要涉及业主、钢箱梁制造厂和钢材供应商（厂）三方，各方都有各自的诉求。表 8.2 是对三方的优劣势分析，招标模式设计中需要发挥三者的最大优势，弥补各自的劣势，通过采购和合同机制来平衡三者的合同关系。

表 8.2　业主、钢箱梁制造厂与钢材供应商（厂）的特征分析

项目	业主	钢箱梁制造厂	钢材供应商（厂）
优势	极高的品牌影响力； 42.5 万 t 的采购大单	专业化的制造加工厂； 丰富类似项目的业绩和经验； 一定的运输、现场、配套能力	实力强大的钢铁企业； 类似供货业绩； 足够的钢板生产能力

续表 8.2

项目	业主	钢箱梁制造厂	钢材供应商（厂）
劣势	钢箱梁采购与制造规模大、标准高、技术难、工期紧、界面复杂； 国内招标市场竞争者专业化突出、综合实力弱； 业主管理资源和管理幅度有限	企业实际产能投入有限； 总体资金和实力较弱，抵抗钢材原料风险的能力较弱； 钢板需求规格、尺寸多样，配料制造难度大	受上下游产业链挤压，资金敏感，成本刚性； 钢板生产需要大批量一次性轧制生产

（一）四种招标模式的问题

调研过程中总体归纳了以往工程中的四种招标模式如表 8.3 所示，其中主要涉及以下问题：

表 8.3　钢板采购与制造方案对比

序号	方案内容	钢板采购	主要风险分析		
			运输费用	管理界面	市场风险
方案一	先招钢箱梁制造厂家，后招钢板供应商	甲供：由业主采用招标方式采购钢板； 甲控：由业主和钢箱梁制造单位联合采用招标方式采购钢板	确定钢箱梁制造厂家后能明确钢板运输目的地和运输路线，从而可明确钢板的运输费用。但会对远离钢箱梁制造厂家的供应商不利	业主管理压力大。业主直接面对钢箱梁制造厂家和钢板供应商，协调复杂	由于钢箱梁制造和钢板采购分开进行，钢板价格的市场风险只能由钢板供应商一方承担
方案二	先招钢板供应商，后招钢箱梁制造厂家	甲供：由业主采用招标方式采购钢板	在不确定钢箱梁制造厂家的情况下，钢板供应商无法确定钢板的运输路线	制造单位主动参与材料管理的积极性较差，易造成材料浪费	—
方案三	只招钢箱梁制造厂家，钢板由钢箱梁制造厂家自行采购	自购：钢箱梁制造单位自行采购钢板	运输费用含在自购费用中，由钢箱梁制造单位自行支付	由于钢箱梁的制造场地不在工程所在地，而且原材料进货渠道较多，业主对钢板采购过程监控不易	—

续表 8.3

序号	方案内容	钢板采购	主要风险分析		
			运输费用	管理界面	市场风险
方案四	一次性招标，由钢箱梁制造厂家和钢板供应商联合投标，由钢箱梁制造厂家作为联合体牵头人	甲供：由业主公开招标，钢箱梁制造单位和钢板供应商组成联合体进行投标	由钢箱梁制造厂家在最短运输距离和最优运输方式的前提下自行联合钢板供应商，使其联合后的报价更具竞争力	减少中间管理协调环节。同时对钢箱梁制造厂家和钢板供应商的供货能力、产品性能等进行评审，可实现业主对两者的监控需求，并减少招标环节	由联合体双方共担市场价格风险和其他风险

（1）对制造厂和供应商的招标顺序。如可以先招钢箱梁制造厂后招供应商（方案一、方案三）；或者是先招供应商后招钢箱梁制造厂（方案二）；抑或是一次性同时招钢箱梁制造厂与供应商；

（2）钢板采购的模式。可采用钢箱梁制造单位自购、甲供、甲控等，并且存在不同的衍生模式。自购指钢箱梁制造单位自行采购钢板（方案三）；甲供指由业主采用招标方式采购钢板（方案一、方案二），或者是由业主公开招标，钢箱梁制造单位和钢板供应商组成联合体进行投标（方案四）；甲控指由业主通过招标方式选择钢板供应商的范围，由钢箱梁制造单位在此范围内选择供应商（方案一的衍生），或者是由业主和钢箱梁制造单位联合采用招标方式采购钢板（方案一）。

（二）每种模式组合下需考虑的问题

（1）运输费用。先确定钢箱梁制造厂家后，能明确钢板运输目的地和运输路线，从而可明确钢板的运输费用，但同时会对远离钢箱梁制造厂家的供应商不利。在不确定钢箱梁制造厂家的情况下，钢板供应商无法确定钢板的运输路线。

（2）市场风险。主要指钢板价格的市场风险。如果是由钢箱梁制造厂家和钢板供应商联合投标，由联合体双方共担市场价格风险和其他风险；如果是钢箱梁制造和钢板采购分开进行，钢板价格的市场风险往往由钢板供应商一方承担。

（3）业主管控的界面和幅度。当采用甲供，业主直接面对钢箱梁制造厂家和钢板供应商，协调复杂，同时制造单位主动参与材料管理的积极性较差。而自购模式中，由于钢箱梁的制造场地不在工程所在地，而且原材料进货渠道较多，业主对钢板采购过程监控不易。

（4）转化和相关损耗。钢板在采购过程中，需要按具体的规格型号，从设计图纸中的工程量清单转化为钢箱梁制造企业的实际工料工程量，同时还需考虑相关损耗问题。

在众多模式的选择和优化调整过程中，市场调研和技术交流起到了关键性作用。通过前期函调显示受访企业均倾向于业主应该介入钢材供应，目前大型的跨江、跨海的类似项目较多采用甲控模式，并且甲控模式类型较多。函调中部分企业也反映部分项目业主直接供料模式（甲供）容易带来钢材供应涉及环节多、时间长、信息变形和扯皮现象、质量纠纷处理非常复杂。函调企业推荐先招制造企业、再招钢厂，并提出要注意发挥钢厂的地缘优势，如考虑运输成本和供应及时性等因素。

针对本项目的具体情况，通过衡量上述方案，招标人提出了改进的甲控模式（图 8.4），总体思路如下：先招钢箱梁制造单位，在钢箱梁招标文件中约定中标后，通过比选方式由招标人与中标人联合选定钢板供应商，并在招标文件中制定上述供应商的比选方式和原则，从而实现甲方的有效管控。其中各承包人分别确定一家钢板供应商，由承包人与钢板供应商签订钢板采购合同协议书；发包人、承包人、钢板供应商三方共同签订钢板采购货款发包人代为支付备忘录。这样既强化了业主的监管，又发挥了承包人对钢板需求明确及便于管理的优势，也解决了钢板厂的资金需求问题。

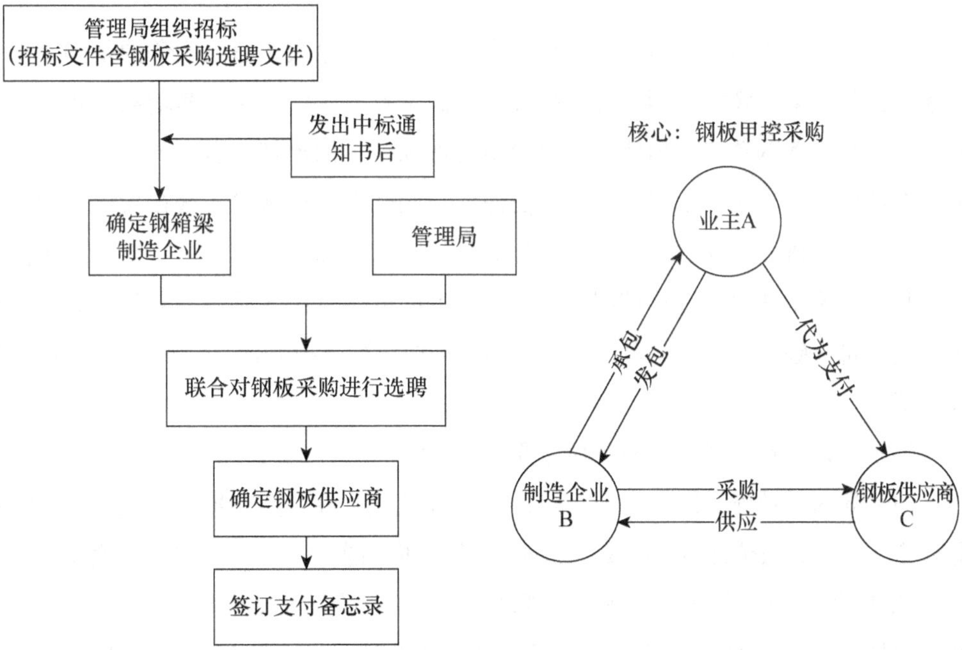

图 8.4　改进的甲控模式

（三）改进的甲控模式的主要优点

招标人提出的改进的甲控模式的主要优点包括：

（1）对业主而言，实现了大宗物资集中采购，控制了钢板质量，利于保证材料供应。由于制造企业与钢厂通过合同关系进行直接接触，并负责材料的供应计划和质量控制，能充分发挥制造企业在质量控制中积累的经验，减少了业主的管理协调环节，既保证供货质量和工期，又降低了原材料供应、库存（压港）、工期延误等风险，同时，相对甲供模式更有利于降低损耗率。

（2）对于制造企业而言，由业主支付材料费用，制造企业只负责来料加工，垫付的资金较少，不但降低了其材料采购风险，而且降低了制造企业运作的财务风险，项目的成本更加可控。

（3）对钢厂而言，实现了大宗物资销售，取得稳定生产配额，利于组织生产；因签订“三方协议”，约定由业主直接支付材料款，避免了钢箱梁制造周期过长，制造企业拖延支付货款的情况发生，加快了资金回笼。

四、钢板材料价格的风险共担

合理的产品价格是技术革新的源动力，能够使承包人在适度竞争的基础上保持饱满的热情。港珠澳大桥钢结构产品价格略高于行业平均价格，其增额主要用于承包人自动化设备购置和场地建设两项费用在本项目上的摊销，以及与 120 年设计使用寿命所匹配的专用技术规范上的品质保证。此举极大地激发了潜在投标人的参与热情。在此基础上，通过公开招标增加竞争性，设置相应合同条款，以适当降低成本，最终实现本项目的造价控制目标。招标人同样做了深入调研和分析，对比了全部锁定、部分锁定和一定幅度之上的不锁价（即风险共担方式），最终采用了风险共担方式。

通过调研，钢板材料价格风险主要包括两种：

（1）预付款比例。双方商定一定的预付款比例，在一定周期或合同期内实行价格锁定。考虑到铁矿石和焦炭成本占钢材出厂价格构成中的 40%～50%，而钢厂受上游资源和下游产业的挤压，利润空间越来越小，钢材价格波动概率进一步加大，波动周期也越来越短。因此，钢厂一般不倾向于应用此种价格锁定方式，即使锁定，其锁定周期也日趋变短，预付款比例也高达 30%～50%，钢厂须收到全额货款后发货。

（2）调价机制。先确定某一基准价，在商定的锁定周期内，钢材价格波动在某一定波动范围内（双方商定，一般3%～5%）则不调价，超过该波动范围，则调整锁定价。调价依据可以参照mysteel网发布的myspic价格指数，或者参照省造价站公布的信息价或行业协会公布的信息价等。实际调研中也发现考虑到当时钢板价格波动幅度越来越大，波动周期越来越短，价格锁定存在较大风险：若钢材价格波动过大，可能出现钢厂宁愿缴纳滞纳金或违约金而断供的情况，此时业主为保证工期不得不出面协调而加价。但是，加价后无法通过审计。

最终确定钢材价格在风险幅度内（$r=\pm3\%$）的波动作为承包人的风险，不进行调差。当钢材价格的波动超出风险幅度时，应进行涨价补差和降价减差的调整，按下列公式计算：

$$P=\sum P_i=\sum\{Q_i\times[C_i-C_0\times(1+r)]\}\tag{8.1}$$

式中：P ——调差季度材料的价差调整总费用；

P_i——调差季度某种材料的价差调整费用；

Q_i——调差数量，其中Q345qD调差数量是指调差季度内已计量的Q345qD钢板材料数量；厚板调差数量是指调差季度内已计量工程量折算出的厚板材料数量；

C_i——调差季度信息价；

C_0——调差基准信息价，其中Q345qD钢板基准信息价是指递交钢板比选采购参选文件当季的钢板材料信息价；厚板基准信息价是指递交投标文件当季的钢板材料信息价；

r ——风险幅度系数，$r=\pm3\%$。

其中的材料信息价（C_i 和 C_0）均采用《广东交通造价》（广东省交通运输工程造价管理站主办）中发布的钢板材料信息价。所有调差材料品种均按季度调差，每季度计算一次，并原则上在下个季度第一个月的工程计量款中进行补偿或扣回。

Q345qD钢板调差数量是指钢板供应商向承包人供应的，并在调差季度内已完成计量的该规格钢板数量。Q345qD钢板调差总数量＝清单采购数量±变更调整的数量，但总数量（含变更工程）不能超过行业主管部门批复的施工图设计文件及设计变更文件中，对应钢结构制造所需的Q345qD钢板材料总数量。

本合同工程中，发包人只向钢板供应商代支付材料预付款，金额为钢板采购签约合同价的20%。在发包人、承包人、钢板供应商签订钢板采购货款发包人代为支付备忘录后，且供应商向发包人提交了相应金额的材料预付款保函并经发包人确认后，由发包人向钢板供应商一次性支付。

2014 年钢板价格从 2012 年的 4670 元/t 下降到 3736 元/t，调减近 1.62 亿元，充分体现了风险共担的原则。

五、产业链的升级

除钢材供应采用甲控外，其他甲控的还包括涂料供应商、除湿机制造、检查车制造等（表 8.4），有效实现了甲方对主要材料和分包商的管控。

表 8.4　钢箱梁采购与制造涉及的暂估价

项目	组织形式	标段编号	主要内容
钢板采购	公开选聘	CB01-G1、CB01-G2、CB02-G1、CB02-G2	主要为钢箱梁采购与制造标段用于永久性工程所使用的 Q345qD 钢板供应，包括 Q345qD 钢板材料的生产、运输、供应和服务
防腐涂装施工	公开招标	CB01-F1、CB01-F2、CB02-F1、CB02-F2、CB05-F	负责 CB01 标、CB02 标钢箱梁、钢构件的防腐涂装工作，所需设施、材料的采购安装
涂装材料		TL01、TL02	负责 CB01 标、CB02 标、CB05 标合同段钢箱梁及组合钢梁、索塔钢结构、附属设施等涂装所需的涂装材料供应
检查车采购与安装		J01、J02	负责 CB01 标、CB02 标、CB05 标检查车的采购安装及相关配套服务
除湿系统采购与安装		C01、C02	负责 CB01 标、CB02 标、CB05 标除湿系统的优化设计、制造等以及负责人员的培训工作
施工监控		CB03-JK、CB04-JK、CB05-JK	负责监控 CB03 标、CB04 标、CB05 标墩身安装线形、钢梁及组合梁制造线形、现浇湿接缝的施工
附属设施热浸锌		CB-RJX	负责为 CB01 标、CB02 标、CB05 标合同段内桥梁防撞护栏横梁及立柱所有外表面、横梁内表面，泄水槽内、外表面，风障立柱，检修道等构件防腐涂装体系中的热浸锌处理

（一）检查车采购与安装

港珠澳大桥跨海距离长，钢结构长期处于高温、高盐、高湿的海洋腐蚀环境，桥梁检查与维护工作量大且难。港珠澳大桥在“建养并重、以养促建”的设计准则下，在桥梁监测管养方面提出了高要求，桥梁重要构件要保证“可达到、可监测、可检查、可维护、可更换”。研发的多功能梁内、梁外检查车，既能抵御复杂的作业环境，保障监测人员健康，又能够保证监测的精准和高效。在设计伊始进行了桥梁涂装和检修设施相结合的专题研究，为钢箱梁配备了较完善的箱内和箱外检修车系统。箱外检修车为钢箱梁的再涂装提供了一种解决方案，具有自动旋转过墩、过伸缩缝、自动爬坡、自动行走及适应不同梁宽等的能力。

最终，约 23km 的港珠澳大桥桥梁段共配备了 28 台箱内检修车和 34 台箱外检修车，并拥有检修车位置查询和电池智能化管理功能，以方便后期维养和管理。

（二）防腐涂装施工

基于国内桥梁钢结构防腐涂装总体技术水平参差不齐，产品质量稳定性受气候条件、人为因素影响较大的现状，管理局推行车间化防腐涂装模式，在与之相匹配的硬件系统方面，采用强制性资格审查方式，要求承包人新建现代化打砂、涂装车间，并配备功能完善的七大系统，即加温除湿系统、动力系统、喷砂系统、通风除尘系统、磨料回收系统、漆雾处理系统、防爆照明系统。系统设备先进、配套完整，在实现全天候作业的同时，有利于保证涂装质量的总体稳定。港珠澳大桥钢箱梁涂装底漆、中间漆、面漆均在现代化厂房内作业，避免传统露天作业对涂装质量、周边环境的影响，在涂装质量控制、健康、安全与环境管理方面达到国际同行业先进水平。此外，港珠澳大桥钢结构防腐涂装追求零伤害、零污染、零事故，严格控制 VOC 排放，在 HSE 方面达到国际同行业先进水平。

第三节　效果与评价

一、实施效果

通过本次招标，以合同驱动方式，推动了国内桥梁钢结构产业实现技术和管理的升级。港珠澳大桥集中了国内最强的钢箱梁制造单位，研发出全世界首条钢结构板单元制造自动化示范生产线，基于电弧自动跟踪、接触传感、示教编程等核心技术，全面研制了 U 形肋板单元自动组装定位机床、U 形肋板反变形多头机器人焊接、横隔板自动化机器人焊接、Mini 机器人焊接等自动化、智能化的先进制造工艺和装备。代替了过去以手工操作为主的生产模式，大大提高了成品的质量和稳定性，相比传统工艺，生产效率提高了30%以上，工厂产能增加2.5倍以上，板单元一次交验合格率为99.9%，且焊接质量大幅提升，同时引入了超声波相控阵检测技术、焊接数据管理系统等，使港珠澳大桥钢结构制造技术总体达到世界先进水平，进而推动了整个行业的技术进步。港珠澳大桥钢结构已形成“全新厂房、尖端设备、一流技术、科学管理”的全新产业格局。正如管理局工程总监给予的评价：“中国钢桥制造由此发生革命性变革，引领了行业技术进步。”日本长大株式会社评价：“这次港珠澳大桥的钢结构加工无疑是世界上最高水准，其重大意义今后会更加明显。”

二、总结与评价

港珠澳大桥项目获得的技术进步和品牌提升，推动了我国桥梁钢结构的产业升级，促进了技术和管理层面的工程创新，并已经为国际市场所接纳，在“一带一路”建设的征程中开始发挥巨大作用。例如，中铁山桥集团依托港珠澳大桥项目打造的高智能板单元自动化组装、焊接机器人系统、超声波相控阵检测技术，在国际市场竞争中打响了“中国制造”的崭新品牌。此后中铁山桥集团先后中标了美国维拉扎诺海峡大桥（Verrazano-Narrows Bridge）、挪威桥（Halogaland Bridge）、孟加拉国帕德玛（Padma）公铁两用桥的建造项目，推动了我国钢箱梁制造行业创新及变革，使钢梁制造业实现跨越，达到了世界领先水平。中铁山桥总工程师说：“港珠澳大桥项目，推动国内桥梁业实现技术上的跨越，这使我们有能力承接更多的大桥项目。”

第九章　系统重构

——桥面铺装施工

在港珠澳大桥之前，国内已有大量钢箱梁桥面铺装案例，但能经得起时间考验的成功案例并不多。国内外的钢桥面铺装发展出多种工艺和技术方案，有不少技术方案在实验室状态下能取到良好效果，但在现场工况的运用中却打了折扣。大桥管理者们在招标环节开展了大量的市场和技术调研，多方论证寻求问题根源，在构思和编写招标文件的过程中，逐一建立解决问题的思路、手段、制度，在合同文件和对发包人要求中提出了试验段、首件制、精细化管理、创造室内实验室工况、引进全自动喷砂除锈和喷涂设备、引进国外优秀管理资源等内容，在合同文件中总结出“以许可保材料、以考核保人员、以设备保工艺、以工艺保质量”的精细化管理思路，大桥管理者们在招标环节，基本完成了项目管理思路的系统构建。

第一节 面临的问题与挑战

港珠澳大桥主体工程桥面铺装起于岛隧工程西人工岛结合部非通航孔桥西端，止于珠澳口岸人工岛大桥管理区互通立交，全长22.9km，铺装面积达70万m^2，约相当于98个足球场，其中50万m^2为钢桥面（CB07标合同段），是目前世界规模最大的单体钢桥面铺装工程，约是一座跨长江大桥钢桥面铺装面积的10倍；另外，混凝土桥面铺装面积约20.3万m^2。桥梁设计方案最初采用混凝土结构，但总体桥跨布置以尽量减少阻水比为目标，因此，跨径必须加大，按照原来的混凝土结构方案，如此大跨径的混凝土结构将带来控制与安装施工等难题，经会议讨论确定部分桥梁技术方案改为钢结构桥，随之而来的便是钢桥面的铺装问题。

当时，国内钢箱梁桥面的铺装效果普遍不够理想，虽然引入了日本、美国、英国等国外成熟技术，但成功的不多。时任交通运输部领导对港珠澳大桥的桥面铺装表达了深切担忧："桥面铺装的耐久性怎么解决?"

与此同时，为了实现港珠澳大桥原定于2016年底建成通车的工期目标，2012年6月，管理局成立桥面铺装招标工作小组，2012年底完成市场函调，2013年10月进行施工招标，2013年12月完成招标并启动施工准备工作，而项目所在地的旱季为10月至次年2月，桥面铺装工程（以下简称"本工程"）施工准备期设定为一年（2014年1月至12月），实际上留给工作小组进行招标准备工作和施工的时间少之又少。

一、悬而未决的设计方案

设计方案对桥面铺装施工招标具有决定性影响，直接影响到项目的施工准备期、施工工期、设备、造价、施工质量控制、资源配备、标段划分等。但是确定设计方案经历了漫长的试验和验证过程。如何通过招标策划来推动设计方案的落地是一项巨大挑战。

自2000年以来中国钢桥面铺装面临着技术瓶颈，一直没有一个公认可行的铺装技术方案，虽然引入了来自日本、美国、英国等成熟的国外技术，可是国内诸多项目却出现"水土不服"现象，病害和缺陷相继暴露，可谓"败多成少"。早期主要是比较环氧和浇筑式两种工艺。环氧具有优异的实验室性能，被国内诸多专家认为是非常好的钢桥面铺装材料，但在日本的调研过程中发现，日本却采用浇筑式沥青，原因在于环氧工艺对于生产和施工的条件要求严格，实际施工过程中难以达到优异的实验室性能，因此决定采用浇筑式沥青铺装方案。但浇筑式沥青又存在“MA 和 GA 之争”。MA 与 GA 为浇筑式沥青混凝土的两种类型，采用两种类型各有利弊，要满足超大体量铺装的生产效率和及时供应的要求，对现有设备、技术、工艺等都提出新的挑战。港珠澳大桥初步设计桥面铺装对采用环氧方案和浇筑式方案进行比选，总体设计有关实验当时仍在进行中，招标工作正式启动前需要明确设计方案，当时总体设计进展滞后，未能确定具体的浇筑式沥青混凝土的类型影响到后续招标工作的推进，如招标模式的确定、机械及实验设备的配置、控制价的合理测定等。

二、对质量的高标准、严要求

不同于一般公路路面沥青混凝土铺装，钢桥面沥青混合料是直接铺设在钢桥面板上。钢桥面板柔度大，特别是在行车荷载与温度变化、风载、地震等自然因素共同影响下，还受到桥梁结构变形的影响，其受力和变形较公路路面或机场道面复杂得多，尤其在重型车辆荷载作用下钢桥面板局部变形更大、更复杂。除铺装层自身正常的温度变化之外，钢桥结构的每日和季节性温度变化都影响铺装层的变形。钢桥面板的导热系数要比其他土工材料大得多，因此钢桥面沥青混合料铺装较一般沥青混凝土路面更易受大气温度的影响。而且桥表面的极端高温值和低温值要比一般沥青混凝土路面大得多。钢桥面铺装工程既需要追随钢箱梁进行协同变形，又要抵抗由于车轮荷载碾压产生的局部变形，两个需求缺一不可却互相矛盾。

面对如此难题，还要对铺装质量提出近乎苛刻的要求：①港珠澳大桥的钢桥面铺装使用寿命为 15 年，这是为匹配超级工程 120 年设计使用寿命而制定的目标，是目前国内钢桥面铺装寿命的 3 倍。②50 万 m^2 钢箱梁铺装面积约为跨长江大桥——南京长江四桥桥面铺装面积的 10 倍，约为目前国内大跨径公路桥已完成钢桥面铺装总面积的四分之一。③考虑到港珠澳三地共建共管这一特点，管理局在技术标准上采取了“就高不就低”的原则，桥面铺装技术标准的设计荷载按交通运输部颁布的现行行业标准《公路桥涵设计通用规范》JTG D60 规定的汽车荷载提高 25%，并按我国香港 *United Kingdom Highways Agency's Departmental Standard* BD 37/01 规定的汽车荷载进行复核。

三、对施工条件的苛刻

桥面铺装是典型的“看天吃饭”工程，温度太低或太高都不利于铺装，且整个施工过程中绝对不能出现降水。偏偏南方沿海地区气候湿润多雨，仅有每年10月至次年2月是旱季，是最佳铺装时间，全年有效施工时间仅120天左右。

此外，由于整个桥面铺装在外海施工，搅拌沥青混合料必不可少的拌合楼只能考虑在东、西人工岛上选址建立。主体桥梁工程、下部结构施工都在同时进行，人工岛上的场地十分有限。集料的运输又主要依靠船只海运，受天气状况、海洋环境等影响很大。台风多、风力大、高温高湿等恶劣的气象条件对桥面铺装提出了更严峻的挑战。

四、全产业链的复杂性

桥面铺装涉及的上下游产业链很长，上游产业包括湖沥青、碎石、防水层等材料采购；下游产业有抛丸除锈等专业分包。很多产业在国内处于一种垄断状态，只有几家公司能够提供满足质量要求的产品。这其中存在着大量的利益冲突，需要业主在招标过程中予以解决：一是品质的保证。在不是直接采购的情况下，如何能够对材料的品质质量把控过关，比如在碎石生产过程中开不开吸尘机对碎石质量会产生很大影响。二是成本的控制。由于垄断的因素，对于卖方市场的成本造价问题需要做怎样的考虑？在利益链条已经固化，并深深扎根的情况下，解决这些问题将对整个行业产生深远的影响。

五、施工体量大、施工工期短

调研过程中发现，厦漳跨海大桥钢桥面铺装施工准备期约为9个月，施工期约为1个月；南京四桥因试验段进场较早，施工准备期较长，主桥实际施工时间为26个工作日；香港青马大桥、深圳西部通道和香港昂船洲大桥的施工准备期均在12个月以上。而港珠澳大桥超大体量、超高标准，却只有12个月的施工准备期、12个月的施工期（实际有效施工时间仅120天左右）。港珠澳大桥桥面铺装体量是跨长江大桥的10倍，相当于要在同等工期铺装出来10多座跨长江大桥。

面对 50 万 m^2 桥面铺装的超大体量，现有的设备根本无法满足要求，日本、欧洲的工艺也以人工为主，即使全盘照搬，也工效太低、工期太长。国内外都没有一个项目有类似的经验，只能通过招标策划对材料提出更高要求，对设备工艺进行创新，对管理方式全面改进。时任港珠澳大桥管理局局长助理、计划合同部部长回忆道："以往工程沥青混合料的拌合工艺类似于'家常小锅炒菜'，而港珠澳大桥的拌合相当于'食堂大锅炒'，如何将同样的材料用'食堂大锅'炒出和'家常小锅'一样的美味呢?"如此紧张的工期安排，只有在施工准备期提前做好原材料及机械设备的规划，才能较为合理地安排施工计划，按时保质完成桥面铺装的任务。

随着招标工作的展开，还出现了许多问题与挑战，解决这些问题对推进招标工作至关重要。

第二节　招标策划与模式构建

一、招标策划促进设计方案的落地

浇筑式沥青混凝土起源于德国，德文为 Guß，意为"流动路面"，其含义是浇筑式沥青混凝土具有流动性，浇筑式摊铺一般不需要碾压，只需要简单地摊铺整平即可完成施工，英文名称为 Guss Asphalt，也可简称为 Guss、GA 等。德国于 1917 年开始研究开发 GA，大量应用于建筑物防水层和铺面工程中。在英国，将浇筑式沥青混凝土称作沥青玛琋脂混合料（Mastic Asphalt，MA），其组成与浇筑式沥青混合料十分相近。

欧洲发明了 GA，日本则使这种混合料及其技术得到了长足的发展和全面广泛的应用。1950 年，日本着手研究钢桥面铺装，并于 1955 年首先在东京都的新六桥完成两层式沥青混凝土铺装。1956 年，日本在从德国引进相应的技术后，根据本国的特点，对德国 GA 的材料组成及相应的技术标准做了较大的调整，逐步形成了符合日本国情的一整套技术。

由于苛刻的交通条件，国内大桥应用的 GA（MA）等都出现较为严重的早期破坏，如国内某大桥在通车次年的夏天就出现了严重的高温稳定性病害。在反复修补中，通车不到 4 年，原桥面铺装技术全部替换。

针对这些问题，国内引进了美国环氧沥青混凝土铺装技术，并对 GA 铺装结构进行调整，采用德国的GA作为下层，采用抗重载能力较强的改性沥青SMA作为面层铺装结构，同时对关键材料——沥青胶结料进行改进，于2003年，在山东胜利黄河大桥首次成功应用。

2012年初，港珠澳大桥设计单位（DB01标）委托华南理工大学，并联合香港安达臣公司、广东省长大公路工程有限公司、同济大学等单位，共同开展研究工作。桥面铺装招标准备开始后，大规模的深度国外调研为确定设计方案带来了极大的帮助。

（一）解决环氧与浇筑式沥青之争

2010年，管理局委托华南理工大学牵头开展钢桥面铺装方案预研究，特别是对国内现行的几种典型方案，如环氧沥青、浇筑式沥青、ERS等铺装方案进行了系统比选论证。最后课题组提出了两点指导性意见：一种方案是MA（GA）+SMA铺装和热拌环氧沥青铺装的比较；另一种方案是以香港地区已取得成功经验的英国MA类浇筑式铺装体系和施工相对便捷的高温拌合类环氧沥青铺装体系的比较。

内地诸多专家认为环氧沥青是非常好的钢桥面铺装材料，具有优异的实验室性能，同时，招标团队策划并开展了全球范围内的技术调研，发现日本不用环氧沥青而采用浇筑式沥青。通过调查发现日本不采用环氧沥青的原因主要是其生产和施工的条件要求严格，实际施工过程中难以得到实验室的优异性能。我国香港青马大桥和昂船洲大桥，以及深圳湾大桥均采用了浇筑式（MA）方案，使用状况良好；欧洲地区（英国、德国、土耳其等）使用的浇筑式（MA或GA）方案，使用状况都非常好。综合多国工程案例，特别是香港地区的荷载条件、气候环境条件与港珠澳大桥高度一致，同时，结合管理局通过科研验证和调研认为，相比较之下，内地目前的平均施工管理水平尚无法超过日本和我国香港，最终选择了浇筑式沥青铺装体系方案。

（二）解决GA、MA之争

从1997年通车的香港青马大桥开始引进英国的MA技术，在使用过程中进行过两次修补，但面积很小，不足桥面的0.5%。深圳湾公路大桥、香港昂船洲大桥都采用了MA+SMA铺装结构，整体使用情况良好。此外，上述大桥与港珠澳大桥的气候环境相近，荷载条件相同，具有较强的参考性。

2013年1月22日至24日，招标小组与香港嘉华沥青有限公司、香港安达臣沥青有限公司、香港沥青（环保）有限公司、香港奥雅纳顾问公司、香港路政署、深圳西部通道管养单位的有关人员进行了座谈交流，并参观了香港青马大桥和昂船洲大桥及沥青混凝土生产厂房斯特灵劳埃德聚化有限公司。

调研期间，针对 MA、GA 方案的优劣性进行了讨论（比较结果如表 9.1 所示），调研对象单位提出 MA 方案要投入大量 Cooker 沥青运输车，对防水层的设计及施工要求较高，施工进度较难控制，施工接缝多，价格亦比 GA 方案高，香港同类项目上使用效果好。相比 MA，GA 耗时将大为减少，但需处理好有关施工缝，考虑高温稳定性，有连续施工作业要求。

表 9.1 GA 与 MA 的比较

项目	Mastic Asphalt (MA)	Guss Asphalt (GA)
特征	细集料均匀稳定； 间断级配； 胶结料（混合沥青）； 二次拌合（6h）	细集料级配稳定性稍弱； 连续级配； 胶结料（聚合物）； 一次拌合（45min）
缺点	拌合时间长； 施工效率低下； 两阶段拌合	稳定性稍弱
优点	性能稳定	拌合站一次生产； 施工效率高
典型项目	香港青马大桥； 香港昂船洲大桥； 深圳湾公路大桥； 英国亨伯大桥	日本明石海峡大桥； 丹麦大贝尔特大桥； 江西赣州公路特大桥； 重庆莱园坝长江大桥

2013 年 4 月 22 日至 26 日，管理局相关人员与设计专题单位一行开展了对日本桥面铺装的调研工作，调研了冲绳伊良部大桥、冲绳古宇利大桥、东京京门大桥、东京彩虹桥、东京湾跨海通道，以及日铺公司技术研究中心、日沥公司等。

20 世纪 50 年代，日本开始引进德国 GA 技术，并结合了日本自身的交通及气候环境特色，对德国 GA 进行了因地制宜的改进。通过对日本全国 311 座钢桥面铺装的调查分析和对本州四连络桥持续数十年的研究，不断转化吸收和持续改进，形成了独具特色的钢桥面铺装标准体系。我国对国外技术的引进力度远远超过日本，技术方案、铺装材料及施工设备，一应俱全，但却收效甚微。调研小组进行了广泛的研讨，如我国该采用怎样的顶层设计才能更高效地进行技术的引进、吸收和转化呢？

调研期间，日铺公司技术研究所重点介绍了冲绳泊大桥的浇筑式沥青 GA 方案改良情况，调研小组也参观了现场使用情况。其实际使用情况证明 GA 方案可通过调整沥青含量及配方、改善沥青的硬度等措施适应高温、高盐及多雨湿热的气候条件。因此，调研小组建议本项目专题研究的 GA 方案及后续设计工作可借鉴日本冲绳古宇利大桥的浇筑式沥青 GA 方案的改良处理措施。

2013 年 7 月 26 日至 8 月 4 日，招标工作小组与设计专题单位一行开展了对欧洲桥面铺装的调研工作，调研了土耳其博斯普鲁斯海峡第一、第二大桥，英国塞文第一、第二大桥及 Avonmouth 大桥，土耳其的 ERSE 铺装公司和 ISFALT 沥青供应公司，德国汉堡的 LINTEC 公司，慕尼黑的毛勒公司，英国的斯特灵劳埃德公司和 SPE 公司，拜访了国际钢桥面铺装浇筑式协会时任主席，并进行了技术交流。

欧洲是钢桥面铺装研究最早的也是应用较成熟的地区，其中以浇筑式沥青混凝土为主体的钢桥面铺装尤为典型，在 80%以上桥梁上得到应用。其他国家的浇筑式沥青混凝土铺装技术基本都源于欧洲。

2008 年修编的新版欧盟标准中，浇筑式 GA 和 MA 方案已形成了统一标准，统称为 GA，大多数欧洲专家认为 GA 与 MA 的工艺本质是一样的。英国 MA 方案经过多年研究发现因 TLA 掺量太高、级配太细、拌合工艺复杂导致混合料质量控制难度大、工效低等问题而将被淘汰。欧洲地区除英国外，大部分国家已逐步统一采用德国 GA 方案，英国亦渐渐放弃传统 MA 工法。

以 GA 工艺生产 MA 混合料，在欧洲多个项目中予以实践。如 1991 年翻修的英国塞文第一大桥，2001 年、2012 年翻修的土耳其博斯普鲁斯海峡第二大桥，均采用 GA 工艺一次拌合进行翻修（两座桥新建时均采用传统 MA 工艺分两次拌合）；自 1989 年后，英国所有 MA 均已采用一次拌合工艺生产。因此，GA 工艺生产 MA 混合料有充分的工程实践证明、成熟的工艺和生产方式所支撑，是完全可行的。

通过专题研究，综合对我国香港及日本、欧洲的详细调研，2013 年 12 月，设计专题研究课题组向管理局及三地政府提交了设计成果，最终提出了采用改性沥青混凝土铺装面层 SMA 13＋浇筑式沥青混凝土铺装下层 GMA 10 的钢桥面铺装设计方案。浇筑式沥青方案的确定历程如表 9.2 所示。在国内首次提出的 GMA 浇筑式沥青新技术，集合了 MA 技术和 GA 技术的优点。GMA 中将 MA 的“二次拌合”工艺优化为“一次拌合”工艺，使 GMA 和 SMA 两层均适合于大型机械化快速施工。

表 9.2 浇筑式沥青方案的确定历程

时间及内容	MA 方案	GA 方案	GA 工艺生产 MA 方案
2013 年 1 月，内地调研	如采用 MA 方案，由于其需二次拌合等，耗时长，建议划分两个合同段，保证按期完工难度仍然很大	采用 GA 方案，由 1 家施工企业按期完成困难较大	—
2013 年 1 月，香港调研	要投入大量 Cooker 沥青运输车，对防水层的设计及施工要求较高，施工进度较难控制，施工接缝多，价格亦比 GA 方案高。香港同类项目（青马大桥、深圳西部通道和昂船洲大桥）使用效果好	相比 MA，耗时将有所减少，但需处理好有关施工缝。考虑高温稳定性，有连续施工作业要求。标段划分上，可考虑划分为两个合同段	—
2013 年 3 月，第二次会议	开展 MA、GMA 及 GA 三种技术方案的研究		
2013 年 4 月，第三次会议	尚未正式展开，其总体工作相对滞后并对相关联的 GA 工艺生产 MA 工艺研究进度造成较大影响	拟由招商局重庆交通科研设计院有限公司具体承担，委托工作由 DB01 项目经理部负责	重点考虑 GA 工艺生产 MA，加强以 GA 工艺生产 MA 工艺的验证。 广东长大公路工程有限公司、华南理工大学和香港安达臣沥青有限公司等联合开展了大量研究工作，研发了室内 Cooker 拌合机、小型沥青混凝土卧轴式拌合机等设备。开始第二阶段即拌合楼试生产 MA 混合料的工艺研究
2013 年 4 月，日本调研	—	GA 方案可通过调整沥青含量及配方、改善沥青的硬度等措施，以适应高温、高盐及多雨湿热的气候条件。 建议借鉴日本冲绳古宇利大桥的浇筑式沥青 GA 方案改良处理措施。（1986 年建成，车流量大、重车比例高，采用 4cm 浇筑式 GA＋ 4cmSMA 结构，除部分面层老化，未出现车辙，状况良好）。 应结合本国气候条件，因地制宜地对钢桥面铺装技术进行系统研究	—

续表 9.2

时间及内容	MA 方案	GA 方案	GA 工艺生产 MA 方案
2013 年 7 月，第四次会议	浇筑式铺装 GA 生产 MA（即 GMA）工艺的技术可行，且质量稳定，建议本项目着重对钢箱梁桥面采用 GMA 方案、组合梁混凝土桥面采用 GA 方案进行研究		
2013 年 8 月，欧洲报告	—	2008 年的新版欧盟标准中，浇筑式 GA 和 MA 方案已形成了统一标准，统称为 GA。 大多数欧洲专家认为 GA 与 MA 的工艺本质是一样的。 欧洲地区除英国外，大部分国家已逐步统一采用德国 GA 方案，英国亦渐渐放弃传统 MA 工法	GA 工艺生产 MA 混合料已在欧洲多个项目中予以实践，GA 工艺生产 MA 混合料拥有充分的工程实践证明、成熟的工艺和生产方式所支撑，是完全可行的
2013 年 9 月，第五次会议	重点考虑按钢箱梁桥面为 GMA 方案、组合梁混凝土桥面为 GA 方案进行后续文件的修改、完善		

（三）15 年的设计使用寿命可行

新版欧盟标准中并未对桥面铺装设计使用寿命做出明确规定，但各国可根据项目实际需要进行设计，如土耳其一般按 10～25 年考虑，德国一般按 35 年考虑，英国一般按 25～30 年考虑。调查发现欧洲桥面铺装普遍使用寿命超过 20 年。欧洲专家也表示，在限制重型超载及施工质量良好的前提下，大部分钢桥面铺装使用寿命在 30 年以上。德国在“二战”前采用 GA 铺装的桥面至今仍在正常使用。该调研发现也进一步印证了赴日本考察的结论：本工程完全有可能达到甚至超过国内 15 年的设计使用寿命。

先进的技术方案还要有与之匹配的管理理念和实施策划，特别是招标模式设计和实施策划尤为关键。

二、创新招标模式引入优质资源

（一）引入国外优质资源的初衷

钢桥面铺装的设计使用寿命为 15 年，约为同期国内钢桥面铺装寿命的 3 倍。在内地，由于特殊重载交通以及高温多雨的气候环境条件，钢桥面铺装技术仍需在实践中接受检验，桥面铺装的早期病害问题尤其突出。国内虽然引入了日本、美国、英国等国外成熟技术，但成功的不多，如早期的江阴长江大桥、润扬长江大桥及虎门大桥等，在通车后不久即启动大修。近期的厦漳大桥、南京四桥等在施工工艺及管理上有较大改善，但仍需要一段时间检验。

此外，港珠澳大桥钢箱梁铺装面积约50万m^2，混凝土桥面铺装面积约20.3万m^2，作为单体工程，约为目前国内大跨径公路桥已完成钢桥面铺装总面积的四分之一。超大体量、紧张工期约束（施工准备期加施工期约24个月，全年有效施工时间仅120天左右）等对招标模式的设计形成了巨大挑战。

2012年6月，管理局成立了桥梁工程桥面铺装招标工作小组，开始开展前期资料收集和整理工作。2012年12月6日，招标工作小组第一次会议重点审议确定桥面铺装招标总体工作计划、招标形式，市场调查与调研方案等。其中初步讨论组合梁桥面铺装（CB06标合同段）拟采用国内公开招标；钢箱梁桥面铺装（CB07标合同段）拟采用国际公开招标。采用国际招标初步主要考虑以下因素：首先，国内项目的总体实施情况欠理想，与国外同类项目存在差距；其次，鉴于港珠澳大桥主体三地共建共管、毗邻港澳等特殊性，借鉴深圳西部通道经验，有引入国际优质资源的优势条件；最后，拟采用的浇筑式沥青桥面铺装方案起源于国外，有必要充分借鉴国外的施工经验。

为了进一步验证引进国际优质资源的可行性及可能的实施方案，管理局开展了大规模的市场调查和技术交流工作，充分征询市场意见和建议。最先开始的是大规模的函调，邀请国内外的函调公司结合本工程情况论述采用国际公开招标的必要性和可行性，提出可能的招标模式建议。如采用国际公开招标，招标重点有哪些、有哪些成功经验可以借鉴、需要注意哪些问题等。

2012年12月25日，管理局回收了市场调查资料，进行了整理，针对核心问题组织开展了技术交流。随后管理局启动了范围最大、深度最深的调研活动，对我国香港及日本、欧洲等发达地区的桥面铺装进行了系统性调研和技术交流。对国内同类大型项目业主、施工承包商、原材料供应商（集料、沥青、防水材料、矿粉等）、专业分包商（抛丸除锈、防水层施工）、设备制造单位（拌合、摊铺、搅拌设备）等进行了全方位、全覆盖的调研。桥面铺装调研和技术交流历程如表9.3所示。

通过市场调查梳理了国内同类项目的招标模式，比较典型的包括以下几种模式：深港西部通道统一由香港路政署负责管养，而其中桥面铺装施工及部分附属设施经政府部门特批后直接委托香港方总包施工企业负责管养；安庆长江大桥采用国际公开招标方式选择钢桥面铺装施工企业，主要以类似业绩要求为主，未对资质做出要求；南京四桥引入了国外设计单位，以及施工过程监控，施工企业的招标模式为国

表 9.3 桥面铺装调研和技术交流历程

时间	形式	对象	主要内容
2012.12.12	函调	英国、法国、瑞士、日本及我国香港地区及内地知名桥面铺装施工企业	收集国内外施工企业基本信息，了解其对招标策略、工期安排、施工组织的建设及其成功经验等
2012.12.27	座谈	香港安达臣沥青有限公司、山东省路桥集团有限公司、重庆智翔铺道工程技术有限公司等	就有关施工组织、问卷的内容进行技术交流
2013.1.8—2013.1.11	参观、座谈	福建厦漳大桥、南京长江四桥、马鞍山长江公路大桥、安徽安庆长江公路大桥	招标策略、招标范围及标段划分、施工图设计及技术要求、施工组织管理等
2013.1.22—2013.1.24	参观、座谈	3家香港桥面铺装企业、设计单位、防水层供应商，香港路政署、深圳西部通道管养单位，深圳西部通道、昂船洲大桥桥面铺装设计单位	—
2013.3.25—2013.3.26	座谈	3家内地桥面铺装喷砂除锈、防水层施工分包商	钢桥面板防腐除锈等
2013.3.26	座谈	重庆市智翔铺道技术工程有限公司	防水黏结材料供应及施工等
2013.4.2—2013.4.20	函调	32家内地专业分包商和材料供应商	除锈防腐、防水层等专业分包，以及沥青、集料（地材）等材料采购
2013.4.22—2013.4.26	参观、座谈	冲绳伊良部大桥、冲绳泊大桥、东京京门大桥、东京彩虹桥、东京湾跨海通道；日铺公司技术研究中心、日沥公司等	招标策略、招标范围及标段划分、施工图设计及技术要求、施工组织管理等
2013.5.9	座谈	壳牌新粤（佛山）沥青有限公司、厦门华特集团有限公司、佛山市广南沥青有限公司等	沥青储量、产能、造价等
2013.5.14	座谈	广东长大公路工程有限公司	广东省的碎石加工工艺及供应情况

续表 9.3

时间	形式	对象	主要内容
2013.5.20—2013.5.24	参观、座谈	江苏茅迪集团有限公司、清远晟兴石场、肇庆封开东威石场及英德市白沙镇矿粉生产厂；深圳华士域防腐技术工程有限公司	石场及矿粉加工情况
2013.7.26—2013.8.4	参观、座谈	土耳其博斯普鲁斯海峡第一、第二大桥，英国塞文第一、第二大桥及 Avonmouth 大桥；土耳其的 ERSE 铺装公司和 ISFALT 沥青供应公司、德国汉堡的 LINTEC 公司和慕尼黑的毛勒公司、英国的斯特灵劳埃德公司和 SPE 公司、国际钢桥面铺装浇筑式协会	钢桥面铺装设计和方案、施工组织管理、机械化施工现状及防水层应用效果等问题
2013.8.7—2013.8.16	座谈	内地 4 家桥面铺装施工企业	施工组织安排与建议
2013.11.23	函调	防水层施工及材料供应商	防水黏结体系材料采购

内施工企业＋国外施工顾问；马鞍山大桥采用带案招标方式，要求施工企业保证使用 10 年，并全程负责养护。

调研过程也发现国外企业参与内地桥面铺装项目已有先例可循。如安庆长江大桥在经当地行业主管部门批准后，招标时未对投标人的资质做出要求，由香港安达臣沥青有限公司中标并实施。深港西部通道深圳段，经政府部门特批后直接委托香港方总包企业负责实施（后分包给香港方桥面铺装施工企业）。这些项目的钢桥面铺装实施均非常成功。

（二）面向内地及港澳地区的公开招标的论证

通过对香港桥面铺装项目的多次调研，管理局对招标模式设计产生了新的认识。自 1997 年香港青马大桥引进 MA 至今已得到了极大的推广应用，在香港青马大桥、香港昂船洲大桥、深港西部通道等项目上均取得了良好的效果，且香港地区与本项目地理位置接近，其桥面铺装的成功经验对本项目具有重要借鉴意义。因此，在 2013 年 3 月 6 日的第二次招标工作会议中，在原来的面向全球的国际招标和面向内地的公开招标两种招标方案基础上，提出第三种方案，即面向内地及港澳地区的公开招标。各方案的比较如表 9.4 所示。

表 9.4 招标对象范围的方案比较

方案	优点	缺点
面向全球的国际招标	1. 充分利用国际工程市场的先进施工技术及工艺，为工程质量提供保障； 2. 引进国际先进管理理念，成熟的施工工艺，实现与国际接轨	1. 中外文化差异带来管理难度； 2. 国际企业一次性投入设备成本过高，后期设备摊销难度大，总体成本较高； 3. 受制于国际企业是否有参与本项目的积极性； 4. 需解决国外企业施工资质问题
面向内地及港澳地区的公开招标	1. 充分考虑了本项目三地政府的资金投入； 2. 香港桥面铺装企业有优质桥面铺装业绩； 3. 能够引进香港地区成熟、成功的铺装经验； 4. 让内地企业与港澳企业同台竞技，可促进内地企业加强管理，提升并带动内地钢桥面铺装技术及管理水平	在内地现行法律框架下，面向港澳企业及内地企业进行区域招标时，港澳企业同样受到上述国际招标方案涉及国外企业的准入限制
面向内地的公开招标	1. 成本可控； 2. 完全适用内地法律，不存在需要协调解决的问题	1. 不能很好地利用本项目三地共建共管的建设平台； 2. 不能有效引进国外先进铺装技术和管理经验，对国内钢桥面铺装行业的促进作用不明显； 3. 存在一定的质量风险

在第二次招标工作会议上对“面向内地及港澳地区的公开招标”的方案的优劣势进行了重点分析和讨论，主要内容包括：

（1）参考《中华人民共和国招标投标法》第六十七条的规定，除违背中华人民共和国的社会公共利益外，“使用国际组织或者外国政府贷款、援助资金的项目进行招标，贷款方、资金提供方对招标投标的具体条件和程序有不同规定的，可以适用其规定”。本工程资金部分来源为港澳政府，且香港方曾表达过让香港的建筑企业参与本工程的愿望。如邀请香港建筑企业参与本工程，更符合本工程三地共建共管的特性。

（2）相较于国外企业，《内地与香港关于建立更紧密经贸关系的安排》及《内地与澳门关于建立更紧密经贸关系的安排》（CEPA）给予港澳企业到内地投资一定的优惠条件，表现在国家行业主管部门对待港澳地区建筑企业实行相对宽松的政策。

（3）从本工程的技术标准看，《三地协议》第四章第九条规定，“主体部分设计和施工的规范、质量与技术标准……应以‘就高不就低’的原则，适当吸纳香港及澳门合适的相关规范、质量与技术标准，形成适用于本项目的规范、质量与技术标准”，允许港澳企业参与本项目招标。

此外，依据对国外企业函调情况，英国、德国和日本等国际铺装企业由于一定的政治及经济原因，参与本项目的积极性不高。相反，我国香港桥面铺装企业对本项目表示了很高的热情，积极响应了管理局的函调及现场考察，且香港桥面铺装企业具有很强的技术实力，引进港澳的铺装企业具备一定的可操作性。

在征询律师事务所的法律意见时，法律顾问君信所也指出“面向内地及港澳地区的公开招标”具有合理性，但要尝试通过三地委协调广东省政府相关部门，就招标过程中对香港认可的公共工程物料供应商及专门承造商资质予以承认并不再进行资格审查，适宜情况下进行沟通。2013 年 3 月 15 日，管理局向三地委专题上报了桥面铺装招标模式专案，并推荐采用“面向内地及港澳地区公开招标”的方案。

（三）改进的国内公开招标＋施工管理顾问模式

专项法律顾问君泽君所给出的建议中提道：在内地现行法律框架下，港澳企业同样受到国际招标方案涉及国外企业的资质准入限制，需三方政府及行业主管部门特批。管理局在申请解决此问题过程中发现，在内地有相关企业可以生产或提供服务的情况下，国外施工企业要取得资质豁免和准入，与现行法律法规存在较多冲突，涉及多个行业主管部门。省级行业主管部门无权特批，国家层级的行业主管部门亦不可能为一个具体的招标项目做出特批。在此客观条件下，管理局只好放弃方案二的“面向内地及港澳地区的公开招标”，最终采用方案三的国内公开招标方式。但是面对国内优质资源缺少，为引进国外优质资源，最终推荐拟采用改进的“国内公开招标＋施工管理顾问”的招标模式。

2013 年 8 月 12 日的三地委三方例会中，各方也表达了对招标模式不同的观点，如广东省交通运输厅建议采用国际招标或国内招标；香港和澳门方建议采用面向内地及港澳招标，并希望引进港澳企业参与。但在此例会中，三方均未对“国内公开招标＋施工管理顾问”招标模式提出异议。

2013 年 9 月 25 日的招标工作第五次会议，拟定了采用“国内公开招标＋施工管理顾问”的招标模式。确定了该招标模式后，需要进一步确定如何设置施工管理顾问的问题，是采用强制引入并在投标阶段落实还是采用投标人根据自身情况自行决定聘请。最后会议讨论一致认为选择强制引入并在投标阶段落实有助于减少风险，更有助于引入优质资源。同时，由于施工管理顾问的引入，会议也提出需要重点梳理施工管理顾问最低职责，确定施工管理顾问与监理、质量管理顾问、试验检测中心之间的工作界面等问题。

2013 年 10 月 22 日，管理局报送了港珠澳大桥主体工程桥梁工程桥面铺装施工（CB06 标、CB07 标合同段）招标文件（送审稿），其中建议采用“国内公开招标＋施工管理顾问”。随后，广东省发改委提出了回复意见：原则上同意“国内公开招标＋施工管理顾问”，但同时提出招标文件要求施工管理顾问仅限于国外企业，与招标公平、公正原则不符合，建议加强对投标人施工管理顾问聘用方案、人员资质的审查，明确中标人与施工管理顾问之间的职责划分，确保充分发挥施工管理顾问的作用。管理局随后采纳了该建议。香港方提出：“施工管理顾问应该由管理局自行聘请，直接向管理局负责，确保工程质量”，并表达了对是否有足够投标人的顾虑。紧接着，管理局做了进一步澄清：根据前期的市场调研，预计内地至少有 6 家施工企业满足现设定的资格条件，也详细列出了相关业绩情况。但管理局坚持施工管理顾问由承包人自行聘请更优，并解释道：施工管理顾问主要是为承包人提供技术支持服务，而发包人已聘请质量管理顾问，如由发包人聘请施工管理顾问，一方面无法满足承包人面向施工管理和技术密切衔接支持的实际需求，另一方面与质量管理顾问的职责存在重叠，故认为承包人自行聘请更优。

在此基础上，基本确定了“国内公开招标＋施工管理顾问”的招标模式及基本要求，并于 2013 年 11 月 26 日举行了桥面铺装施工招标文件评审会，进一步征询了专家的意见，进行修改和完善。最终确定了招标模式。“国内公开招标＋施工管理顾问”模式的主要节点如表 9.5 所示。

表 9.5 “国内公开招标＋施工管理顾问”模式的主要节点

时间	事件	初步确定问题	关注点
2012.12.6	第一次会议	组合梁桥面铺装拟采用国内公开招标形式。钢箱梁桥面铺装拟采用国际公开招标形式	可能的模式：①国内外单位独立承担模式；②国外单位＋内地劳务合作模式；③国外单位＋内地施工单位联合模式
2012.12.12—2012.12.25	问卷调查阶段	管理局拟充分借鉴国内外项目的施工经验，引入优秀队伍开展施工	论述本项目采用国际公开招标的必要性、可行性，并提出初步招标模式建议。如采用国际公开招标，招标重点有哪些，有哪些成功经验可以借鉴，需要注意哪些问题等

续表 9.5

时间	事件	初步确定问题	关注点
2012.12.27—2013.1.25	参观、座谈	香港、内地项目和企业	对招标模式进行了全面的梳理，并对国际招标进行了充分论证
2013.3.6	第二次会议	形成三个方案：面向全球的国际招标、面向内地及港澳地区的公开招标、面向内地的公开招标。推荐“面向内地及港澳地区的公开招标”	尽快修改完善后上报三地委审议，并视三地委审议要求和意见；对港澳施工企业的施工资质问题提前沟通和协调
2013.3.10	律师事务所	“面向内地及港澳地区的公开招标”具有合理性	要尝试通过三地委协调广东省政府相关部门，就招标过程中对香港认可的公共工程物料供应商及专门承造商资质予以承认并不再进行资格审查、进行沟通
2013.3.15	上报三地委	管理局向三地委专题上报了桥面铺装招标模式专案	推荐采用方案二：面向内地及港澳地区的公开招标方案
2013.4.16	第三次会议	确定桥面铺装项目管理的初步思路	本项目管理理念为“以认证保材料、以考核保人员、以设备保工艺、以工艺保质量”
2013.7.22	第四次会议	对钢箱梁桥面采用 MA 方案、组合梁混凝土桥面采用 GA 方案	确定港珠澳大桥桥梁工程桥面铺装的项目管理思路和监理招标工作思路；对在珠澳口岸人工岛单端设站，以及在珠澳口岸人工岛和西人工岛双端设站的场地布置的可行性等进行评估
2013.8.12	三地委三方例会	三方未对“国内公开招标＋施工管理顾问”招标模式提出异议。广东省交通运输厅建议采用国际招标或国内招标。香港方、澳门方建议采用面向内地及港澳招标	要求管理局对桥面铺装招标模式可行性进一步进行研究

续表 9.5

时间	事件	初步确定问题	关注点
2013.8.20—2013.8.21	技术专家组第五次会议	向省交通运输厅、交通运输部参会领导进行了专题汇报：拟按照“国内公开招标＋施工管理顾问”模式组织本次招标	综合认为施工国际招标或面向港澳招标将涉及《建筑业企业资质管理规定》（建设部令第 87 号）的有关规定，需住建部进行审批，预计审批流程非常长，且审批困难大
2013.9.18—2013.9.30	内部审查	管理局对《港珠澳大桥主体工程桥面铺装施工（CB06 标、CB07 标合同段）招标文件（初稿）》进行了内部审查，并同步送法律顾问君泽君所审查	确定“国内公开招标＋施工管理顾问”的招标模式
2013.9.25	第五次会议	拟选择“国内公开招标＋施工管理顾问”招标模式	讨论施工管理顾问的设置方式。选择强制引入并在投标阶段落实
2013.10.8—2013.10.15	内部修改	管理局根据内审意见和法律顾问君泽君所意见修改完善形成了招标文件	—
2013.10.22	报送	报送港珠澳大桥主体工程桥梁工程桥面铺装施工（CB06 标、CB07 标合同段）招标文件（送审稿）	采用“国内公开招标＋施工管理顾问”的招标模式
2013.10.30	施工图设计评审会	广东省交通运输厅组织召开桥面铺装工程施工图设计文件评审会	审议同意桥面铺装设计采用浇筑式沥青铺装方案
2013.10.31	钢桥面自动抛丸设备试验	在福建琅岐大桥上进行钢桥面抛丸除锈试验	对钢桥面自动抛丸设备在施工质量、工效等方面进行实桥试验
2013.11.20	广东省发改委回复	原则同意	招标文件要求施工管理顾问仅限于国外企业，与招标公平、公正原则不符合。如对施工管理顾问要求较高，可在招标文件中提出有关要求。加强对投标人施工管理顾问聘用方案、人员资质的审查，明确中标人与施工管理顾问之间的职责划分

续表 9.5

时间	事件	初步确定问题	关注点
2013.11.26	香港回复	原则同意	对国内的承包商是否具备施工管理能力等存疑，建议施工管理顾问由管理局自行聘请
2013.11.25—2013.11.26	专家评审会	桥面铺装施工招标文件评审会	提出修改意见和建议
2013.12.10	回复	管理局回复广东和香港	管理局回复广东：重点考核施工管理顾问的业绩，并在合同谈判期间审查确定。 管理局回复香港：根据市场调研，预计内地至少有 6 家施工企业满足现设定的资格条件，具有同类项目业绩，具有相应的生产及管理经验。承包人自行聘请更优。发包人已聘请质量管理顾问，如由发包人聘请施工管理顾问，一方面无法满足承包人的实际需求，另一方面与质量管理顾问的职责存在重叠
2014.1.21	核备	广东省交通运输厅出具了对本项目招标文件的核备意见	对于投标阶段要求必须具备施工管理顾问，建议纳入投标人强制性要求中，作为符合性审查条件之一；合理处理与已招标或选择的监理、检测、顾问等单位或团队的关联
2014.1.28	发布公告	发布招标公告	—

招标文件对施工管理顾问进行了如下约定：

投标过程中要求投标人聘请具有至少两项国外成功实施的钢桥面浇筑式沥青铺装施工、设计或工程管理经验的企业作为施工管理顾问，将其纳入投标人的组织管理体系中，并在工程量清单中为此单独列项报价。施工管理顾问由 1 名顾问和至少 1 名支持工程师组成。其中顾问要求具有至少两项（含两项）国外成功实施的钢桥面浇筑式沥青铺装的施工管理、设计或监理经验，对浇筑式沥青有深入研究，并且在桥面铺装行业内具有较高的专业水平和良好口碑。

在合同谈判期间，业主对施工管理顾问的聘用方案组织审核，并视情况对施工管理顾问进行面试、审核，如聘用方案通过审核，即在合同谈判备忘录中予以确认。

施工管理顾问的服务期为从合同签订后人员正式进场开始至施工任务完成。服务期的主要工作包括：

（1）对承包人开展的各项施工管理工作提供技术支持。承包人提交给监理人和发包人审核的施工管理方案中，需附上施工管理顾问的独立审查意见；

（2）在试验段和“首件制”及关键工序开工前，组织承包人开展人员专题培训和技能考核，并及时向承包人提交人员考核报告，与培训记录一并作为开工报告的附件，提交监理人和发包人审核批准；

（3）对试验段和首件/首次工序全过程监控，并提交相关意见及建议；

（4）参加施工技术方案及试验段、“首件制”评审会和服务期内的月度工地例会，对技术难点及存在问题提出处理意见；

（5）对承包人施工文件及顾问服务期内现场施工全过程跟踪，对承包人的施工工艺及方案执行情况、质量和 HSE 管理工作进行评价并提出指导意见；

（6）在顾问服务期内需每个月向承包人提交月度工作报告，报告应重点关注文件审核、浇筑式沥青混凝土试验段及首件制施工。

最后，桥面铺装两标段均聘请了国际钢桥面铺装浇筑式协会时任主席作为施工管理顾问，在桥面铺装过程中发挥了重要作用。

三、系统考虑施工组织要素

在香港的调研促进了招标工作小组初步归纳和总结 GA 和 MA 的发展情况，并对不同施工工艺的施工组织的关键要素形成系统性认识，如需重点考虑场地及施工条件、设备、人员、现场施工质量控制、材料采购与供应、施工准备期、工期及保修期、钢桥面的防腐处理及防水层施工等。

例如，由于 GA 和 MA 方案所选用的材料有所不同，且本项目体量大，需及早同步针对两种方案所需要的地材及部分特殊材料开展调查，调查目前的产量，为制定合理工期以及成本控制奠定基础。另外，由于 MA 方案需要投入大量 Cooker 沥青运输车，且以现有的设备及人员，任何一家单位较难按期完成本项目施工任务，如本项目采用 MA 方案，则需统筹考虑资源配备、施工工期、多标段划分等。

在桥面铺装采用何种沥青混合料的方案确定之后，桥面铺装的沥青拌合站又面临着单端设站还是双端设站的问题，单端设站还是双端设站决定了招标标段划分。由于当时桥梁主体工程正在施工，23km 的桥梁还没有连接贯通，桥面铺装必需的拌合站不得不在人工岛上选址设立。在 2013 年 7 月的招标工作第四次会议提出对在珠澳口岸人工岛单端设站，以及在珠澳口岸人工岛和西人工岛双端设站的场地布置的可行性等进行评估。由于港珠澳大桥主体工程可用于桥面铺装设置拌合站的场地有限，西人工岛当时已经作为交通工程、桥梁工程等临时施工场地，且岛上房建工程正在紧张施工，再建一座拌合楼场地绝对不够；再考虑到西人工岛在外海，完全依靠船只运输，不确定性（受天气状况、海洋环境等影响）过大，对工期、质量和成本的风险控制过于困难。经过不断深入的研究讨论，在 2013 年 9 月的招标工作小组第五次会议再次评估的时候提出两个标段的拌合站设置在珠澳口岸人工岛较为合理、可行。在招标工作结束后，珠海市政府决定在珠海市情侣南路修建一条海上栈桥连接珠澳口岸人工岛和陆地，这使得材料运输、海上码头等多方面边界条件发生了变化，给施工带来了更便利的条件。

四、全产业链系统重构的理念

设计方案的创新，必须相应地改进施工管理措施。如何通过招标保证质量和工期又是摆在招标人面前的巨大挑战，桥面铺装的超大体量给传统工艺实施带来了极大挑战，其中难点包括：①工程位于常年潮湿多雨、高温高盐的恶劣环境，施工质量控制难度大；②铺装体量大，原材料（集料）供应及质量把控难度大；③计划工期两年，常规项目作业工效低（钢板喷砂除锈、防水层施工），难以满足工期要求；④作业通道狭小，混合料运距远、交叉界面影响较大。

同时，桥面铺装属于“面子工程”，其使用效果最容易直观暴露在公众视野，也是最易磨损的部分，所以必须寻求有效措施保证其施工质量。招标人通过调研发现，即使在相同或类似结构体系之下，国内外同类项目桥面铺装的使用效果存在较大差异，例如，我国香港的青马大桥（1997 年通车至今）、昂船洲大桥（2009 年通车至今）及日本冲绳古宇利大桥（1986 年通车至今）、土耳其的博斯普鲁斯第一大桥（1973 年通车、2013 年大修）、英国塞文第一大桥（1991 年翻修），其桥面使用情况明显优于内地。

调研小组对日本桥面铺装的精细感到十分惊叹，并发现这些差异主要来自施工质量控制措施。调研小组在调研总结中提道："冲绳伊良部大桥工地之整洁、设施之精细、管理之有序、环境之和谐，无不透露出精细化设计和精细化施工之理念。"同时，调研发现日本钢桥面铺装技术的成功，精细化的管理理念以及贯彻和执行发挥了重要作用。

正如港珠澳管理局工程总监所描述的那样，"机器、物料、环境已与日本同行处于同一水准甚至局部有所超越，但人员素质与工艺方法两要素确实是国内同行的短板，一线操作工人参差不齐"。桥面铺装工艺质量关键在于"精细化管理"，对工艺、材料、设备和人员等实施精细化管理是保证桥面铺装工艺质量的关键。

精细化的核心关键是处理好以下三个方面的问题：①怎么做好防水？②铺装方案怎么能够达到快速稳定施工且质量均衡？③怎么保证原材料（尤其是碎石）的质量？其中防水分两道工序，第一是抛丸除锈，第二是防水黏结层（MMA）施工。

经过反复探索和论证，招标文件在最后提出，承包人应按照本合同条款的相关规定，围绕"以许可保材料、以考核保人员、以设备保工艺、以工艺保质量"的项目管理理念，从满足项目工期进度和降低项目风险的角度出发，结合企业的成本效益分析，综合安排施工组织：①对铺装用碎石、矿粉等主要材料采取产品准入/许可方式；②参照澳门土木试验室对本项目混凝土拌合站认证模式组织对沥青混合料拌合站（含人员、设备）进行准入/许可；③配置优质的施工设备和人员，并加强"首件制"和人员的考核管理；④重点考虑 GA 工艺生产 MA，以提高浇筑式沥青混凝土生产效率、提高钢桥面板除锈防腐及防水层施工的机械化程度，突破传统施工水平；⑤在混凝土桥面及钢桥面上推行浇筑式沥青铺装"首件制"，加强现场生产及工艺管理；⑥对桥面铺装原材料、半成品、成品进行全过程的跟踪检测。

五、合同驱动产业升级

（一）以许可保材料

（1）建立材料和设备产品准入/许可制度。承包商为本工程设立的沥青混合料拌合站，均须通过业主组织的产品准入/许可；

（2）对沥青和防水黏结材料的采购控制；

（3）对工程地材的采购控制。

以细集料为例，一般道路工程对细集料的细度规格要求在粒径 0～3mm，铺装单位仅需在该范围内对石料属性进行测试即可。但为了保证桥面铺装的质量，港珠澳大桥桥面铺装集料分档多、用量大、规格和质量要求高，在常规范围基础上对集料尺寸再细分 4 档，分别为 0～0.075mm，0.075～0.212mm，0.212～0.600mm，0.600～2.360mm 四种规格。国内集料的加工生产大多处于粗放阶段，在经过充分调研后，招标人提出了自建现代化专用集料工厂的构想，并在招标文件中明确有关要求和相应的造价支撑措施，在合同谈判阶段重点予以落实。

（二）以考核保人员

（1）人员培训要求。要求承包商制订人员管理和培训计划，分阶段组织承包商管理及技术人员进行培训和（或）考核，培训和（或）考核内容，确保承包商所有人员均具备良好的管理和技术技能。港珠澳管理局工程总监在一次会议上提到，“施工准备期的培训工作是我们项目的一个特色，桥面铺装的培训持续了三个月，制订了专项培训计划，每周集中培训一次”。

（2）人员审查与稳定性。业主采取施工组织设计总控、分阶段动态审核评估方式，分别在合同谈判期间，以及承包商进场前及进场后，分阶段对承包商投入的人员进行审查，并设定 1 至 3 个月的考察期。

（三）以设备保工艺

内地施工从业人员水平参差不齐的现实问题是招标人亟须破解的首要难题。为破解此难题，招标工作小组提出“以设备保工艺”。在加强培训的同时，通过鼓励机械化设备创新，最大可能减少工人技能不足的负面影响。但是招标工作小组对国内类似工程常用的机械化施工设备调研发现，已有的设备仍难以满足该项目的要求（见表 9.6）。以抛丸除锈为例，以每天产能约 1500m^2 计算，需要三年才能完成本工程的抛丸除锈，远超一年有效的施工作业天数不到 120 天的工期约束。另外，传统的设备对人工的要求高，如传统防水涂装施工，以人工滚涂为主，不单施工效率低，施工的均匀性及施工质量均无法得到保证。为保障铺装工程质量及工期，需引入车载式抛丸机、自主研发防水层自动化喷涂设备、风雨篷等。

表 9.6 类似工程的机械化设备

关键设备	性能	缺点
抛丸机	1. 采用手扶式抛丸机，最大作业宽度 50～80cm； 2. 投入设备共 35 台套，操作工人 120 人； 3. 每天钢箱梁喷砂除锈产能约 $1500m^2$	1. 能耗大； 2. 交叉污染多； 3. 质量均匀性差； 4. 效率低
防水喷涂设备	1. 人工手持喷枪喷涂； 2. 专业工人要求高； 3. 超大型工程作业强度大	1. 人工作业强度大； 2. 质量不均匀； 3. 效率低
TLA 湖沥青融化混合装置	1. 湖沥青掺量约为 20%； 2. 单批次 48kg，人工投放破碎后的块状沥青； 3. 通过集料加热融化沥青	1. 人工作业强度大； 2. 拌合产量低； 3. 混合沥青均匀性差； 4. 设备损伤大
矿粉加热装置	1. 矿粉无法加热； 2. 集料加热温度 380℃左右进行热交换； 3. 拌合站产能只有 60t/h	1. 能耗大； 2. 拌合产量低； 3. 设备损伤大

注：本表以嘉绍大桥为例。

赴日本调研时重点交流了防腐除锈及防水层的机械化施工。日本在早期曾研发过防水层的机械设备并试用过，但最终未能推广。一方面是日本认为机械喷涂难以控制用量，而对采用人工滚涂的效果有信心；另一方面是因为防水层施工工期较短，日本后续新建的钢桥面铺装项目不多，市场应用价值及前景不大，故未曾进一步研发。欧洲也考虑过机械化施工，但考虑到机械化施工将受制于钢板加工精度、焊缝及吊点平整性、喷嘴易堵塞难清理等问题，需要处理的细节多而繁杂，缺乏经济性优势；同时，他们也对施工人员水平及素养有信心，加之人工施工效率尚可，因而也放弃了机械化设备的研发及推广。

虽然欧洲和日本防水层施工机械化面临诸多限制因素，但考虑到本项目钢桥面铺装的超大体量，大面积施工易受环境影响，为确保工程质量，招标人仍建议鼓励承包人开发类似自动化机械设备。调研过程中，日本技术人员也认同超大体量的桥面铺装施工有必要在设备上进一步改进。

为确保施工质量和效率，通过大量引入并配置机械化设备，确保质量的稳定性，同时，大幅提高工效，保证工程按期完成，招标文件提出了如下要求：

（1）引进机械化的钢桥面板除锈施工设备，作为招标文件的强制性要求。

（2）改进拌合工艺，提升机械化水平。

(3) 鼓励承包商在防水层施工中采用专业的机械化施工设备，在“首件制”中应用后评估其效果。

(4) 补充不足的机械化设备。对于桥面铺装所需的Cooker沥青运输车、浇筑式沥青拌合站、SMA沥青拌合站等，如果承包商在投标期间未能配齐，余下数量应新购或租赁，并确保在施工准备期间完成补充。同时，结合现场湿热、多雨的气候环境，承包商应配置机械化的钢桥面板干燥设备。

为鼓励投标人配置机械化设备，评标办法对重要设备（如Cooker车）、优势资源投入（自动化设备或工厂的研发投入、专业分包、集料工厂）设置较高权重。

（四）以工艺保质量

通过“首件制”的实施，检验并总结形成稳定、完善的施工工艺流程，保证质量的稳定性。每一个分项工程开工前，承包商先按施工组织设计中的工艺技术要求完成样品工程，随后对样品的各项质量指标进行检测，并对检测结果进行分析、对比，再对施工组织设计进行修改完善。承包商从满足要求的试件中确定一个优良的首件，从程序报建、技术培训、技术交底、材料进场、施工方案和施工工艺、材料试验、现场管理和质量控制等方面，整理出一套标准样本，获得更科学、更合理的施工参数和质量保证措施，并作为施工（批量生产）的依据，使施工（批量生产）过程中整个工程质量和外观效果处于可控范围内，杜绝施工（批量生产）后可能产生的各种质量隐患。

第三节 效果与评价

一、实施效果

（一）打破技术垄断

港珠澳大桥桥面铺装技术在国内首次提出GMA浇筑式沥青新技术，同时具有MA技术和GA技术的优点，包括两阶段拌合、级配稳定（细集料三档，微米级集料分档）、生产工效高、路用性能优。既具有高温稳定性和低温疲劳性能，还大幅提高了功效，满足了钢桥面铺装的耐久性问题。

在钢桥面喷砂除锈中，引进车载式自动抛丸机，取代了传统的手持抛丸机，改善现场作业环境，满足HSE要求。施工效率提高近10倍，满足了钢桥面铺装的工期要求。

在防水材料自动喷涂中，研发了防水层机械化自动喷涂设备，自主创新的专利设备为国内首创，使“露天工厂化”成为现实。通过电脑程序，科学控制喷涂的行走速度、压力、离地高度等因素，减少人工施工的不确定性对作业质量的影响，提高施工效率及质量。

广东长大公路工程有限公司借鉴了精细化工及食品加工行业的生产筛分工艺，建立了目前世界上最先进的集料工厂，将集料细分为微米级，从根本上确保了混合料的质量。采用密闭式钢结构厂房进行生产及储存，配置高效干式除尘设备，实现了建筑用集料无尘化生产。

上述系列创新成果，充分体现了管理局在桥面铺装招标过程中“提前策划、谨慎评估、果断应用”的管理思维。

（二）实现系统重构

先进的技术方案需要与之相适应的管理理念。面临浇筑式沥青工艺诸多不成熟，招标人提出“以许可保材料、以考核保人员、以设备保工艺、以工艺保质量”的项目管理理念，经历了反复的发散、探索和论证过程。

系统性思维对提出施工组织关键控制措施发挥了重要作用。系统性思维体现在设计方案与施工工艺的统一、设计方案与费用资源投入的统一浇筑式沥青设计方案的创新驱动了除锈、防水层、GMA 和 SMA 工艺等主要施工工艺的联动创新，工艺创新进而驱动了设备、材料的创新以及对人员能力等施工组织的创新。该项目招标是通过集成知识管理解决技术复杂性的典型案例。

二、总结与评价

由于国内钢桥面铺装的施工能力不足，以及本工程桥面铺装的高质量、紧工期的要求，在桥面铺装的招标模式确定过程中，引入优质资源是首要考虑。在招标模式确定过程中出现了反复的发散、探索和论证过程。总结起来有以下几点：

（1）大桥高目标要求以及桥面铺装项目的基本特征（如超大体量、紧工期、高质量要求、高技术要求等）决定了招标模式的基本方向，即必须引入优质资源。从最早的面向国际招标设想，面向内地及港澳地区的公开招标，到最后的“国内公开招标＋施工管理顾问”模式始终以引入优质资源为出发点。虽然国际招标方案最终没有被采纳，但对世界范围内的调研，使钢桥面铺装招标策划成为重大工程集成知识管理解决技术复杂性问题的典型案例，这种实践，加深了招标团队对系统的认识，又反过来进一步激发和促进了后续系列创新的研发和落地，也大大提高了业主团队的技术水平和管理能力，为后续实施现场工程管理奠定了良好的基础。

（2）招标模式的确定是招标工作的重要先导工作，与招标的众多因素紧密相关，如资格条件设置、标段划分等。招标模式的确定有助于后续其他招标工作的一一落实。

（3）招标模式设计跟工程技术创新有相通之处，面临高复杂性的条件和环境，可考虑设计多种方案，进而对方案进行比选或者是对方案进行重新组合，这种“发散—收敛”的迭代过程有助于遴选出最佳的方案，或多方案进行重新组织。

（4）调整造价适应设计方案。在招标中管理局没有把批复的概算作为限额设计，而是根据质量要求优先满足耐久性设计和品质要求。因此，可以鼓励投标人进行工艺创新，并根据创新模式协调政府机构解决造价需求。

（5）招标边界条件的不断变化给确定招标模式带来了极大挑战。招标模式的边界条件有以下特征：

1）已知的边界条件，对招标模式的影响已知。如项目目标要求，将港珠澳大桥的建设目标定位为“建设世界级跨海通道、为用户提供优质服务、成为地标性建筑”。钢桥面15年的设计使用寿命等直接影响了设计方案的选择及期望引入最优质的施工资源。所以在招标伊始，招标人定位在引入国际的资源，并且在函调、座谈、项目参观等技术交流过程中，反复论证进行国际招标的必要性和可行性。在该已知的目标边界条件下，招标人引入优质资源的方向是清晰的。

2）已知的边界条件，但对招标模式的影响未知。如法律法规的要求是已知，但是对“内地及港澳地区的公开招标”的模式论证过程存在未知的影响，管理局在尝试过程中发现难度很大，最后不得不放弃该模式。

3）未知的边界条件，对招标模式的影响不可预测。桥面铺装施工是以批准施工图设计进行招标。因此，桥面铺装施工招标模式与设计方案关系密切。但在开始招标过程中，设计方案处于不断地调整过程，设计方案的不确定性对招标策略有不可预测的影响，该影响只有等设计方案确定后才能被消除。

4）边界条件动态变化，对招标模式的影响逐渐清晰。有部分的边界条件处于不断的变化过程中，如与铺装施工工作面分阶段交接、与交通工程施工界面、与上部结构安装界面等界面一直处于变化过程中。在桥面铺装采用何种沥青混合料的方案确定之后，沥青混合料的搅拌站放置又出现了问题。是否采用西人工岛作为拌合站一直处于变化性的评估过程中。在招标前期，拌合站的单端还是双端设站问题直接影响着标段的划分，进而影响着招标文件的编制。这种处于动态变化的边界条件影响着招标模式、标段划分乃至招标文件的编制。

第十章　关键在人

——施工监理招标

国内监理行业发展欠佳，监理人员管理和技术平均水平不高的现状，使得大桥管理者对监理单位的服务水平充满疑虑，担心监理单位的整体水平与本项目的建设难度和管理目标难以匹配。但是，大桥管理者并没有因为国内监理行业的现状而降低要求或放弃期望，而是从理念、合同、制度方面去扭转监理单位在项目管理工作中的被动局面，抓住问题根源，提出“关键在人”的理念，从合同机制设计上提高监理人员的收入水平和管理地位，建立考评措施，激励监理单位引进高水平管理人才，引进境外资源增强技术储备。

第一节　面临的问题与挑战

一、国内监理发展现状

港珠澳大桥主体工程一共划分为8个监理标段（另有1个试验检测中心标段），分别对应不同的专业系统，对应岛隧工程设计施工总承包（DT01标）、桥梁钢箱梁采购与制造（CB01标）、桥梁钢箱梁采购与制造（CB02标）、深水区桥梁土建工程（CB03标、CB04标）、浅水区桥梁土建工程（CB05标）、桥面铺装工程（CB06标、CB07标）、交通工程（CA02标）、房建工程（CA01标）。

工程监理是指受建设单位委托，根据法律法规、工程建设标准、勘察设计文件及合同，在施工阶段对建设工程质量、进度、造价进行控制，对合同、信息进行管理，对工程建设相关方的关系进行协调，并履行建设工程安全生产管理法定职责的服务活动。监理人员特别是总监、驻地高监和专业监理工程师提供的是一种高智力的专业技术服务，只有专业技术能力、管理能力和综合管理能力较强的人员才能胜任。但由于薪酬体系、社会认可度等原因，监理行业发展受到制约，监理单位的人员素质、专业技术水平相对于设计单位、建设单位处于劣势。如果不进行特别的策划和管理，监理人员的水平和理念总体上难以与本项目的建设目标相匹配。

二、超级工程的监理挑战

港珠澳大桥的监理工作是开创性的工作，以岛隧工程为例，涉及海工、沉管隧道、桥梁、房建等多个专业。监理工作的难度表现为：

1. 工程难度大

港珠澳大桥岛隧工程，是港珠澳大桥主体工程技术最复杂、建设难度最大的部分，是世界上综合难度最大的岛隧工程，其中沉管隧道工程是我国修建的第一座外海深埋沉管隧道。要在软基上建设至今世界上最长、埋深达46m以上的海底沉管隧道，在水深10m、软基厚度达60m的海中建造人工岛，并实现海中桥岛隧连接，工程难度巨大。

2. “四新”技术多

岛隧工程采用大量的新材料、新设备、新技术、新工艺，事先需要开展大量的设计验证试验、施工工艺试验、施工工艺演练等工作。

3. 缺乏经验

尽管我国监理单位已具有较为丰富的桥梁、水运、部分内河沉管隧道等监理经验，但是对港珠澳大桥外海人工岛、外海深埋沉管隧道而言，没有任何经验可借鉴，只能是从零起步。

4. 缺乏技术标准

在港珠澳大桥之前，我国缺乏沉管隧道行业技术标准，也缺乏 120 年设计使用寿命新标准下的试验。

5. 专业跨度大

岛隧工程监理工作，包括监理总体统筹、地质勘察、沉管隧道、东人工岛、西人工岛、救援码头、岛上房建、结合部桥梁、水下检测与监测、结构健康监测，专业跨度较大。

三、120 年设计使用寿命的高质量标准

港珠澳大桥的建设目标为：“建设世界级跨海通道、为用户提供优质服务、成为地标性建筑”。建设世界级跨海通道是指在设计和建造阶段，采用国际先进的理念、整合中外顶级设计及咨询团队进行项目管理及设计，确保港珠澳大桥设计使用寿命达到 120 年。港珠澳大桥建设管理过程及工程产品本身均应具有国际影响，要求从管理思想、设计技术、施工技术、产品品质、现场管理等方面均达到国际水准，监理工作也必须达到国际水准。港珠澳大桥的工程特点、技术难点和目标要求，给建设者和管理者出了一道世界级难题，管理者必须在新理念、新技术、新方法、新材料、新手段、新装备、新工艺等方方面面取得突破。

四、大标段下的监理综合资源不足

港珠澳大桥项目综合资源需求突出。以岛隧工程为例，如果根据专业来划分多个监理标段，则存在多个监理标段共同管理一个施工标段的多头管理问题，不仅执行的标准难以统一，而且也易导致工作界面混乱等；如果按照监理标段与施工标段

相对应、大标段的管理理念，则需要解决国内监理企业综合能力、统筹能力较弱的问题。目前国内单个监理企业在人员储备和技术能力方面都很难达到本项目的需求，因此，需要有效整合优势资源，才能确保实现项目建设目标。

五、缺乏大型联合体监理团队的管理经验

虽然对于施工内容复杂、专业众多的施工标段，采用联合体有利于发挥各自优势，进而可承担大规模的建设项目。但过去国内的建设单位普遍认为采用联合体的方式会增加协调和管理工作量，因此较少采用联合体的方式。国内十分缺乏大型联合体监理团队的管理经验，给本项目的招标和管理工作带来巨大挑战。

第二节　招标策划与模式构建

在监理招标工作开展之前，招标人对我国监理企业进行了广泛的调研，在此基础上，考虑通过调研，充分地了解我国监理企业的现状，形成监理招标的总体思路。通过明确标段划分遵循与专业系统对应、大标段的原则，通过联合体来解决监理综合资源不足的问题，设定了合理的投标资格条件、创新的合同机制、完善的管理措施等手段，特别突出了对总监专业监理工程师等监理人员的要求，强化监理单位的资源投入调配与支持（如设立公司领导为总协调人），构建了适合于本工程的监理体系。

一、资源匹配：监理标段划分与实施安排

根据施工标段和监理标段相匹配的原则，对照施工标段的划分方式和工作模式，合理划分监理标段，选择适当的监理模式。

（一）大型联合体监理团队

1. 岛隧工程

对于岛隧工程，涉及海工、沉管隧道、桥梁、房建等多个专业，为减少管理界面，施工标设置一个设计施工总承包合同段，采用中外合作联合体模式。基于施工

监理匹配的原则，避免出现一个施工标段面对多个监理标段的情形，与之对应的监理亦只设一个合同段。但是一家监理单位在人员和专业技术能力上难以匹配如此大规模的施工体量，因此，经过大量市场调研和技术交流后，监理标段采用联合体方式，要求 3 家在各自专业领域经验丰富的单位进行联合。

在联合体资格条件设置上，也做了大量充分的市场调研，通过充分的市场调研，确定联合体各方的资格条件如下：

（1）联合体牵头人。

1）具备交通运输部核发的有效公路工程监理甲级资质；

2）持有工商行政管理部门核发的有效企业法人营业执照；

3）2000 年 1 月 1 日至投标截止日［以交（竣）工验收时间为准］，至少完成过以下全部业绩，两项业绩不可重叠：

a. 单个监理合同段的工程建安费不低于 20 亿元人民币的土建工程施工监理；

b. 所承担的隧道工程单洞长度 2500m 或以上，或桥梁工程单座桥长 5000m 或以上的施工监理。

（2）联合体成员 1。

1）具备交通运输部核发的有效水运工程监理甲级资质；

2）持有工商行政管理部门核发的有效企业法人营业执照；

3）2000 年 1 月 1 日至投标截止日［以交（竣）工验收时间为准］，至少完成过以下全部业绩：

a. 面积 50 万 m^2 或以上填海造地工程的施工监理；

b. 海洋条件下长度 3km 或以上防波堤或拦砂堤或围堤或护岸类工程的施工监理；

c. 面积 30 万 m^2 或以上软基处理工程的施工监理。

（3）技术支持单位（作为联合体成员 2 或技术咨询服务单位）。

如作为联合体成员 2：

1）具备国家有关主管部门核发的有效公路工程监理甲级或以上资质，或水运工程监理甲级或以上资质；

2）持有工商行政管理部门核发的有效企业法人营业执照；

3）1990 年 1 月 1 日至投标截止日，具有作为主办方承担或主要参与过至少 1 座沉管隧道（包括在建工程）的施工监理业绩。

如作为技术咨询服务单位：

1）具备住房和城乡建设部核发的有效工程设计综合甲级资质或水运行业（港口

工程）设计甲级资质或海洋行业（沿岸工程）设计甲级资质或公路行业设计甲级资质，或国家有关主管部门核发的有效公路工程甲级监理资质或水运工程甲级监理或工程监理综合资质；

2）持有工商行政管理部门核发的有效企业法人营业执照；

3）1990 年 1 月 1 日至投标截止日，具有作为主办方完成过至少 1 座沉管隧道的设计业绩（初步设计或施工图设计），或具有作为主办方承担或主要参与过至少 1 座沉管隧道（包括在建工程）的施工监理业绩。设计业绩的“完成”是指项目初步设计已获得批复，或施工图设计通过审查。

设置技术咨询服务单位是由于国内沉管隧道业绩不多，参与过沉管隧道的监理单位也比较少，因此，对于监理单位的要求进一步放开，如技术支持单位具有相应的监理资质，可作为联合体成员参与合同签订；如技术支持单位没有相应的监理资质（如设计单位），不能作为联合体成员参与合同签订，但可作为专业技术单位，为联合体提供技术支持，解决监理单位沉管隧道业绩和技术能力不足的问题。为使沉管隧道专用技术支持单位充分履行职责，在招标文件中对其职责、人员及数量的投入进行了清晰的约定，并且在投标联合体协议中提出要求。

2. 桥梁土建工程

对于桥梁土建工程，涉及桥梁、土建、钢结构等专业，采用施工总承包模式，分为 CB03 标、CB04 标、CB05 标合同段。基于施工监理匹配的原则，SB03 标合同段监理工程范围对应主体工程桥梁工程土建工程（不含钢箱梁、钢索塔、钢锚箱及索塔钢结构形撑制造）施工 CB03 标、CB04 标合同段的承包范围；SB04 标合同段对应主体工程桥梁工程土建工程施工 CB05 标合同段的承包范围。考虑到一家监理单位在人员和能力上难以与如此大的施工体量相匹配，对应监理合同段亦采用联合体的模式。

3. 交通工程

对于交通工程，包括机电、交安设施、供配电及通风照明灯多个领域，涉及强、弱电工程，专业性强，资质准入门槛高，施工标段采用系统集成的总承包模式划分为一个施工合同段，以联合体方式进行施工招标（CA02 标），对应的监理合同段亦划分为一个合同段，由具备强电、弱电资质的两家单位组成联合体实施监理。

以上采用监理联合体模式的标段均设置二级监理机构，即总监理工程师办公室和驻地监理工程师办公室，在合同条款中强调联合体内部之间的优势资源整合，明确联合体牵头人的总协调职责和安排，统筹负责联合体的内部管理和协调，最大程度地发挥各方的优势，实现优势互补。

（二）独立一级监理模式

桥梁钢结构制造、桥面铺装和房建工程，专业特点明显、集中度高，施工招标不接受联合体的方式，监理也与之相对应，采用独立完成的模式，要求监理单位设置一级监理模式，负责相关的专业工程。

1．钢结构制造监理

钢结构制造监理划分为两个合同段，前期调研发现，各监理企业普遍认为港珠澳大桥钢箱梁制造工程量太大，国内任何一家监理企业都难以调配如此大规模的资源，因而将钢箱梁制造监理单独招标的模式是正确的、合理的，有利于发挥专业监理的特长，集中优势力量。允许一家监理企业可同时对两个合同段进行投标，但最多中一个标段。

国内监理企业多数以土建施工专业为主，钢箱梁制造由于专业性很强，基本为工厂化生产，现阶段尚无专门的钢结构监理企业，大多作为监理企业的一个相对独立专业存在。鉴于大桥项目的高标准要求和工程量巨大，考虑监理市场供应不足、钢结构监理专业人员相对匮乏，招标文件要求最大限度地集中和尽可能地提前发挥监理优势资源和人才力量。在内地现有的法律法规框架下，监理招标主要面向国内监理企业，监理企业可根据自身实力，考虑聘用国外顾问或聘请国外专家方式（不作为强制性要求，可考虑作为加分条件），引入国外优质资源，弥补自身能力。

2．桥面铺装工程施工监理

桥面铺装工程施工监理专业性强，鉴于国内桥面铺装专业监理队伍较少，技术力量参差不齐，通过对潜在投标人的函调及回访交流，结合本次招标的监理服务需求定位，贯彻“少、精”的扁平化管理，采用“监理＋技术顾问”模式，即由具有一定钢桥面铺装监理业绩的监理企业，结合自身的能力，定期或不定期聘任（请）具有浇筑式沥青混凝土桥面铺装的技术顾问为其提供技术支持服务，确保有效执行监理程序。监理企业在投标文件中推荐一名或多名候选技术顾问，评标阶段对技术顾问进行初步审核，在监理单位进场后再由发包人对技术顾问进行正式考核，考核不合格者，要求监理人予以更换，或采用其他方式另行招聘。

3．监理标段划分

监理标段的具体标段划分情况如表 10.1 所示。

表 10.1 港珠澳大桥监理标段划分一览表

标段名称	模式	主要内容
岛隧工程监理（ST01 标）	联合体	对应岛隧工程设计及施工总承包全线的监理工作
试验检测中心（SE01 标）		负责主体工程、房建工程土建抽检样品的检测、协助试验检测管理工作以及按照业主安排为相关单位提供试验检测服务
桥梁土建工程施工监理（SB03 标：深水区非通航孔桥＋青州航道桥＋江海直达船航道桥＋九洲航道桥）		对应 CB03 标、CB04 标土建工程及钢箱梁施工监理工作
桥梁土建工程施工监理（SB04 标：含组合梁，浅水区非通航孔桥＋九洲航道桥）		对应 CB05 标土建工程及组合梁施工监理工作
交通工程施工监理（SA02 标：机电工程与安全设施、供配电及通风照明）		对应 CA02 标交通工程施工监理工作
桥梁钢箱梁制造监理（SB01 标：部分深水区非通航孔桥＋青州航道桥）	独立	对应 CB01 标钢箱梁采购与制造监理工作
桥梁钢箱梁制造监理（SB02 标：部分深水区非通航孔桥＋江海直达航道桥）		对应 CB02 标钢箱梁采购与制造监理工作
桥面铺装施工监理（SB05 标）		对应 CB06 标、CB07 标钢箱梁桥面铺装及组合梁桥面铺装施工监理工作

二、以人为本，关注单位，突出总监和专业监理工程师

监理工作是一项专业技术智力服务，主要靠发挥监理人员的专业、管理和协调能力来完成，因此与施工招标不同，除了考虑监理单位的资质、业绩外，监理单位投入的骨干人员的资历、经验、业务能力等同样重要，两者缺一不可。尤其是总监理工程师，作为监理单位派出的全权代表，其工程经验、协调管理力度、资源调配能力极为重要，很大程度上决定了项目的监理水平，因此，必须通过招投标和合同谈判阶段予以确认和保证。

本工程招标时要求参与投标的监理单位不仅应具备相应专业工程监理类最高资

质和较强的类似工程业绩，以确保行业内一流监理企业入围，同时要求总监理工程师、副总监理工程师以及主要专业监理人员必须具备突出的工作能力和良好的业界口碑，以确保监理团队具备胜任相关监理任务的能力。

对于岛隧工程、桥梁工程等复杂项目，考虑到涉及大量的协调管理、资源调动等非技术层面的工作，还特别设置了项目总经理（或项目总协调人）岗位，以保证监理单位在本项目上的统筹协调力度和资源调配能力。投标人可结合自身情况，设置监理合同段的项目总经理，由公司班子成员担任，专注于项目管理、协调，不要求具有相应的监理证，总监则重点在现场的技术管理上。如投标人拟派的总监同时满足此项目总经理的条件和要求，可以采用项目总经理兼总监模式。在投标阶段，将通过具体管理进行考核。在武广高铁、京沪高铁的中外合作监理联合体也有采用此种模式。

管理局作为招标人推行监理“关键在人”的管理理念得到了投标人的高度认可和积极响应。大桥 8 个中标监理单位都派出了精干力量，几乎每一个标段的总监理工程师都是由所在监理企业的总工程师或副总经理等班子成员及以上职务的精英担任，其监理工作经验、专业技术能力、大局视野、资源调配能力和管理协调能力都是同行中的佼佼者。可以说，港珠澳大桥集中了监理行业中实力最强的单位和精英，成为监理行业内一众监理“高手”大显身手的舞台，客观上保障了大桥监理的成功实施，为港珠澳大桥的成功实施做出了其突出贡献。这样的例子很多，比如在桥梁钢箱梁制造监理招标过程中，时任中国船级社实业公司总经理、中国交通建设监理协会副理事长程志虎博士在投标文件中承诺担任总监，并附上中标履职的承诺书（如中标立即辞去总经理职务）。2012 年 2 月，公司中标后，程志虎博士积极履行投标承诺，正式辞去公司领导职务，赶赴港珠澳大桥建设工地，全程履行桥梁钢箱梁制造监理 SB01 标总监理工程师的职责，直至工程完工后还始终密切关心着港珠澳大桥，在交通建设监理行业内传为一段佳话。中铁武汉大桥工程咨询监理有限公司的高级工程师胡昌炳教授具有多年大桥设计和多座跨海大桥的监理经验，视野宽广，大局意识强，专业功底扎实，承诺出任港珠澳大桥岛隧工程总监，中标后全程服务于港珠澳大桥建设，肩挑港珠澳大桥特别艰难的岛隧工程监理重担和全线监理统筹工作，在工地上一待就是九年之久。这样的故事还有许多，事实证明，港珠澳大桥的监理招标策划和实践，使得一流的监理单位和一流的监理精英云聚大桥，SB02 监理标段的赵建总监、SB03 监理标段的易有森总监、SB04 监理标段的谢成远等总监和众多出色的专业监理工程师等，在港珠澳大桥众多监理标段中，为保障大桥的顺利实施，发挥了突出作用。

三、伙伴关系：充分的信任和尊重

管理局积极推行在严格履行合同基础上，建立开放、平等、协同、互信的伙伴关系，构建管理局与监理人、监理联合体内部之间，以及咨询人、设计人、承包人、试验检测中心、测量控制中心等之间平等的合同关系，各方各司其职、精诚合作、互相补充，以持续的努力和改进来建立、完善伙伴关系。

在投标人中标后签订合同前的合同谈判阶段，招标人将伙伴关系的理念作为合同谈判工作的重要组成部分，在合同谈判阶段向监理单位传导伙伴关系的理念，使监理单位认识到通过单打独斗来完成本项目的建设目标，非常困难，建立“一荣俱荣、一损俱损、荣辱与共、共同进退”的伙伴关系，在严格履行合同基础上，对项目达成建设管理目标至关重要。通过合同谈判，合同双方承诺将以伙伴关系为核心理念，构建和协调与项目关联的相关方之间的关系，并付诸实际行动、精诚合作，以持续的努力和改进来建立、完善伙伴关系，确保实现项目建设目标。

管理局在推行伙伴关系的基础上，充分信任监理单位，全力支持监理单位的工作，尊重监理单位的意见和建议，从合同机置设置和实际行动上提高监理地位，这是鼓舞和激发监理单位积极主动开展工作的重要条件，也是本项目建设管理工作获得成功的关键。

四、强强联合：强化监理联合体的管理

（一）强化监理联合体的管理

1. 明确项目总协调人

合同中明确项目总协调人，负责监理过程中与发包人、联合体内部各成员和第三方的外部协调沟通、资源调动以及监理机构非技术性工作，总协调人应由联合体牵头人任副总经理及以上或技术负责人（或总工程师）领导职务的人员担任。比如西安方舟监理公司原董事长李良当时亲自担任 SB04 标、SB05 标监理标段总协调人，积极调配资源，经常深入大桥工地现场，有力地支持了现场监理工作，成效显著。

2. 监理联合体牵头人组建（或为主）总监办

总监办应由监理联合体结合自身条件根据本合同工程特点，由联合体牵头人组建或以联合体牵头人为主组建，总监理工程师必须为联合体牵头人的人员。总监办负责联合体内部的管理与协调工作，对各驻地办（或监理组）进行统筹管理，保证既能发挥各驻地办（或监理组）的技术特长又能在管理上和谐统一，确保监理工作有效开展。

3. 监理联合体共担风险

联合体各方共同组建监理联合体，对本合同工程监理的实施共担风险。相关风险划分在合同条款基础上，在联合体协议书中清晰约定，按照相关约定执行。

4. 监理联合体做有效推进

牵头人应采取切实有效的措施确保联合体各方对项目信息能有效了解与掌握，保证联合体各方与发包人沟通渠道畅通，以及充分表达意见的自由。联合体各方内部的矛盾、分歧与争端，应在监理联合体内化解，确保有效推进各项工作。比如岛隧工程监理，中铁武汉大桥工程咨询监理有限公司和其他两家联合体成员公司领导，组成联合体成员联席会议，每月召开一次现场会议，协调资源，解决相关问题和矛盾，很好地支持了监理现场工作开展。

（二）实行“总体监理”统筹和分标段监理的模式，授予“总体监理”单位统筹与协调的职能

设置港珠澳大桥主体工程“总体监理”单位，负责统一整个主体工程项目的监理程序、流程、表格及文件要求，从而使各标段监理工作规范化和标准化更有利于规范管理。在具体管理上，“总体监理”通过成立总监办承担联合体对外协调、对内统筹管理的职能。此种模式已在武广高铁、京沪高铁上成功采用，目前高铁项目上基本都采用此种模式。

“总体监理”的角色由岛隧工程监理的中标人成立总监办担任，“总体监理”在管理局授权范围内对岛隧工程和桥梁工程所有监理人进行统筹和协调，统一全桥监理工作标准、程序要求，协助后续监理单位进场后迅速按相关要求开展监理工作，同时承担与海中桥隧工程香港段、珠海连接线、珠澳口岸监理人的外部协调工作。除岛隧监理 ST01 标段作为“总体监理”外，还授权桥梁工程 SB04 标总监办统筹全线标段交工验收工作，对各参建单位的交工工作提供指导，对交工验收文件进行复合性审查，协助管理局推进交工工作，都取得了很好的实际效果。

五、寻求突破：围绕人员构建管理模式

（一）监理服务“关键在人”

本项目监理招标中以人员的配置与投入为核心，重点强化人员的履约管理，并在管理局后续组织的合同履约检查及信誉评价中重点考核。港珠澳大桥主体工程技术复杂，涉及专业种类多，而国内监理企业多数规模不大，相应专业监理人员较难满足要求（如桥面铺装专业监理队伍较少，技术力量参差不齐）。对此，一方面，在招标文件的合同条款规定监理人可结合自身实际情况，通过聘用技术支持人员或劳务选聘的形式补充自身欠缺的技术力量；另一方面，重点强化对人员的履约管理，强调监理人员的能力优于相关的资质证书，对监理人员的考核实施动态管理，充分提高监理人员的工作积极性，根据工程进展情况以及监理工作量、监理控制节点的变化情况实施监理人员的动态调配。

（二）设立监理准备期

将监理服务工作分为施工准备期、施工期、工程维护和照管期、交工验收与缺陷责任期的监理服务，分别明确各个阶段的监理服务工作要求。其中设置监理准备期的目的是充分考虑监理企业提前进场安排，以便在施工图设计报行业主管部门批准之前，参与图纸会审，并对施工组织设计、重大方案等及早提出意见和建议，尽量减少施工图变更，降低工程风险，保证进度和工程质量。同时，也方便提前制定并统一监理的工作程序、表格及检验标准等。如在钢箱梁制造监理招标中，监理开标比钢箱梁采购与制造开标早 3 个月，让监理企业有合理的监理准备期，有利于钢箱梁制造监理工作的有效开展。

另外，施工准备期内由建设单位、设计单位、质量管理顾问、设计咨询单位等对监理进场人员进行培训，也是本工程的一大特色和亮点，主要培训内容包括项目管理目标、技术要点、管理要点等方面，内容丰富充实，为监理人员管理水平的提升以及提前进入监理管理状态打下良好的基础。

（三）保障监理资金投入

通过弱化投标报价在投标评分中的权重，以避免低价中标，设定监理人员最低

工资待遇、加强资金监管等手段保障监理资金。在最低工资保证方面，采用由投标人在投标阶段提交最低工资待遇的承诺、招标人在合同谈判时可进行调整的双控方式，对监理人工资发放情况进行监管，如发放的工资没有达到投标文件中人员工资标准，管理局有权责令补足；在每季度的监理信誉评价中，拿出一部分考核奖励金明确要求发给现场监理人员，以调动其工作积极性；在资金监管方面，要求监理单位在现场设立账户，便于有效监管，保证监理项目部有足够的资金使用权。

（四）强化履约管理

1. 建立和完善监理管理制度

制定施工监理管理办法，对监理组织机构及职责、监理规划及实施细则的制定及审批、监理管理制度、监理人员考勤及变更、现场监理机构考核、监理人员的检查监督与管理做出具体规定，并根据实施情况进行修订完善。要求各总监办制定内部考核管理办法，定期对监理人员的工作进行检查、考核、奖优罚劣。

2. 强化监理人员的履约管理

针对国内监理人员流动性较大，细分专业监理人员较难满足要求的现状（如桥面铺装专业管理队伍人员较少，技术力量参差不齐），一方面合同条款规定监理人可结合自身实际情况，通过聘用技术支持人员或以劳务选聘的形式补强技术力量；另一方面强调监理人员的能力优于相关的资质证书，对监理人员考核实施动态管理，充分调动监理人员的积极性，根据工作进展情况以及监理工作量、监理控制节点的变化情况实施监理人员的动态调配。

3. 加强对监理的检查监督与考核

通过业主日常巡查、国外咨询公司和质量顾问定期或不定期的工期巡查、监理激励考核、质量管理体系审核等多重手段，促使监理服务工作不断改进、提升。

4. 设立监理人员考核机制

为了激励本合同工程监理人员的工作积极性，提高监理服务质量，从合同总价中提取费用单列设立“考评专项基金”，对监理人在质量、进度、投资、合同管理、HSE等方面监理以及试验检测取得的成效分别予以考核，根据发包人的指示全部或部分使用，或根本不予动用，如有节余将转入暂定金额中。

5. 清晰界定监理与试验检测等相关单位的工作界面

试验检测是监理人判定质量的重要手续，港珠澳大桥主体工程结合国内实际情况，统筹单独设置试验检测中心，由其承担本项目试验检测工作，负责抽检用于永久工程的原材料、结构物成品、半成品、工程实体试验检测工作（不包括桩基承载力、完整性检测、桥梁静载试验和钢结构试验检测等），有别于其他同类项目。对此，在各监理标段的招标中，在招标文件中专门编制了监理与试验检测等相关单位的工作界面表，清晰界定好监理人与试验检测中心等相关单位的工作界面，让各方的工作任务与职责非常清晰，有效发挥各自专长。如在钢箱梁制造监理招标文件中，经系统梳理，钢箱梁制造的焊缝监理抽检工作，未包含在试验检测中心范围内，于是在招标文件中明确：如监理人满足招标文件中关于试验检测单位的全部或部分要求的，可由其负责组织开展全部或部分钢结构试验检测工作，否则，监理人应将全部或部分钢结构试验检测工作委托给满足上述条件的试验检测单位。

六、其他主要质量管控力量

（一）引进设计施工咨询单位

多家国内外著名工程咨询公司组成的中外合作咨询联合体，独立地提供先进、公正、专业的设计和施工咨询服务。

（二）设立测量控制中心

负责全桥测量控制网的建设、监测和维护，检查指导参建单位测量体系建设；检查和验收承包人的施工测量控制网。

（三）设立试验检测中心

承担岛隧工程监理、桥梁土建工程监理 20%试验抽检任务，承担业主对工程原材料、主要实体工程构件按不少于 5%频率的独立抽检；监督和管理全线工地实验室。

（四）设置质量管理顾问

针对质量管理进行培训，首件工程全程旁站指导，定期日常巡查，针对质量问题的分析与处理等方面提出建议。

上述单位是监理技术力量的强化和补充，与本项目监理单位相互促进和互相补充，为本项目提供技术和管理上的支持，对提升项目监理工作质量非常重要。

第三节　效果与评价

一、实施效果

监理单位中标后，依据招标文件和合同条款约定，积极抽调公司主要骨干力量，组建了业内最顶尖监理团队投入到本项目管理工作中。按照招标文件规定设置监理机构，组织机构齐全，工作规范有序。总监理工程师均为公司骨干人员，监理经验丰富，沟通协调能力较强。监理单位能依据监理规范、合同要求开展监理服务，做到了严格监理、优质服务、科学公正、廉洁自律。监理工程师以精干的业务知识、实事求是的敬业精神、一丝不苟的科学态度和公正廉洁的工作作风从严依法监理，使监理工作真正体现出它的科学性、公正性。

采用联合体模式的监理标段，经过准备期磨合，总监办内部工作范围、职责、权利、义务界面逐渐清晰，管理逐步顺畅，发挥了联合体成员较强的主观能动性。如岛隧工程监理，由中铁武汉大桥工程咨询监理有限公司作为牵头人，广州港工程管理有限公司、广州市政工程监理有限公司共三家单位组成联合体中标，三方签订了联合体协议，充分发挥各自在专业领域的优势，明确联合体内部之间管理和协调流程，并定期召开联合体各方会议，审议决策联合体内部管理相关事宜，总体运转良好，高质量完成了岛隧工程各项监理工作。

国内监理企业尽管已具有较为丰富的桥梁、水运、内河沉管隧道等监理经验，但是在外海人工岛、外海深埋沉管隧道，以及大量的钢结构制造、外海大跨度的桥梁方面，没有任何经验可供借鉴。在缺乏相关经验、缺乏技术标准、专业跨度大的情况下，监理单位边学边干、边干边学，摸索前行，开展了大量的学习、培训、交底工作，包括邀请专家进行培训讲座。认真审查施工方案，编写监理细则，开展施工质量安全监理工作，其监理工作难度远超国内一般基建项目。

本工程建设过程中，各总监办在人员履约、质量管理、投资控制、进度监理、HSE 监理、档案管理等方面较好地履行了监理职责，保证了监理服务质量，为本工程顺利交工验收奠定了基础。交工验收会议结论认定，项目全面实施了“大型化、工厂化、标准化、装配化”的工业化建设理念，质量管理体系完善，工程实体质量控制达到预期目标，工程质量评分为 99.17 分，为内地交通项目历年来公路工程交工验收最高分。

二、总结与展望

港珠澳大桥主体工程的监理工作取得非常好的效果，对港珠澳大桥的成功实施起到了非常重要的作用。管理局招标团队通过精心策划，抓住了监理服务“关键在人”的本质，通过对国内监理现状的清晰研判，整合资源，把一流的总监和专业监理人才选拔进来，推行伙伴关系，提高监理单位的地位，提高监理人员的待遇，给予监理单位充分的信任，尽可能让监理有条件充分履职，以保证大桥项目成功实施。

从原建设部 1988 年颁布《关于开展建设监理工作的通知》至今，监理制度在我国经历了三十多年的发展，监理单位作为工程建设不可缺少的责任主体之一，为国家各项工程建设的质量控制、进度控制、投资控制、安全控制等的发展发挥了重要作用。当今中国交通基建项目已经从高速发展转变为高质量发展，从“旧基建”向“新基建”转型，全国乃至全球都正在经历新一轮的大变革大调整。我国之前实行强制监理的制度，随着经济发展和市场化水平的进一步提高，随着专业咨询的发展和全过程咨询的兴起和推广，随着设计单位生态链条和服务的延伸，随着建设单位自主决策选择监理单位或自行管理等政策的逐步放开，随着业主选择合同模式等其他管理模式的变化，如果失去政策的扶持，在市场化的环境下，监理企业的生存和发展将遇到越来越大的挑战。

任何事物的发展都离不开它的发展环境和历史背景，而且都必须尊重和适应它的生长规律，经历它的必要的生长周期。监理行业能不能回归三十多年前我国引进监理制度的初衷；能不能与国际接轨，将监理回归到咨询工程师体制；能不能在和业主等市场主体交互的过程中保持适应性和灵活性，使之有足够的弹性和应变能力适应法律规定的变化、新技术的引入和转型升级和管理模式的变化，归根结底取决于监理企业和广大的监理人员能否适应市场。监理企业和广大的监理人员，需要去面对、去提高、去改善、去适应，要立足于发展环境和历史背景，结合现实情景，最大限度发挥自身主体作用。监理企业的信誉能力，监理工程师的专业技术水平、管理能力和经营能力将成为市场竞争的关键要素。在市场化程度越来越高的今天，过分地依靠政策是不现实的。我国目前监理从业人员超过两百万人，这是一股强大的力量，不可忽视。如果监理企业能够真正提高监理工程师的素质和水平，保持和市场主体的交互性和灵活性，增强对市场的敏感性，监理企业一定会在市场的大潮中脱颖而出，都会有光明的未来。

附录 A　港珠澳大桥标段划分一览表

表 A　港珠澳大桥标段划分一览表

序号	标段名称		招标形式	主要内容
1	前期工作	补充地质勘察（AD01 标）	国内公开	负责主体工程补充地质勘察
2		总体方案深化研究及工程物理模型试验（AD03 标）		负责主体工程总体方案深化研究及工程物理模型试验
3		综合管理信息系统总体规划设计（AD05 标）		负责主体工程综合管理信息系统总体规划设计
4	勘察设计	初步设计（DP01 标）	国际公开	负责主体工程初步设计文件的编制
5		测量控制中心（DS01 标）	国内公开	负责主体工程测量控制管理工作
6		桥梁工程施工图设计（DB01 标）	国际公开	桥梁工程所有深水区非通航孔桥＋青州＋江海直达航道桥施工图设计
7		桥梁工程施工图设计（DB02 标）		桥梁工程浅水区非通航孔桥、九洲航道桥、珠澳口岸互通立交及大桥管理区上部结构施工图设计
8		交通工程施工图设计（DA01 标）	国内公开	负责主体工程交通机电施工图设计
9		房建工程施工图设计（DA02 标）		负责主体工程管理养护中心、大桥管理区等房建工程施工图设计
10	施工	岛隧工程设计施工总承包（CT01 标）		负责主体工程隧道，东、西人工岛及岛隧结合部桥梁的施工图设计与施工
11		钢箱梁采购与制造（CB01 标）		负责主体工程 K13＋413～K22＋083 部分深水区非通航孔桥＋青州航道桥钢箱梁采购与制造
12		钢箱梁采购与制造（CB02 标）		负责主体工程 K22＋083～K29＋237 部分深水区非通航孔桥＋江海直达船航道桥钢箱梁采购与制造
13		桥梁土建工程施工（CB03 标：部分深水区非通航孔桥＋青州航道桥）		负责主体工程 K13＋413～K22＋083 除桥面铺装、部分交通工程外的土建工程及钢箱梁施工
14		桥梁土建工程施工（CB04 标：部分深水区非通航孔桥＋江海直达船航道桥）		负责主体工程 K22＋083～K29＋237 除桥面铺装、部分交通工程外的土建工程及钢箱梁施工
15		桥梁土建工程及组合梁施工（CB05 标：浅水区非通航孔桥＋九洲航道桥）		负责主体工程 K29＋237～K35＋890 除桥面铺装、部分交通工程外的土建工程及组合梁施工

续表 A

序号	标段名称		招标形式	主要内容
16	施工	桥面铺装施工（CB06 标：部分深水区非通航孔桥＋青州航道桥）	国内公开	负责主体工程 K13＋413～K22＋083 钢箱梁桥面铺装施工
17		桥面铺装施工（CB07 标：部分深水区非通航孔桥＋江海直达船航道桥＋浅水区非通航孔桥＋九洲航道桥）		负责主体工程 K22＋083～K35＋890 钢箱梁及组合梁桥面铺装施工
18		交通工程施工（CA02 标：机电工程与安全设施、10kV 及以上的供配电系统、10kV 以下配电及通风、照明施工）		负责主体工程全线交通工程的施工，以及包含在上述施工内容中的设备采购、安装、试运行等
19		房建工程施工（CA01 标）		负责主体工程管理养护中心，大桥管理区，东、西人工岛装修装饰等房建工程施工
20	监理	岛隧工程监理（ST01 标）		对应岛隧工程施工全线的监理
21		试验检测中心（SE01 标）		负责主体工程、房建工程土建抽检样品的检测、协助试验检测管理工作，以及按照业主安排为相关单位提供试验检测服务
22		桥梁钢箱梁制造监理（SB01 标：部分深水区非通航孔桥＋青州航道桥）		对应 CB01 标钢箱梁采购与制造监理
23		桥梁钢箱梁制造监理（SB02 标：部分深水区非通航孔桥＋江海直达航道桥）		对应 CB02 标钢箱梁采购与制造监理
24		桥梁土建工程施工监理（SB03 标：深水区非通航孔桥＋青州航道桥＋江海直达船航道桥＋九洲航道桥）		对应 CB03 标、CB04 标土建工程及钢箱梁施工监理
25		桥梁土建工程施工监理（SB04 标：含组合梁，浅水区非通航孔桥＋九洲航道桥）		对应 CB05 标土建工程及组合梁施工监理
26		桥面铺装施工监理（SB05 标）		对应 CB06 标、CB07 标钢箱梁桥面铺装及组合梁桥面铺装施工监理
27		交通工程施工监理（SA02 标：机电工程与安全设施、供配电及通风照明）		对应 CA02 标交通工程施工监理
28		房建工程施工监理（SA01 标）		对应 CA01 标房建工程施工监理

续表 A

序号	标段名称		招标形式	主要内容
29	其他	设计及施工咨询（SC01 标）	国际公开	负责对设计文件的独立审核和咨询；编制验收标准、营运及维护手册；对设计变更、施工组织管理和专项施工方案的独立审核和咨询；为业主开展培训服务以及后续服务
30		综合管理信息系统开发（IN01 标）	国内公开	负责综合管理信息系统支撑平台开发实施、系统软件采购，以及后续服务
31		质量管理顾问	国际公开	负责提供新材料、新工艺、新设备等工程重点难点的顾问工作，审查承包商的质量计划，对首件、首次工序全过程监控
32		建筑工程一切险及第三者责任险（DT03 标）		负责提供建筑工程一切险及第三者责任险
33		桥梁试桩工程施工及试验研究（OT04 标）	国内公开	负责分析地质优化试桩设计，试验桩工艺研究、单桩承载力测试
34		航标工程专项设计（OT05 标）		负责对航标工程进行深化设计、施工图设计及后续设计服务
35		航标工程施工与维护（OT06 标）		负责桥梁上固定助航标志和桥墩警示标志设备的采购、制作与安装、调试、维护、验收与移交
36		桥梁埋置承台足尺模型工艺试验研究（OT07 标）		负责桩、墩台、混凝土浇筑等工艺试验，开展悬挂和定位系统工艺性监测试验等对下部结构施工的关键性工艺进行研究
37		综合信息管理系统（第一阶段系统维护及第二阶段系统开发）（OT08 标）		负责综合管理信息系统第一阶段系统维护及第二阶段系统开发及后续服务
38		锚地调整建设初步设计（含方案七工程论证）（OT09 标）		负责港珠澳大桥锚地调整建设初步设计及方案七的工程论证
39		港珠澳大桥主体工程桥梁荷载试验（OT10 标）		负责主体工程全线桥梁荷载试验的有关任务
40		港珠澳大桥主体工程拯救及养护设备采购（第一批）（OT11 标）		负责提供主体工程拯救及养护设备的采购服务任务

附录 B　港珠澳大桥暂估价项目标段划分一览表

表 B　港珠澳大桥暂估价项目标段划分一览表

序号	暂估价项目	组织形式	涉及的标段及主要内容	
1	钢板采购	公开选聘	CB01-G1	主要为钢箱梁采购与制造标段用于永久性工程所使用的 Q345qD 钢板供应，包括 Q345qD 钢板材料的生产、运输、供应和服务
			CB01-G2	
			CB02-G1	
			CB02-G2	
2	组合梁及索塔钢结构制造	公开招标	CB05-G1	主要为 CB05 标段组合梁及钢索塔制造分包，包含用于永久性工程所使用的 Q345qD 钢板供应
			CB05-G2	
3	防腐涂装施工		CB01-F1	负责 CB01 标、CB02 标钢箱梁、钢构件的防腐涂装，所需设施、材料的采购安装
			CB01-F2	
			CB02-F1	
			CB02-F2	
			CB05-F	
4	涂装材料		TL01	负责 CB01 标、CB02 标、CB05 标合同段钢箱梁及组合钢梁、索塔钢结构、附属设施等涂装所需的涂装材料供应
			TL02	
5	检查车采购与安装		J01	负责 CB01 标、CB02 标、CB05 标检查车的采购安装及相关配套服务
			J02	
6	除湿系统采购与安装		C01	负责 CB01 标、CB02 标、CB05 标除湿系统的优化设计、制造等以及负责人员的培训
			C02	

续表B

序号	暂估价项目	组织形式	涉及的标段及主要内容	
7	施工监控	公开招标	CB03-JK	负责监控CB03标、CB04标、CB05标墩身安装线形、钢梁及组合梁制造线形、现浇湿接缝的施工
			CB04-JK	
			CB05-JK	
8	不锈钢钢筋采购		CB03-BXGJ	负责为CB03标、CB04标、CB05标提供不锈钢钢筋供应、运至施工现场、二次深加工服务、配合施工服务等
			CB04-BXGJ	
			CB05-BXGJ	
9	支座采购		CB-ZZ-G	负责为CB03标、CB04标、CB05标提供铅芯橡胶隔震支座、普通橡胶支座、钢支座的专门设计、生产、成套供应、配合安装及供货前后的相关技术服务等
			CB-ZZ-QX	
			CB-ZZ-GNZ1	
			CB-ZZ-GNZ2	
10	伸缩缝采购与安装		CB-SSF-MS	负责为CB03标、CB04标提供模数式伸缩缝的设计、生产、成套供应、安装及供货前后的相关技术服务等
			CB-SSF-SC	
11	斜拉索及减震器采购		CB-XLS-01	负责为CB03标、CB04标、CB05标提供斜拉索成品及其配套设施（内外置阻尼器）专门设计、生产、供应及供货前后的相关技术服务等内容
			CB-XLS-02	
12	耐久性检测项目		CB-NJJC	负责对全桥施工期主体混凝土结构耐久性进行监测，以实现对大桥剩余使用寿命进行定量评估与预测
13	附属设施热浸锌		CB-RJX	负责为CB01标、CB02标、CB05标合同段内桥梁防撞护栏横梁及立柱所有外表面、横梁内表面，泄水槽内、外表面，风障立柱，检修道等构件防腐涂装体系中的热浸锌处理
14	桩基检测项目	外委	CB-ZJCX	负责为大桥的所有桩基进行抽芯检测

附录C　港珠澳大桥招标总体实施计划

表C　港珠澳大桥招标总体实施计划

标识号	序号	任务名称	开始时间	完成时间	工期
1	1	**初步设计**	2008.8.29	2009.3.13	141 工作日
2	1.1	市场调研	2008.8.29	2008.10.10	31 工作日
3	1.2	招标文件编制	2008.10.10	2008.12.1	37 工作日
4	1.3	发布公告到开评标结束	2008.12.1	2009.3.6	70 工作日
5	1.4	合同签订	2009.3.13	2009.3.13	1 工作日
6	2	**岛隧工程设计施工总承包**	2009.8.31	2010.12.21	342 工作日
7	2.1	市场调研	2009.8.31	2010.1.29	110 工作日
8	2.2	招标文件编制	2009.10.30	2010.3.30	108 工作日
9	2.3	发布公告到开评标结束	2010.7.26	2010.12.21	107 工作日
10	2.4	合同签订	2010.12.21	2010.12.21	1 工作日
11	3	**桥梁工程施工图设计阶段勘察设计（DB01标、DB02标）**	2010.1.1	2011.4.1	326 工作日
12	3.1	市场调研	2010.1.1	2010.12.30	260 工作日
13	3.2	招标文件编制	2010.6.1	2011.4.1	219 工作日
14	3.3	发布公告到开评标结束	2010.11.22	2011.3.7	76 工作日
15	3.4	合同签订	2011.3.7	2011.3.7	1 工作日
16	4	**桥梁工程钢箱梁采购与制造（CB01标、CB02标合同段）**	2010.3.1	2012.4.10	552 工作日
17	4.1	市场调研	2010.3.1	2011.6.30	349 工作日
18	4.2	招标文件编制	2011.6.30	2011.11.17	101 工作日
19	4.3	发布公告到开评标结束	2011.12.13	2012.4.10	86 工作日
20	4.4	合同签订	2012.4.10	2012.4.10	1 工作日
21	5	**桥梁工程土建工程施工（CB03标、CB04标、CB05标合同段）**	2011.3.30	2012.6.28	327 工作日
22	5.1	市场调研	2011.3.30	2012.1.30	219 工作日
23	5.2	招标文件编制	2011.9.30	2012.2.24	106 工作日
24	5.3	发布公告到开评标结束	2012.3.12	2012.6.28	79 工作日
25	5.4	合同签订	2012.6.28	2012.6.28	1 工作日
26	6	**桥面铺装施工（CB06标、CB07标合同段）**	2012.3.26	2014.6.27	590 工作日
27	6.1	市场调研	2012.3.26	2013.8.30	375 工作日
28	6.2	招标文件编制	2013.4.1	2014.1.28	217 工作日
29	6.3	发布公告到开评标结束	2014.1.28	2014.6.27	109 工作日
30	6.4	合同签订	2014.6.27	2014.6.27	1 工作日
31	7	**房建工程施工（CA01标合同段）**	2012.7.2	2015.4.16	729 工作日
32	7.1	市场调研	2012.7.2	2013.9.30	326 工作日
33	7.2	招标文件编制	2013.9.30	2014.11.4	287 工作日
34	7.3	发布公告到开评标结束	2014.3.6	2015.4.16	291 工作日
35	7.4	合同签订	2015.4.16	2015.4.16	1 工作日
36	8	**交通工程施工（CA02标合同段）**	2013.4.1	2014.12.19	450 工作日
37	8.1	市场调研	2013.4.1	2013.11.29	175 工作日
38	8.2	招标文件编制	2013.9.30	2014.6.18	188工作日
39	8.3	发布公告到开评标结束	2014.7.31	2014.12.19	102 工作日
40	8.4	合同签订	2014.12.19	2014.12.19	1 工作日

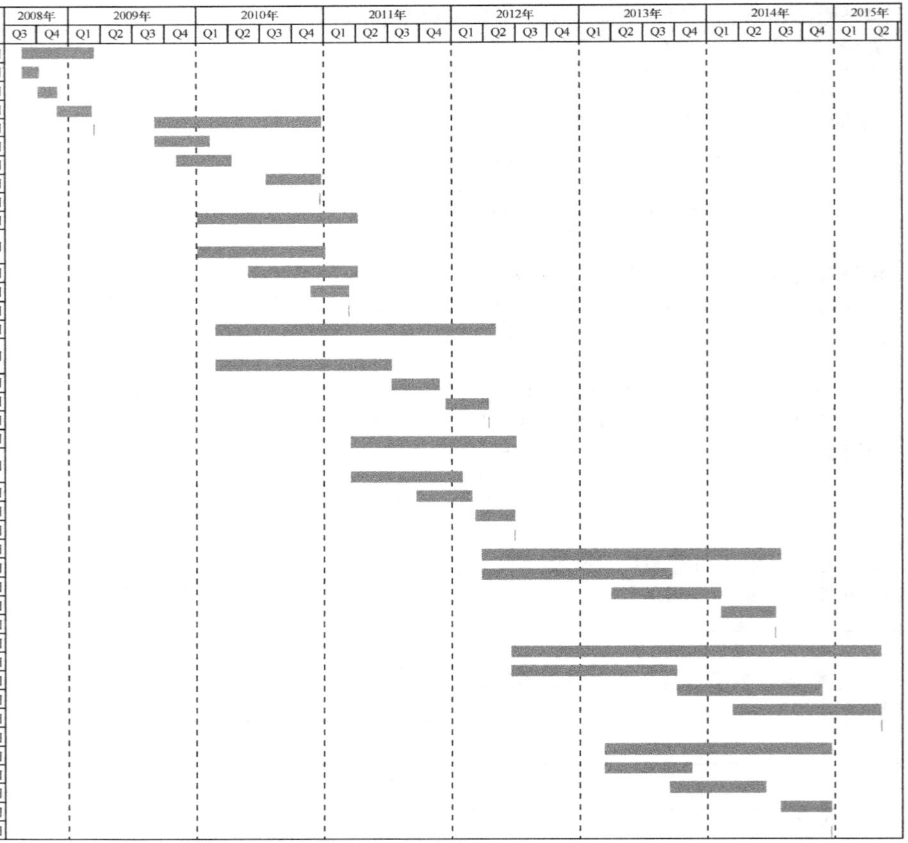

附录D 港珠澳大桥主体工程交通工程施工招标文件编制工作大纲（以交通工程为例）

D.1 总体框架

按照交通运输部《公路工程标准施工招标文件》（2009年版）的总体框架，参照九部委2007年颁发的《标准施工招标文件》、广东省交通运输厅《广东省公路工程施工招标文件范本（试行）》，结合港珠澳大桥项目的实际情况，充分借鉴已招标项目的相关内容，招标文件总体框架如表D.1所示。

表D.1 招标文件总体框架表

拟定的目录	主办部门
第一卷	计划合同部、交通工程部
第一章 招标公告	
第二章 投标人须知	
第三章 评标办法	
第四章 合同条款及格式	
第五章 工程量清单	
第二卷	交通工程部、计划合同部
第六章 专用技术标准和要求（另册出版）	
一 发包人要求	
二 技术规范	
第七章 建设项目管理制度（另册出版）	
第三卷	交通工程部
第八章 图纸（另册出版）	
第四卷	计划合同部
第九章 投标文件格式	
总体统筹、统稿	

D.2 招标策略与思路

D.2.1 招标模式

结合本次招标所包含的工作内容，涉及资质主要要求有：公路交通工程通信、监控、收费综合系统工程；机电安装工程；电力送变电工程；公路工程（交通工程专业）交通安全设施；消防设施工程。

因本合同的内容主要为前三项，后两项所占比重很小，故本次招标采用公路交通工程通信、监控、收费综合系统工程，机电安装工程，电力送变电工程三项资质作为强制性要求。而公路工程（交通工程专业）交通安全设施，消防设施工程两项内容允许专业分包，在招标文件中约定分包人资格条件。

本项目接受独立体投标人或联合体投标人（如为联合体的投标人，须由上述3项资质中具有2项资质的单位作为牵头人）参加投标。

针对初定的资格条件，经过市场调查，潜在满足资格条件的单位不多，故采用资格后审方式。

D.2.2 招标范围及标段划分

根据交通运输部《关于港珠澳大桥主体工程初步设计的批复》（交公路发〔2010〕167号）、《关于港珠澳大桥主体工程技术设计的批复》（交公路发〔2010〕622号），本次招标的港珠澳大桥主体工程交通工程共划分为1个合同段，主要工作内容包括但不限于：

（1）安全设施、收费、通信、监控、通风、照明、消防、供配电、给排水、综合管线、系统集成等交通工程的施工，以及包含在上述施工内容中的设备采购、运输、安装、调试（含联合调试）和试运行；

（2）合同工期内对工程的维护和照管工作；

（3）缺陷责任期内的维护、保养工作。

D.2.3 招标文件重大问题

（1）设备品牌。

为确保本项目大型设备质量，设置有关技术标准，拟采用“选一备一”模式。

（2）专业分包。

公路工程（交通工程专业）交通安全设施，消防设施工程两项内容允许专业分包，在招标文件中约定分包人资格条件如表D.2所示。

表 D.2　交通安全设施工程和消防设施工程的分包人资格条件

分包内容	资质、认证、业绩及财务能力
交通安全设施	1. 具有住房和城乡建设部核发的有效公路工程（交通工程专业）交通安全设施分项资质； 2. 具有工商行政管理部门核发的有效企业法人营业执照； 3. 具有省级及其以上建设行政主管部门核发的有效安全生产许可证； 4. 具有有效的 ISO 9000 系列质量管理体系认证证书、环境管理体系认证证书、职业健康安全管理体系认证证书； 5. 2003 年 1 月 1 日至投标截止日（以完成交工验收的时间为准，如项目所处行业验收程序中不存在交工验收，以竣工验收的时间为准，下同）至少成功完成过 1 项高速公路总长度不小于 50km 的安全设施施工业绩
消防设施	1. 具有住房和城乡建设部核发的有效消防设施工程专业承包一级或消防设施工程设计与施工一级资质； 2. 具有工商行政管理部门核发的有效企业法人营业执照； 3. 具有省级及其以上建设行政主管部门核发的有效安全生产许可证； 4. 具有有效的 ISO 9000 系列质量管理体系认证证书、环境管理体系认证证书、职业健康安全管理体系认证证书； 5. 近 10 年内至少成功完成过 5 万 m^2 公用或公共工程消防设施施工业绩

（3）合同条款。

1）合同框架参照九部委招标文件及公路工程标准范本，充分借鉴桥梁工程交通工程施工合同条款，但在具体条款上预留足够的弹性（如对于不可控的风险预留开口；在人员违约处理上注明“有权”，仅针对班子成员）。

2）鉴于交通工程施工承包人需要提前进场开展预留预埋件检查工作和施工图联合设计，故在合同条款中增加上述相应内容的说明和要求。

3）在材料调差方面，由于本项目电缆用量较多，在合同条款中设置调差条款，调差办法可参照广东省交通运输厅、广东省交通运输造价管理站相关信息材料价格进行补差价。

D.3　具体各章需明确的问题

D.3.1　第一章　招标公告

（1）工作内容。

本次招标的工作内容如下，需各部门予以复核，后续如有调整，将相应修改完善，并初步明确有关资格条件如表 D.3 所示。

表 D.3 投标单位资格条件

投标方式	投标人	资质、认证、业绩及财务能力
独立投标	独立投标人	1. 同时具有住房和城乡建设部核发的有效公路交通工程通信、监控、收费综合系统工程分项资质，机电安装工程施工总承包一级资质，送变电工程专业承包二级或以上资质； 2. 具有工商行政管理部门核发的有效企业法人营业执照； 3. 具有省级及其以上建设行政主管部门核发的有效安全生产许可证； 4. 具有有效的 ISO 9000 系列质量管理体系认证证书、环境管理体系认证证书、职业健康安全管理体系认证证书； 5. 2003 年 1 月 1 日至投标截止日（以完成交工验收的时间为准，如项目所处行业验收程序中不存在交工验收，以竣工验收的时间为准，下同）至少成功完成过以下全部新建项目业绩（业绩可重叠，下同）： a. 一个单个合同金额为 10 亿元人民币及以上，或在同一项目上各合同段累计合同金额为 20 亿元人民币及以上的高速公路或高速铁路或城际轨道交通或地铁工程的系统开发或机电工程施工业绩（如业绩同时满足本项中两个指标的，仅按照前者计算一次，下同）； b. 一座隧道单幅单洞长度不小于 3km 和一座跨江（河、海）桥梁长度不小于 5km 和一项高速公路总长度不小于 50km 的机电工程施工业绩； c. 一项 35kV 及以上且合同金额 1 亿元人民币及以上采用电缆铺设的机电工程施工业绩。 6. 投标人注册资本金不应低于 1 亿元人民币，且 2010—2012 年的年平均营业额不应少于 5 亿元人民币
联合体投标	联合体牵头人	1. 至少具有住房和城乡建设部核发的有效公路交通工程通信、监控、收费综合系统工程分项资质，机电安装工程施工总承包一级资质，送变电工程专业承包二级或以上资质中的两项资质； 2. 具有工商行政管理部门核发的有效企业法人营业执照； 3. 具有省级及其以上建设行政主管部门核发的有效安全生产许可证； 4. 具有有效的 ISO 9000 系列质量管理体系认证证书、环境管理体系认证证书、职业健康安全管理体系认证证书； 5. 近 10 年内至少成功完成过以下 a、b 项（或 a、c 项）新建项目业绩，如具有住房和城乡建设部核发的送变电工程专业承包二级或以上资质，尚需成功完成过 c 项新建项目业绩： a. 一个单个合同金额为 10 亿元人民币及以上，或在同一项目上各合同段累计合同金额为 20 亿元人民币及以上的高速公路或高速铁路或城际轨道交通或地铁工程的系统开发或机电工程施工业绩（如业绩同时满足本项中两个指标的，仅按照前者计算一次，下同）； b. 一座隧道单幅单洞长度不小于 3km 和 1 座跨江（河、海）桥梁长度不小于 5km 和 1 项高速公路总长度不小于 50km 的机电工程施工业绩； c. 一项 35kV 及以上且合同金额 1 亿元人民币及以上采用电缆铺设的机电工程施工业绩。 6. 投标人注册资本金不应低于 1 亿元人民币，且 2010—2012 年的年平均营业额不应少于 5 亿元人民币

续表 D. 3

投标方式	投标人	资质、认证、业绩及财务能力
联合体投标	联合体成员	1. 具有联合体牵头人所欠缺的住房和城乡建设部核发的有效公路交通工程通信、监控、收费综合系统工程分项资质，或机电安装工程施工总承包一级资质，或送变电工程专业承包二级或以上资质； 2. 具有工商行政管理部门核发的有效企业法人营业执照； 3. 具有省级及其以上建设行政主管部门核发的有效安全生产许可证； 4. 具有有效的 ISO 9000 系列质量管理体系认证证书、环境管理体系认证证书、职业健康安全管理体系认证证书； 5. 近 10 年内至少成功完成过以下联合体牵头人所欠缺的 b 项或 c 项新建项目业绩； 6. 投标人注册资本金不应低于 1 亿元人民币，且 2010～2012 年的年平均营业额不应少于 5 亿元人民币

1）安全设施、收费、通信、监控、通风、照明、消防、供配电、给排水、综合管线、系统集成等交通工程的施工，以及包含在上述施工内容中的设备采购、运输、安装、调试（含联合调试）和试运行。

2）合同工期内对工程的维护和照管工作。

3）缺陷责任期内的维护、保养工作。

（2）工期。

本次招标的合同工期为 30 个月（其中施工准备期与主要项目施工期共 27 个月，除合同条款另有规定之外将不予调整；系统联合调试期为 3 个月），缺陷责任期为 24 个月。

D. 3. 2　第二章　投标人须知

资格条件（人员要求）：对项目总协调人、项目经理、项目总工、HSE 总监及各核心部门部长设置强制性资格条件，其他人员不列为强制性要求，但设定资格条件，投标人填报可供招标人选择人员名单，在后续施工组织设计中分批审批进场。

D. 3. 3　第三章　评标办法

采用综合评标法，暂定分值分配：商务文件 20 分、技术文件 30 分、报价文件 50 分，具体评标分值构成在后续工作中制定。

D. 3. 4　第四章　合同条款及格式

（1）合同框架。

以《公路工程标准施工招标文件》（2009 年版）的合同条款框架为基础，在参考吸收类似项目招标经验的基础上，结合《港珠澳大桥主体工程桥梁工程土建工程施工招标文件》合同条款以及本工程实际情况，编制本工程合同条款。

（2）合同机制。

结合先前已实施的施工合同段合同执行情况，关注联合设计及调整、界面管理，以及可能面临工期最终集中交付带来的问题等，合同机制的设置更加贴近现场施工、服务于现场施工，特别是在业主需求的调整方面应预留充足空间，以便日后更加适应项目施工的实际情况，达到更好的执行效果。

（3）材料的价格调整。

根据 D. 2. 3 中“合同条款”的有关编制思路，在下一阶段工作中拟定有关调整方案。

（4）变更的估价原则。

参照《广东省公路工程施工招标文件范本》内地类似典型项目的变更估价原则。

（5）根据项目的特殊性，寻求可行方案，适当提高预付款支付比例。

D. 3. 5　第五章～第八章

第五章、第六章第二册、第八章由设计单位提供；第六章第一册由交通工程部提供；计划部与招标代理公司负责统稿。

D. 3. 6　第九章　投标文件格式

投标文件格式：结合以上章节进行编制。

D. 4　初步时间安排及任务

根据有关工作内容，明确时间安排如表 D. 4 所示。

表 D. 4　初步时间安排及任务表

序号	工作内容	时间安排	牵头领导/部门	承担单位/配合部门
1	招标文件编制			
1.1	编制招标文件商务部分	2013. 10. 25 前	计划合同部	华杰公司、交通工程部
1.2	编制招标文件技术部分	2013. 10. 25 前	交通工程部	设计单位
	招标文件图纸	2013. 10. 30 前		
1.3	编制招标文件发包人要求	2013. 10. 25 前		计划合同部、交通工程部
1.4	招标文件建设项目管理制度的补充完善	2013. 10. 25 前		

续表 D.4

<table>
<tr><th>序号</th><th>工作内容</th><th>时间安排</th><th>牵头领导/部门</th><th>承担单位/配合部门</th></tr>
<tr><td>1.5</td><td>招标文件统稿</td><td>2013.10.25—2013.11.4</td><td>计划合同部</td><td>华杰公司、各部门配合</td></tr>
<tr><td>1.6</td><td>管理局内部审查</td><td>2013.11.5—2013.11.14</td><td colspan="2" rowspan="2">管理局招标领导小组、工作小组</td></tr>
<tr><td>2</td><td>招标模式确定</td><td>2013.11.15 前</td></tr>
<tr><td>3</td><td>报三地委审查</td><td>2013.11.15—2013.12.14</td><td rowspan="3">计划合同部</td><td rowspan="3">管理局各部门</td></tr>
<tr><td>4</td><td>完成核备、发售招标文件</td><td>2014.1.24 前</td></tr>
<tr><td>5</td><td>组织开评标</td><td>2014.3.13</td></tr>
</table>

D.5　下一步招标文件编制需明确的主要问题

结合工作大纲已经确定的重大问题，在招标文件编制过程中，需各部门进一步明确原则的具体问题详见附件。

D.6　参考依据

（1）《公路工程标准施工招标文件》（2009 年版）。

（2）《广东省公路工程施工招标文件范本》。

（3）九部委 2007 年颁发《标准施工招标文件》。

（4）《港珠澳大桥主体工程桥梁工程土建工程施工招标文件》。

（5）内地类似大型桥梁交通工程招标文件等。

附录E　港珠澳大桥主体工程（招标项目名称）开标、评标工作安排

本项目招标组建1个清标工作小组，组长1人，成员____人组成；投标文件评审工作由依法组建的评标委员会负责。具体会议参加人员如下：

一、开标及评标前的准备工作

确认开评标场地、准备相关工具物品、评标表格、评标报告（初稿）等由____牵头落实，申请监督、抽取专家由______牵头落实；预算编制、住宿、车辆、接送专家等会务由综合事务部______牵头落实；评标会场布置（横幅、水牌）等工作由___________落实。

二、开标工作

工作人员：______________________

（一）接收投标文件（时间：____年____月____日，由____负责）。

（二）商务及技术文件开启（时间：____年____月____日，主持：____，监标：____，唱标：____，记录：____，拆封：______，联系交易中心及办理手续、联系基建处等由____负责）。

1. 唱标、拆封人员负责资料装箱密封，记录人负责跟踪签字。

2. 全部开标完成后，唱标、拆封、记录等人员负责将装箱密封资料运往评标地点，并对开标室进行清理。

3. 局领导讲话。

三、清标工作（在专家开始评审前完成，时间：____年____月____日____—____）

清标工作小组组长：______

组员：____

（注：招标代理具体负责清标工作，招标人复核）

1. 初步审查（时间：____—____，____分钟讨论）。

事项	形式评审	响应性评审	打印、汇总
人员			
成果	清表		清表

2. 商务及技术文件评分项信息摘录（客观性）（时间：____—____，____分钟讨论）。

事项	履约信誉	打印、汇总
人员		
成果	清表	清表

3. 形成文件，整理汇报材料（责任人：____时间：____—____）。

四、评标工作（时间：____年____月____日____—____）

辅标人员：____________________（交易中心限制，每次辅助评标的人数为1人，如果评委较多，评标过程较复杂，工作量大，可以适当申请增加辅助评标人员）

1. 专家签到（责任人：______）。

2. 会议召开［主持人：______，项目基本情况及招标文件介绍（____分钟）：______。汇报清标结果：______］。

3. 专家评审（收发表格：______，分数统计：______）。

4. 报价文件（唱标：______，记录：______，计算得分：______，拆封：______，算术性复核：______）。

5. 汇总得分，形成评标报告（编制：______，汇报：______，提交签名：______，复核：______）。

6. 资料整理，清场搬运资料（责任人：________）。

总体时间及参加人员安排表如表E所示。

抽取专家标准表达的范例如下：

________专家您好！我是广州建设工程交易中心，有幸抽到您作为我们的专家，____月____日至____月____日在广州有一个国家重点项目开标评标，____月____日____前在广州报到集中。请问您有没有时间参加？（有，继续；如不能，致谢抽取下一位专家）

如果您能确认参加，请您核查单位是否变动，请预定好到广州白云机场的机票后，与本次招标评标会议会务组联系人____联系，手机：________，会务组会安排车辆接机并将您送达评标地点。会议重要，务必请您按时参加，尽可能在____月____日____前报到集中；如果中途因故不能参加，烦请您尽早及时告知________，谢谢您的支持！

表 E　总体时间及参加人员安排表

序号	日期	时间	事项	参加人员	地点	备注
一、开标会议						
1	月　日	上午　—	接收投标文件	工作小组全体人员	广州市公共资源交易中心开标室	
2		上午　—	开标	领导、工作小组全体人员		
二、文件初步清理工作						
1		下午　—	清标工作	工作小组全体人员	评标会议室	
三、评标工作						
1	月　日	上午　—	第一信封（商务及技术文件）初步评审、评分汇总		评标会议室	
2						
3		中午　—	午餐及午休			
4		下午　—	第二信封评审（开启报价）、评分汇总			
5		下午　—	形成评标报告并签字确认			

参考文献

[1] 中国中央政府与香港特区政府. 内地与香港关于建立更紧密经贸关系的安排 [EB/OL]. (2003-06-29) [2020-06-30]. http://tga.mofcom.gov.cn/article/zt_cepanew/subjectaa/200612/20061204078587.shtml.

[2] 邱大灿，程书萍，张劲文，等. 大型工程投融资模式决策研究——港珠澳大桥投融资决策思考 [J]. 建筑经济，2011.

[3] 张劲文，朱永灵. 港珠澳大桥主体工程建设项目管理规划 [J]. 公路，2012 (3)：143-147.

[4] 张劲文，朱永灵，高星林，等. 港珠澳大桥岛隧工程设计施工总承包模式构建 [J]. 公路，2012 (1)：133-135.

[5] 高星林，张鸣功，方明山，等. 港珠澳大桥工程创新管理实践 [J]. 重庆交通大学学报（自然科学报），2016，35 (S1)：12-26.

[6] 高星林，张劲文，戴建标，等. 港珠澳大桥主体工程招标模式构建与实施 [J]. 世界桥梁，2017，45 (4)：88-92.

[7] 戴建标，阮明华. 港珠澳大桥岛隧工程工程管理创新研究 [J]. 建筑经济，2019，40 (4)：45-49.

[8] 戴建标，高星林，张鸣功. 港珠澳大桥岛隧工程设计施工总承包招标风险评价与应对 [J]. 隧道建设，2018，38 (7)：1138-1148.

[9] 戴建标. 国家招标采购制度体系改革的探讨 [J]. 建筑经济，2018，39 (8)：10-13.

[10] 江晓霞. 合作伙伴关系在超大工程项目管理中的应用 [J]. 公路交通科技，2018，14 (6)：289-292.

[11] 阮明华，戴建标. 粤港澳合作跨界工程建设项目管理探讨 [J]. 建筑经济，2019，40 (3)：29-33.

[12] 阮明华. 粤澳合作建设项目管理模式的总结与浅析 [J]. 公路，2014，59 (8)：58-62.

[13] 王芳. 港珠澳大桥主体工程桥面铺装施工招标策划及实践 [J]. 公路交通

科技（应用技术版），2019，15（5）：170-173.

[14] 张永财，高星林，曾雪芳，等. 港珠澳大桥主体工程造价特点及管理措施解析 [J]. 公路，2019，64（8）：175-179.

[15] 张鸣功，高星林，江晓霞，等. 港珠澳大桥主体工程合同管理特点及实践策略 [J]. 建筑经济，2019，40（2）：73-76.

[16] 朱永灵，曾亦军. 融合与发展——港珠澳大桥法律实践 [M]. 北京：法律出版社，2019.

[17] 赵颖. 外海工程造价编制思路 [J]. 公路，2013（10）：155-159.

[18] 港珠澳大桥管理局. 赴欧洲考察钢桥面铺装技术报告 [R]. 珠海：港珠澳大桥管理局，2013.

[19] 港珠澳大桥管理局. 桥面铺装原材料技术调研报告 [R]. 珠海：港珠澳大桥管理局，2013.

[20] 港珠澳大桥管理局. 赴日本考察钢桥面铺装技术报告 [R]. 珠海：港珠澳大桥管理局，2013.

[21] 港珠澳大桥管理局. 日本冲绳钢桥面铺装施工事例、昂船洲大桥和青马大桥铺装技术文件翻译报告 [R]. 珠海：港珠澳大桥管理局，2013.

[22] 张劲文，盛昭瀚. 重大工程决策"政府式"委托代理关系研究——基于我国港珠澳大桥工程实践 [J]. 科学决策，2014（12）：23-34.

[23] 燕雪，张劲文. 跨境重大工程多主体间决策冲突处理机制研究 [J]. 工程管理学报，2015，29（1）：12-17.

[24] 广东省交通运输工程造价管理站，港珠澳大桥管理局. 外海桥梁、隧道工程定额研究工作报告 [R]. 珠海：广东省交通运输工程造价管理站，港珠澳大桥管理局，2017.

[25] 易万中. 广东省跨海桥、隧、岛工程定额研究 [J]. 公路，2017（62）：191-195.

[26] [丹] 傅以斌，[瑞典] 尼尔斯·布鲁塞柳斯，[德] 维尔纳·罗森加特，等. 巨型项目：雄心与风险 [M]. 李永奎，崇丹，胡毅，等译. 北京：科学出版社，2018.

[27] 中华人民共和国交通运输部. 公路工程建设项目投资估算编制办法：JTG 3820-2018 [S]. 北京：人民交通出版社，2019.

[28] 中华人民共和国交通运输部. 公路工程基本建设项目概算预算编制办法：

JTG 3830-2018 [S]. 北京：人民交通出版社，2019.

[29] 曾雪芳，史福元. 沉管隧道工程预算补充定额研究 [J]. 水道港口，2018，39 (4)：514-518.

[30] 张劲文，朱永灵. 复杂性管理：港珠澳大桥主体工程管理思想与实践创新 [J]. 系统管理学报，2018，27 (1)：186-191.

[31] 戴建标，罗谷安. 外海沉管隧道计价体系研究与应用——以港珠澳大桥为例 [J]. 建筑经济，2018，39 (7)：87-91.

[32] 朱永灵，林鸣，孟凡超，等. 港珠澳大桥 [J]. Engineering，2019，5 (1)：25-34.

[33] 李迁，朱永灵，刘慧敏，等. 港珠澳大桥决策治理体系：原理与实务 [J]. 管理世界，2019，35 (4)：52-60，159.

[34] 祁超，卢辉，王红卫，等. 重大工程工厂化建造管理创新：集成化管理和供应商培育 [J]. 管理世界，2019，35 (4)：39-51.

[35] 王芳，高星林，戴建标. 集料加工工艺对浇注式沥青混合料性能的影响 [J]. 筑路机械与施工机械化，2019，36 (6)：93-96，102.

[36] 高星林，史福元，高嵩焱. 关于中国内地跨海通道重大工程造价管理的思考 [J]. 中国港湾建设，2020，45 (4)：88-92.

[37] 张劲文. 超级工程下的管理哲学 [J]. 桥梁，2020，45 (4)：88-92.

[38] Zhao Zebin，Xue Xiaolong，Gao Xinglin，et al. Coupling and evolution mechanism of infrastructure mega-projects complex ecosystem：Case study on Hong Kong-Zhuhai-Macao Bridge [J]. Front. Eng，2018，5 (1)：17-29.

[39] 麦强，盛昭瀚，安实，等. 重大工程管理决策复杂性及复杂性降解原理 [J]. 管理科学学报，2019，22 (8)：17-32.

[40] 麦强，安实，林翰，等. 重大工程复杂性与适应性组织——港珠澳大桥的案例 [J]. 管理科学，2018，31 (3)：86-99.

[41] Mai Qiang，Gao Xinglin，An Shi，et al. Meta-synthesis management framework of a complex project-A case study of the deck pavement project of the Hong Kong-Zhuhai-Macao Bridge [J]. Frontiers of Engineering Management，2018，5 (1)：4-16.

[42] Li Qian，Sun Qinshan，Tao Sha，et al. Multi-skill project scheduling with skill evolution and cooperation effectiveness，[EB/OL] (2019-11-07) [2020-06-30]. https：//doi. org/10. 1108/ECAM-06-2019-0294.

后　　记

我有幸参与了港珠澳大桥前期工作和全过程参与了主体工程的建设管理工作。这一路，经历了低谷，也抵达了高峰；有苦闷彷徨，也收获了鲜花和掌声；有辗转反侧，更有柳暗花明。人生能够和大桥一起成长，并能把成长永久地写在祖国大地上，何其幸也。无论如何，如果让我重新选择一次，我仍然会义无反顾，勇往直前，无怨无悔选择港珠澳大桥。

西班牙阿尔坎塔拉桥，近两千年在风雨中雄姿屹立，纪念着设计师拉塞尔所述的“我要做一座永存于世的大桥”的超凡梦想；旧金山金门大桥，作为城市的地标和国家强盛的标志，其熠熠英姿吸引我曾在太阳喷薄而出的美丽早晨，历经四小时的徒步攀爬感受它的磅礴气势和建造细节，并让我在设计师的雕塑面前，矗立良久不愿离开；钱塘江大桥，在潮涨潮落的时空变幻中，至今诉说着茅以升先生“两建一毁”的艰难困苦、民族大义和家国情怀。正如丘吉尔所说，“你能看到多远的历史，你就能看到多远的未来”，正是怀揣着这样的梦想和向往，一群志同道合的人走到了一起，我们希望穷尽自己的聪明才智去做一个传世的项目，放飞梦想，跨越伶仃洋！

朱永灵先生曾饱含激情地说：“跨越伶仃洋的圆梦之旅历经数十载，在港珠澳大桥诞生的峥嵘岁月里，我们有过梦想、有过希望、有过轰轰烈烈干一番事业的激情，也有过磨难、有过坎坷、有过如履薄冰迷惘委屈的艰难。多年的风雨同舟、守望互助，港珠澳大桥承载着我们刻骨铭心的集体记忆，早已融入我们的情感和血液之中，今后不论身在何处，港珠澳大桥都是我们永远的牵挂；不论我们奔向何方，港珠澳大桥建设者都是我们共同的名字。”

张劲文先生充满思辨和智慧地预见：“历史需要传世之作，而哲学蕴含均衡之美。作为实现光荣与梦想的伟大载体，我们有幸延续几代人的梦想——跨越伶仃洋。”

和平年代的大国重器、超级工程的建设，恐怕是最接近战争的了，只许胜利，不许失败。好在我们成功了，无数的“仗”已经打过，无数的冲突烟消云散，无数感人的故事留在心底。港珠澳大桥是美丽中国在新时代的“国家名片”，是蓄势待发的粤港澳大湾区建设的先导灯塔，是三地人民心意相通的最美好相聚的人文地标，是矗立在伶仃洋上最壮美的图画，是我们心中最美好和恒久的诗篇，百看不厌。初看，如红日初升，壮志凌云；再看，如午后骄阳，壮怀激烈；凝视，如落日余晖，安静祥和。回首之处，辽阔深远。硝烟已散，四顾苍茫。

回首向来萧瑟处，也无风雨也无晴。

千秋邈矣独留我，百战归来再读书。

2019年年底，经单位推荐，我被交通运输部选拔为公派留学访问学者，留学荷兰代尔夫特理工大学一年。巧合的是，我荷兰的导师Marcel Hertogh教授2019年4月到访港珠澳大桥，我们也是因港珠澳大桥结缘并得以相识，不早也不晚，在港珠澳大桥建成通车的时候让我得偿所愿，以更加广阔的国际视野来学习超级工程的复杂性管理。让人真是感慨因缘际会，人生充满缘分，偶然中似乎又凝聚了必然。就在此稿完成的当天，也是我的生日，我收到了荷兰领事馆的签证，订好了去荷兰访学的机票。心中的愿望得以实现，恐怕是最好的生日礼物了，一切已经准备就绪，走出舒适区，去挑战更大的自我。

此际，我们要感恩伟大的国家和伟大的时代。国家的和平发展，让我们得以享受幸福生活，国家的繁荣强盛让港珠澳大桥这样的超级工程得以建造而成，也才有了我们一展身手的平台。

感谢港珠澳大桥的建设者，他们用实际的行动和实实在在的工作成果诠释了港珠澳大桥精神，诠释了科学家精神、工匠精神和铁人精神，诠释了人性和集体的力量，我感激他们，在他们身上学到了很多。无数杰出的建设者的名字，将永久的和港珠澳大桥的建设联系在一起，被历史铭记。

感激带领我们创造历史的领导、同事和亲密战友，感激和我们浴血奋战、并肩战斗的兄弟姐妹们！

我要特别感谢我的家人，十多年来，我绝大部分时间都在项目上度过，几乎全部的精力都投入港珠澳大桥的建设工作中，基本上没有时间照顾家人。在孩子最需要陪伴的时候，我基本上不在身边，内心充满愧疚，而港珠澳家人特别是夫人为此付出良多，我深深地感激。夫人的大气、智慧和坚韧，对我实现梦想的全力支持，让我从心底里佩服和感动。孩子小的时候，求着我送她进进出出，我却要培养孩子的独立人格；现在大桥通车了，孩子也大了，我求着她要接送她放学上学，孩子却予以坚决地拒绝，不知不觉中孩子已经长大和独立，目送她的背影，渐行渐远，而我又将远行。感恩我的父母，他们虽然文化不高，却品格高尚，乐于助人，备受乡邻尊重。父母不但抚育了我，更教会了我朴素的做人道理——善良厚道、自立自强、能够换位思考和为他人着想，这是我一生受益不尽的财富。

港珠澳大桥招标已远，而港珠澳大桥的故事将永远持续。大桥、伶仃洋的海和这片热土是所有建设者的永远的牵挂，永远将我们连在一起。

再次感恩伟大的时代和大桥平台，衷心祝愿伟大的祖国繁荣昌盛，祝愿粤港澳三地明天更加美好，祝愿中国交通越来越强大！

致敬所有的港珠澳大桥人！祝愿港珠澳大桥越来越好，港珠澳大桥人越来越好！

似水流年，岁月静好。天朗气清，读书养心。

十年饮冰，未凉热血。山长水远，感恩在怀。

2020 年 6 月 8 日于荷兰代尔夫特理工大学